U1074939

中国法律丛书

中国
劳动法案例精读

董保华 主编

商务印书馆
创于1897 The Commercial Press

2016年·北京

图书在版编目(CIP)数据

中国劳动法案例精读 / 田思路等著;董保华主编.—北京:商务印书馆,2016
(中国法律丛书)
ISBN 978-7-100-12713-4

Ⅰ.①中… Ⅱ.①田… ②董… Ⅲ.①劳动法—案例—中国 Ⅳ.①D922.505

中国版本图书馆 CIP 数据核字(2016)第 269913 号

所有权利保留。
未经许可,不得以任何方式使用。

中国法律丛书
中国劳动法案例精读
董保华 主编

商 务 印 书 馆 出 版
(北京王府井大街 36 号 邮政编码 100710)
商 务 印 书 馆 发 行
北京市艺辉印刷有限公司印刷
ISBN 978-7-100-12713-4

2016 年 12 月第 1 版 开本 787×960 1/16
2016 年 12 月北京第 1 次印刷 印张 24 1/4

定价:55.00 元

鸣　谢

（以英文首字母为序）*

韩君玲　罗伯特 · P. 默吉斯[①]　罗东川

宋海燕　宋海宁　汪　泽　虞政平

* 特此鸣谢《中国法律丛书》专家委员会成员。

① Robert P. Merges

目　录

中国劳动法律制度概述

劳动关系的建立与认定

劳动合同的履行与变更

劳动合同的解除与终止

非标准劳动关系纠纷

中国劳动法律制度概述

一、中国劳动法的产生与发展

（一）概述

从西方社会法的产生来看，在法的观念和法的制定上，有一条基本的逻辑线索：以自然经济——国家本位法观念——义务法，到自由放任经济——个人本位法观念——权利法，继而进入垄断经济——社会本位法观念——调控法。[①]劳动法的产生过程是“私法公法化”的过程，国家干预加强，公法职能增长，也是社会发展合乎规律的运行结果。从中国的情况来看，则是走过了一条从高度集中统一的计划经济到在市场经济条件下形成社会法，将国家用工转化为企业用工和劳动者的自主择业，这是一个“公法私法化”的过程。

对社会主义法学理论产生影响的是列宁的一段话。列宁在1922年写给司法人民委员库尔斯基的信中说：“我们不承认任何‘私的东西’，在我们看来经济领域的一切都属于公法范围。”[②]列宁这段话被社会主义国家的法学家们广泛论证，成为否认社会主义存在公、私法划分的主要依据。

列宁的观点是建立在消灭商品经济观点的基础上的。列宁当时认为，社会各企业之间的分工协作将不需要再借助于商品货币形式，“整个社会将成为一个管理处，成为一个劳动平等、报酬平等的工厂”，[③]成为“一个为了消费而有计划生产的大消费合作社”。[④]然而，在传统的经济模式下，这种观点得到了发展。私法产生于平等者之间商品交换中发展起来的规则，作为平等者之间的经济关系，客观上要求排除权力作为第三者的介入和干预。然而由于苏联当时将商

① 刘瑞复：《新经济法论》，中国政法大学出版社1991年版，第27页。

②《列宁文稿》第4卷，人民出版社1959年版，第222页。

③《列宁全集》第25卷，人民出版社1959年版，第461页。

④《列宁全集》第9卷，人民出版社1959年版，第365页。

品交换限制在非常狭窄的范围，并将消灭商品经济作为基本目的，在主要方面都对经济关系进行干预，私权体系也就缺乏存在的环境；同时，由于实行计划管理体制，个人利益被抽象为一元的国家利益，作为一个“部件”，个人只有服从“大工厂”指挥者的义务，因此不可能有契约化的、相对于国家独立存在的利益群体，国家于是与整个社会二元一体。这样国家所有法律，当然就是“公法”了。由此可见，公法一元论实际上是为国家权力干预一切社会关系提供了合法性。

中国在第一个五年计划期间形成的行政集权的经济体制，是从苏联学来的，同时又带有自己历史传统形成的特点。中国历史上长时期是一个中央集权的封建大国，有时也实行地方的封建割据，自给自足的自然经济占有优势，地区之间的经济联系和商品流通历来不发达。历代封建统治又长期以“重本（农）抑末（工商）”作为国策。因此，自然经济思想有深厚的基础。这种封建主义的思想意识和小生产的传统习惯，不可避免地反映到社会主义经济体制的形成过程中来。我国经济管理体制中存在着的决策权过分集中的管理方法，以及某些“官工”、“官商”、“官农”的经营方式，都同这种历史传统有密切的关系。尤其是我国革命经过长期武装斗争，当时根据地和解放区的财经工作、供给制的经营方式和分配方式，对于保证革命战争的胜利起到过重要作用。其中有些经验是以自然经济为基础，适合于农村包围城市的革命战争条件，而不适合于建立在社会化大生产基础上的以城市领导乡村的社会主义经济的做法，给建国后的经济体制带来了平均主义的“大锅饭”、供给制、用战争动员方法领导经济等因素。这些历史传统的影响，使中国经济体制实物化的程度更大，即使在消费品选择和职业选择上，个人决策也是相当有限的。

可以说，到20世纪50年代中后期，一个相对独立的、带有一定程度自治性的社会已不复存在，也不存在独立于国家的市民社会。

直到1978年以后，随着改革开放，中国走向市场经济，这种状况才得以根本改变。它表现在社会成为一个相对独立的提供发展和机会的源泉，个人对国家的依附性明显降低。传统的经济模式，运用行政手段，能够把大量的人力、物力、财力集中使用到国家优先发展的部门和地区中去。在一定的历史条件下，采用这种体制，能够在相当长的时期内保持较高的积累率和经济增长率，从而使原来经济落后的国家迅速地实现工业化。实际上是运用国家高度集中统一的力量，完成了社会主义的原始积累。这种原始积累一经完成，必然要求向市场经济发展。由此决定了我国劳动法的发展走过的必然是"公法私法化"的道路。

在中国传统劳动法中，认识劳动关系具有人身性与隶属性从来不是问题，[①]在一个相当长的时期里，困难的恰恰是劳动关系建立时所具有的财产性与平等性，因为这是旧体制根本不能容忍的。回顾中国劳动立法与政策制定的过程，从20世纪50年代反反复复争论的是劳动合同问题，其实质是在高度公法化（过去表现为政策化）的体系中是否有可能融入当事人的协商因素。在原国家主席刘少奇的倡导下，劳动合同用工多次试点，结果均遭失败，当时体制总体上并无这一制度的生存空间。直到1980年国家在上海开始了劳动合同制试点工作，以后逐步推广于北京、广西、广东、河南、湖北、安徽、甘肃等省、自治区、直辖市的部分地区。1986年国务院以行政法规的方式将"新人新制度、老人老制度"确定下来。1995年《劳

---

① 例如，"狭义劳动关系的基本特征是当事人双方必须有一方是劳动者；劳动者必须参加对方组织并成为其中一个成员。这是因为，劳动力存在于劳动者肌体之内不能须臾分离，要把劳动力组织到生产（工作）活动中来，首先就必须把劳动者组织到生产（工作）场所中来。同时，劳动力的消耗过程亦即劳动者生命的实现过程，是劳动力消耗与劳动者生存两个过程统一，并由此决定了劳动者与用工单位之间的特殊人身关系。"参见吴超民：《劳动法通论》，华中师范大学出版社1988年版，第45页。

动法》出台，在全体员工中推行劳动合同制。劳动合同用工成功试点于20世纪80年代，推广于90年代绝非偶然，正是社会空间的出现才使当事人有协商的可能。《劳动法》依照市场经济规律，建立了调整劳动关系的“三层次模式”。宏观上以劳动基准法调整全部劳动关系，中观上通过企业集体合同调整企业内集体劳动关系，微观上通过劳动合同调整用人单位与劳动者之间的个别劳动关系。这种“三层次模式”使劳动领域成为私域与公域之间的一个弹性空间。如果说宏观层次体现的是管制的特点，那么中观、微观层次体现的是自治的特点。尽管《劳动法》在贯彻实施中取得了巨大的成绩，但弱势主体对于改革红利并没有取得相应的份额，劳动关系也出现了不小的问题。从一元法律结构跳跃式进入三元法律结构的现状开始暴露出制度安排上固有的问题。现行制度有了来自不同方向的调整压力。中国劳动法在经历了“公法私法化”后，要不要继续走社会化的道路，目前存在巨大分歧，管制与自治如何平衡成为了当今中国劳动立法争鸣的根本问题。

纵观新中国成立六十多年的历史，中国劳动法经历了一个曲折发展的过程，大体可以划分为三个时期，即中国劳动立法的形成时期、中国劳动立法的定型时期、中国劳动立法的争鸣时期。前一个时期基本上是与“行政一元化”法律结构相联系的；后两个时期是与三元法律结构相联系的。

（二）中国劳动立法的形成时期

新中国成立前夕，中国人民政治协商会议第一届全体会议通过了起临时宪法作用的《共同纲领》，对劳动问题曾作了若干原则性的规定。第32条中，就明确规定：“在国家经营的企业中，目前时期应实行工人参加生产管理的制度，即建立在厂长领导之下的工厂管理委员会。私人经营的企业，为实现劳资两利的原则，应由工会代表工人职员与资方订立集体合同。公私企业目前一般应实行 8 小时至 10 小时的工作制，特殊情况斟酌办理。人民政府应按各地各业情况规定最低工资。逐步实行劳动保险制度。保护青工女工的特殊利益。实行工矿检查制度，以改进工矿的安全和卫生设备。”此外，第 8 条中也规定了中华人民共和国公民均有遵守劳动纪律的义务等。

这一时期，由于私营企业的存在，中国的社会劳动关系既存在着国营企业的社会主义劳动关系，同时也存在着私营企业的劳资关系。中国当时的劳动立法比较正确地反映了这一特点。通过颁布工会法、劳保条例、民主管理、劳动安全卫生、劳动争议处理等一系列法规，保障了广大职工的合法权益，也调动了劳动者的生产积极性。对于旧社会遗留下来的 400 多万城市失业人员，中国也采取了比较恰当的措施予以安置和救济，到 1952 年年底就有 240 万人即一半以上的失业人员获得了职业。但是，当时为了防止新的失业现象发生，而对一部分国家工作人员和职工实行“包下来”的政策，也埋下了固定工制度的根子。

从 1953 年起，中国开始实施第一个五年计划，随着有计划的大规模经济建设的展开，劳动法成为完成国家计划和提高劳动生产率，改善劳动者物质文化生活的重要手段。1954 年颁布的中国第一部《宪法》中，明确规定了公民有劳动权、劳动报酬权、休息权、物质帮助权、民主管理和结社自由权以及有遵守劳动纪律的义务等。这一时期，中国根据马克思、列宁的一些设想，把劳动者联合体共同占有生产资料视为全社会一个主体一个层次的劳动。认为整个社会好像一个大工厂，应由国家代表劳动者对整个社会的劳动者和生产资料进行直接的调度和安排，劳动者和掌握生产资料的企业只要绝对地服从国家安排，劳动者的权利就能实现，社会生产也可以井井有条地进行。按照这一设想，中国通过劳动立法及有关的劳动政策，逐步形成在劳动、工资、保险、福利几方面相互配套，高度集中统一的管理体制。

第一个五年计划期间，需要集中人力、物力于经济建设，全国统一的劳动、工资、保险福利制度的建立，有力地促进了第一个五年计划的实现，劳动法的积极作用应予充分肯定。但是，在这一历史时期中，中国劳动立法也反映了当时经济体制的弊端，存在着过分强调行政管理，统得过死、包得过多的问题。这些问题，党和政府在第一个五年计划后期已有所察觉，并提出了改进措施。1956 年中国共产党的八大政治报告中指出："在这里，有必要指出这样一个事实，就是上级国家机关往往对于企业管得过多、过死，妨碍了企业应有的主动性和机动性，使工作受到不应有的损失。应当保证企业在国家统一领导和统一计划下，在计划管理、财务管理、干部管理、职工调配、福利设施等方面，有适当的自治权利。"可惜的是这些想法被以后的"大跃进"引入了歧途。

1958 年以后到 1976 年 10 月"四人帮"粉碎的这段漫长的时间里，鉴于"左"倾错误和"文化大革命"的干扰和破坏，一方面，中国劳动管理体制上的行政行为得到强化；另一方面，劳动工作逐步偏离法制化的轨道。这一时期，在高度集中统一的管制体制下，一个人要获得生存的基本条件，就必须从国家那里得到一份相应的资源和机会。劳动者不得不将自己的劳动纳入国家权力的调控之中，从而丧失了自己对劳动力的支配权。劳动关系严格说来是一种行政劳动关系，即形式上是劳动关系，而内容上却是行政性的。这种以行政管理手段为特征的计划经济体制赖以建立的基本指导思想是把生产资料的国家占有简单地等同于生产资料的社会占有，进而认为生产资料的国家占有的实现，将导致社会局部劳动与社会整体劳动、社会局部利益与社会整体利益的直接统一。在这种体制下国家和社会实际上是重合的。由于不存在社会空间，因此也不存在社会保障法。

中国于20世纪50年代就制定了《中华人民共和国劳动保险条例》，这一条例顺理成章地成为劳动法的组成部分。

（三）中国劳动立法的定型时期

1976年10月粉碎“四人帮”以来，特别是在十一届三中全会后，社会主义的民主和法制得到了恢复。中国在总结了正、反两方面的经验和教训的基础上，对经济体制进行了改革，劳动立法工作进入了一个崭新的发展阶段。随着经济体制改革的逐步深化，人们日益认识到，在社会主义初级阶段还不可能完全照搬马克思的一些具体设想。中国目前的所有制结构还不是马克思设想的那种单一的公有制，而是公有制为主体的多种经济成分并存的所有制结构。数量众多的全民所有制企业，通过所有权和经营权的适当分离，正在成为自主经营、自负盈亏的经济实体。在劳动领域中，国家的行政权、国有财产的所有权、国有企业的经营权、劳动者对劳动力的所有权，是四种不同的权能，不容混淆。通过改革将形成国家、集体、个人的多元决策体制。1976年以来，中国公布的劳动法规数量很多，这些法规一方面体现了改革的要求，从不同的侧面对以上的四种权能进行重新界定，另一方面也着重对改革过程中劳动者的权益进行全面保障。可以说，十一届三中全会以后，劳动法制进入了全面建设的时期，劳动立法取得了显著的成绩。但是，随着劳动制度、工资制度、社会保障制度的改革向纵深发展，劳动立法的相对滞后成为一个亟待解决的问题。

中国劳动基本法自1978年邓小平同志提出制定以来历经16个年头，共拟出30余稿。《中华人民共和国劳动法》（以下简称《劳动法》）在1994年7月5日第八届全国人民代表大会常务委员会第八次会议上，以121票赞成、1票反对、3票弃权、1人未按表决器的表决结果得以通过，1994年7月5日以中华人民共和国主席第28号令发布。

中国第一次以法律的形式，对劳动关系的调整作出了综合性的规定。劳动法的公布，对于建立社会主义市场经济体制，推动劳动领域中的各项改革，保护劳动者的合法权益，确定、维护和发展用人单位与劳动者之间稳定和谐的劳动关系，促进经济发展和社会进步具有重要的意义。

《劳动法》颁布，标志着中国的劳动立法进入快速发展时期。中国劳动立法从总体思路上实现了四个转变：（1）变对各类企业的全面规定为最低保障要求的规定；（2）变劳动关系调整的静态模式为动态模式；（3）变“企业立法”为“社会立法”；（4）变政府的事前审批为事后仲裁、监察，变单纯的行政管理为管理和服务相结合。

《劳动法》颁布后，有关部门正在抓紧制定配套规定。原劳动部1994年就印发了十七个配套规章：《关于实施最低工资保障制度的通知》《职业指导办法》《劳动监察员管理办法》《企业经济性裁减人员规定》《农村劳动力跨省流动就业管理暂行规定》《企业职工患病或非因工负伤医疗期规定》《违反和解除劳动合同的经济补偿办法》《集体合同规定》《工资支付暂行规定》《就业训练规定》《未成年工特殊保护规定》《关于企业实行不定时工作制和综合计算工时工作制的审批办法》《职业培训实体管理规定》《矿山安全监察员管理办法》《矿山建设工程安全监督实施办法》《企业职工生育保险试行办法》《违反〈劳动法〉行政处罚办法》。此后十年间，全国人大、国务院、原劳动部（或劳动和社会保障部）、最高人民法院又陆续颁布了诸多劳动法律、行政法规、规章和司法解释，劳动法体系不断完善。

（四）中国劳动立法的争鸣时期

《劳动法》的颁布实施对中国市场经济发展发挥了很大的作用，但在近十年的执行过程中也暴露出一些问题。为进一步完善劳动合同制度，劳动合同的立法被提上了议事日程。2004年年底，《劳动合同法》起草工作一启动，便成为社会各界高度关注的焦点。《劳动合同法（草案）》在2005年12月24日第一次审议后，于2006年3月20日公开征求意见，短短的一个月，全国人大共收到各地人民群众意见191849件，在当时创造了一个单行法规征求意见的最高纪录。到《劳动合同法》公布实施，关于它的争论从来没有停止过。在各式各样的声音中，逐渐形成了两派不同的观点，时常有媒体报道称劳动法学界分为“海派”“京派”①、“南派”“北派”②、“资派”“劳派”③，劳动法学界“分化”为“冲突的双方——中国人民大学常凯教授和华东政法学院董保华教授”④，这种看法确实反映了劳动合同法争论的状况，也反映出中国社会重新面临着选择：社会本位、公权本位，这是两个相反的路口。当二元法律结构理论这样一种最为流行的学术思想被实践证明行不通时，拉向后和推向前是两种必然出现的倾向，是走管制为主的道路，还是走自治为主的道路是当今中国劳动立法必须作出的选择。

立法过程中有两个案例对《劳动合同法》立法颇具影响力，也为我们理解《劳动合同法》立法时的社会氛围提供了线索。一是总理为农民工讨薪拉开了劳动合同立法的帷幕。温家宝总理为农民工

---

① 郭晋晖：“《劳动合同法》争论继续：谁真正代表工人利益”，载《第一财经日报》2006年4月7日。唐泽文：“四次审议19万条意见　京派与海派之争　一位亲身参与立法的浙江专家披露劳动合同法后面的劳资博弈　用工者不必过分恐慌劳动者不必过分乐观”，载《杭州日报》2007年11月25日。

② 郭军：“《劳动合同法（草案）》三审后值得关注的几个问题”，载《中国劳动》2007年第06期。

③ 冯建华：“《劳动合同法》冲击波”，载《北京周报》2007年第50期。

④ 汪伟：“劳动合同法草案引发法学界分化”，载《新民周刊》2006年5月24日。

讨回欠薪[①]一事经媒体报道，全国各地各级政府也纷纷出台有力政策，严打拖欠民工工资行为。正是在这样的背景下，2005年劳动合同立法拉开了帷幕。总理为农民工讨欠薪在中国的现实政治生态中，具有很强的暗示意义。事后看来，两种解读构成了劳动合同法争鸣的主旋律。一种认为，总理为农民工讨欠薪体现的是一种对社会底层劳动者的关注，劳动合同立法应当体现分层保护的思想。另一种认为，这一行为标志着中国劳动关系已经全面紧张，总理代表的是一种行政权，应当得出公权力全面介入，以限制资本的结论。二是黑砖窑事件促使劳动合同法通过。全国人大常委会组成人员在分组审议劳动合同法草案时，强烈抨击山西“黑砖窑”事件[②]，并提出要尽快通过劳动合同法，通过这部法律和其他相关法律的实施，切实保护劳动者的合法权益，严防类似事件的发生。在一片“黑砖窑的一些违法用工情况，劳动合同法都可以管住”的议论声中，这部在

① 2003年10月24日，原国务院总理温家宝赴三峡库区万州走访三峡移民。在与云阳县人和镇龙泉村10组移民们的亲切交谈中，温总理关心地问村民们：“大家还有什么困难？有什么需要我们做的？”农村妇女熊德明因为其爱人李建明在修建新县城中心广场阶梯的工程打工被包工头拖欠工资2000多元钱已经一年，影响孩子们交学费而向总理诉说，总理心情相当沉重。回到县城，总理立即因为熊德明一家欠薪之事询问了县里负责人，并要求处理，当天夜里11时多，熊德明和丈夫拿到了拖欠的2240元务工工资。之后温家宝总理特意作出批示，称“解决拖欠农民工工资问题仍需高度重视”，曾培炎副总理也要求建设部门在春节前清欠完去年底前拖欠的所有农民工工资。

② 2007年6月5日，大河论坛出现一个题为——《罪恶的“黑人”之路！孩子被卖山西黑砖窑400位父亲泣血呼救》的帖子，帖子以400位河南籍父亲的口吻陈述：他们的孩子被人贩子拐骗，以500元一个的价格卖到山西的黑砖窑做苦工。帖子里描述了黑砖窑苦工受到的惨无人道的待遇和窑主令人发指的行径。但由于这些黑砖窑都在大山深处，再加上窑主们“消息灵通”，当地公安机关和政府又都坐视不理，致使解救起来难上加难。势单力薄的父亲们只解救了40名河南籍的孩子。一石激起千层浪，这个帖子引起了网民的普遍关注。一时间几乎所有人都在呼吁，帮帮这些可怜的父亲，救救那些挣扎在生死边缘的孩子，严惩为钱草菅人命的黑心窑主。

此前分歧很大，久拖难决的法律，一下子似乎找到了统一思想的方法，在四天之后全国人大常委会以“146 人参加、145 票赞成、1 人未按表决器”表决结果通过。实际上，黑砖窑并不是企业，甚至不是血汗工厂；奴工也不是劳工。企业与劳工之间是劳动关系，黑砖窑对奴工所实施的是犯罪行为，不构成劳资冲突。

《劳动合同法》以构建和发展和谐稳定的劳动关系为目标，企业认为这将束缚劳动关系的灵活性，出于对用工自主权的担忧，尤其是《劳动合同法》关于无固定期限劳动合同的设计，让企业有了重拾计划经济时代“铁饭碗”的恐慌，为了规避法律风险，纷纷将员工转为劳务派遣。在《劳动合同法》颁布实施后的短短三四年内出现了劳务派遣单位数量大幅增加、劳务派遣用工规模迅速扩大的情况。2012 年全国人大常委会迅速启动了《劳动合同法》修法程序，并于当年 12 月 28 日第十一届全国人民代表大会常务委员会第三十次会议通过《劳动合同法》（修正案），对《劳动合同法》作了如下修改：一是严格限制劳务派遣用工岗位范围。明确规定劳动合同用工是中国的企业基本用工形式，劳务派遣用工是补充形式，“只能”在“三性”岗位上实施，并对“三性”岗位的具体含义作了进一步界定，同时明确规定从总量上控制劳务派遣的规模，用工单位应当严格控制劳务派遣用工数量，不得超过其用工总量的一定比例。二是对设立劳务派遣单位实行行政许可，提高注册资本要求。三是明确被派遣劳动者享有与用工单位的劳动者同工同酬的权利。四是增加对相应违法行为的处罚。此后，人力资源和社会保障部通过《劳务派遣行政许可实施办法》，自 2013 年 7 月 1 日起施行；通过《劳务派遣暂行规定》，自 2014 年 3 月 1 日起施行，明确用工单位应当严格控制劳务派遣用工数量，使用的被派遣劳动者数量不得超过其用工总量的 10%。

二、标准劳动关系

（一）概述

中国劳动关系脱胎于计划经济时期高度管制的固定工制度，在发展过程中带有明显的历史烙印，和西方发达国家相比，存在较多差异。一是适用范围较窄。二十年前，中国劳动法的制定和世界其他国家一样也是以社会化大生产为背景，主要将集约化程度较高的从业者纳入了劳动法的调整范围，其余的用工关系由民法调整形成雇佣关系。主体合格是劳动关系认定的基本条件，劳动法采取了一种用人单位、劳动者都要符合一定标准后才能纳入调整范围的限定性规定。就用人单位而言，中国劳动法以内涵上不规定、仅对外延进行列举的方式来进行限制，凡法律没有列举的便不适用劳动法，范围较为狭窄。根据《劳动合同法》第 2 条的规定，只有三类用人单位可以直接适用《劳动合同法》：其一，企业，指从事产品生产、流通或服务性活动等实行独立经济核算的经济单位，包括各种所有制类型，如国有企业、集体企业、外资企业、私营企业等，可以有多种组织形式如独资企业、合伙企业、公司等。其二，个体经济组织，指一般雇工在七人以下的个体工商户①，公民在法律允许的范围内，依法经核准登记，从事工商业经营的，为个体工商户。其三，民办非企业单位，指企业事业单位、社会团体和其他社会力量以及公民个人利用非国有资产举办的、从事非营利性社会服务活动的社会组

---

①《劳动部关于贯彻执行〈中华人民共和国劳动法〉若干问题的意见》第 1 条：劳动法第 2 条中的“个体经济组织”是指一般雇工在七人以下的个体工商户。

织。[1]另外，国家机关、事业单位、社会团体由于组成人员存在不同的身份，并不能直接适用劳动法律，只有该类用人单位与劳动者建立劳动关系的，才可以适用《劳动合同法》。就劳动者而言，受到年龄、文化、健康、行为自由等一些标准的限制，实际适格范围也较为狭窄。与劳动法那种较为封闭的调整对象不同，雇佣关系采取开放的调整范围，受雇人因劳动给付获取报酬，凡不能纳入劳动法范围的均可作为雇佣关系受到民法规范。

二是劳动基准水平较高。从总体上说，我国的劳动基准法是与各国相类似的。我国的劳动法在制定时已比较充分地吸取了其他国家的经验。目前我国劳动基准法存在的主要问题是为劳动关系的调整留出的余地太小。比如，在最低工资立法、最高工时、加班工资立法等方面，劳动基准的实际水平相对较高；比如，在解雇保护制度方面，保护水平相对较高。例如，美国要求雇主对劳动者行使解雇权时，必须遵守法律和约定的禁止解雇的条件。虽然雇佣自由原则备受各方攻击，但时至今日，它仍是规范美国雇佣关系的一项重要原则，而多数州法院及部分学者也认为这项原则仍有继续存在的必要。法国、德国认为在存在资方强势和劳方弱势的前提下，雇佣

---

① 《民办非企业单位登记管理暂行条例》第 2 条：本条例所称民办非企业单位，是指企业事业单位、社会团体和其他社会力量以及公民个人利用非国有资产举办的，从事非营利性社会服务活动的社会组织。第 4 条：民办非企业单位应当遵守宪法、法律、法规和国家政策，不得反对宪法确定的基本原则，不得危害国家的统一、安全和民族的团结，不得损害国家利益、社会公共利益以及其他社会组织和公民的合法权益，不得违背社会道德风尚。民办非企业单位不得从事营利性经营活动。第 5 条：国务院民政部门和县级以上地方各级人民政府民政部门是本级人民政府的民办非企业单位登记管理机关（以下简称登记管理机关）。国务院有关部门和县级以上地方各级人民政府的有关部门、国务院或者县级以上地方各级人民政府授权的组织，是有关行业、业务范围内民办非企业单位的业务主管单位（以下简称业务主管单位）。法律、行政法规对民办非企业单位的监督管理另有规定的，依照有关法律、行政法规的规定执行。

关系不能适用契约自由原则必须以法律形式加以限制，只有符合正当事由才可解雇。[①]与这种正当事由同时发展起来的还有提前通知期与经济补偿金制度，由此构成了解雇理由、解雇程序、解雇待遇这三项措施，以对解雇自由进行限制。而中国的解雇保护必须同时满足解雇理由、解雇程序、解雇待遇才可以解雇，在解雇理由方面要求是法定理由，而非正当理由。

三是劳动关系形式要求较严。在合同形式方面，中国特别强调书面劳动合同的作用。1996 年，劳动合同制度开始在中国广泛地建立，这让原来的固定工制度退出历史舞台。作为一项将国家用工改变为用人单位与劳动者之间的契约关系的重大改革，要求书面记载是一件很自然的事情，书面形式成为中国劳动合同的唯一形式。《劳动合同法》进一步将书面化要求向纵深推进，严格按中国《劳动合同法》的有关规定，在劳动合同订立、存续、结束时会产生出一系列书面文件，与《劳动法》相比，书面文件的种类大大增加。如果说《劳动法》基本上将书面合同的作用限制在“建立劳动关系”，《劳动合同法》则扩大了书面合同在整个劳动关系中的调整作用。

（二）劳动合同的订立

劳动合同的订立是指求职者和招工单位经过相互选择，确定劳动合同当事人，并就劳动合同的条款经过协商，达成一致，从而明确双方权利、义务和责任的法律行为，劳动合同的订立过程是求职者转化为劳动者，招工单位转化为用人单位的过程。《劳动合同法》规定了劳动合同的订立原则、订立程序并具体规定了当事人在劳动合同订立过程中的权利义务。

---

① 程延园:“英美解雇制度比较分析——兼论解雇中的法律和经济问题”，载《中国人民大学学报》2003 年第 2 期。

1. 概述

《劳动合同法》第 3 条规定了劳动合同订立的基本原则：合法、公平、平等自愿、协商一致、诚实信用。公平、平等自愿、协商一致、诚实信用的原则是劳动关系具有平等关系特征的体现，由于当事人在合同订立时地位平等，所以在合同订立时任何一方也不能把自己的意志强加于对方当事人，是否建立劳动关系由双方平等选择、自愿建立，合同条款由双方互相协商，可以接受也可以不接受，在订立过程中双方都应诚实信用。根据以上原则订立的劳动合同才具有法律约束力，用人单位与劳动者必须履行劳动合同规定的义务。劳动合同订立不符合法定条件时，劳动合同全部或部分不具有法律效力，不能发生当事人预期的法律后果。对于履行后的无效合同应如何处理，《劳动合同法》对于《劳动法》的突破主要表现在以下两个方面：一是，对于“采取欺诈、威胁手段订立劳动合同”这种意思表示不真实的合同，以劳动合同解除的方式来处理，没有完全采用“自始无效”的规定。二是，如果用人单位和劳动者对劳动合同的无效或者部分无效有争议的，由劳动争议仲裁机构或者人民法院确认，没有完全采用“当然无效”的规定。

在《劳动合同法》立法过程中，立法者出于对中国市场信用制度、集体合同制度尚不完善等国情因素考量，认为不采用书面形式，不足以明确劳动权利义务的内容，也难以保障其履行，因此《劳动合同法》第 10 条第 1 款规定“建立劳动关系，应当订立书面劳动合同”。法律做出这样的规定时，就会出现第 10 条第 2 款所称的“已建立劳动关系，未同时订立书面劳动合同的”情形，这种情形在社会现实中被称为事实劳动关系。为维护书面合同制度，《劳动合同法》对其给予了严厉的制裁。同时，由于书面形式是唯一合法的劳动合同形式，对于书面劳动合同的内容记载，也做了详细规定，包括必备条款和可备条款。劳动合同期限作为劳动合同必备条款，可分为有固定期限、无固定期限和以完成一定工作为期限。无固定期限劳动合同，是指用人单位与劳动者约定无确定终止时间的劳动合同。在劳动合同立法中，随着稳定劳动关系的立法宗旨日渐明确，《劳动合同法》扩大了无固定期限合同的适用范围，使其常态化。

2. 劳动合同的内容

中国确立了通过签订书面劳动合同确立劳动关系的法律制度，同时对这种书面劳动合同提出了具体的要求。按《劳动合同法》第17条的规定，可以将书面劳动合同的内容分为必备条款、可备条款。

劳动合同必备条款是法律规定劳动合同必须具备的内容，是劳动合同不可缺少的条款。《劳动法》要求劳动合同必须具备劳动合同期限、工作内容、劳动保护和劳动条件、劳动报酬、劳动纪律、劳动合同的终止条件、违反劳动合同的责任等七个必备条款。《劳动合同法》在《劳动法》规定的基础上将“用人单位的名称、住所和法定代表人或者主要负责人”、“劳动者的姓名、住址和居民身份证或者其他有效身份证件号码”、“工作地点”、“社会保险”、“工作时间和休息休假”新列为必备条款，同时原《劳动法》规定的“劳动纪律”、“劳动合同的终止条件”、“违反劳动合同的责任”不再作为必备条款。《劳动合同法》对于《劳动法》的调整，基本上是按增加劳动者的权利性条款、去除劳动者的义务性条款的方式来进行的。《劳动合同法》将提供符合必备条款要求的劳动合同文本作为用人单位的一项义务。劳动合同文本未载明必备条款的，由劳动行政部门责令改正，造成劳动者损害的，用人单位承担赔偿责任。

劳动合同可备条款是劳动合同中可以约定也可以不约定的内容，但当事人如约定，必须依据法律规定来确定有关条款。按《劳动合同法》的规定，这部分内容主要包括五类：“劳动合同除前款规定的必备条款外，用人单位与劳动者可以约定试用期、培训、保守秘密、补充保险和福利待遇等其他事项。”违反可备条款的限制性规定的，也要承担法律责任。例如，对用人单位违法约定试用期，《劳动合同法》实行了超出当时各地规定的严厉处罚。《劳动合同法》第 83 条既规定了用人单位违反本法规定与劳动者约定试用期的，由劳动行政部门责令改正；又对违法约定的试用期已经履行的，引入了赔偿金处罚方式，这里的赔偿金是惩罚性赔偿，规定用人单位以劳动者试用期满月工资为标准，按已经履行的超过法定试用期的期间向劳动者支付赔偿金，这实际上使劳动者可以获得双倍工资。

3. 劳动合同的形式

《劳动法》第 16 条、第 19 条将订立书面劳动合同视为劳动者与用人单位间形成劳动关系的唯一依据。特别强调书面合同成为中国劳动法区别于国外许多国家劳动法的重要特点。但是这种强调与现实生活中大量存在的无书面合同的劳动关系存在鲜明反差。无书面合同而存在劳动关系的状态一般称之为事实劳动关系。

《劳动合同法》加大了对事实劳动关系的制裁力度，来提高劳动合同的签订率。《劳动合同法》第 82 条第 1 款将事实劳动关系作为一种承担法律责任的形式来进行规定：“用人单位自用工之日起超过 1 个月不满 1 年未与劳动者订立书面劳动合同的，应当向劳动者每月支付二倍的工资。”《劳动合同法》第 14 条第 3 款还规定，用人单位自用工之日起满一年不与劳动者订立书面劳动合同的，视为用人单位与劳动者已订立无固定期限劳动合同。为了保证劳动合同的书面化，事实劳动关系立法转向对用人单位惩罚、对劳动者赔偿。

4. 劳动合同的期限

世界各国在劳动合同期限上的规定是相类似的，一般将合同分为定期合同、不定期合同、以明确工作任务为期限的合同，对定期合同和不定期合同有不同的规定。有些国家对定期合同有法定的最长期限，期满后自动终止。当事人如仍继续执行该合同的，大都规定该合同自动延长为不定期合同。对不定期劳动合同，一般规定双方当事人事先通知，可以随时终止。不定期合同在中国为无固定期限劳动合同，与国外的不定期合同正好相反，是指在劳动合同中用人单位与劳动者约定合同无确定到期时间，由于合同没有到期时间，因此无固定期限劳动合同不存在到期终止，只有在法定终止条件出现时才能终止，是一种超稳定的劳动关系形态。

无固定期限合同签订主体可以分为任意签订主体和强制签订主体。《劳动合同法》规定只要用人单位与劳动者协商一致，就可以签订无固定期限合同，此时无固定期限合同签订主体与定期合同签订主体完全一致。但对一些特殊主体，用人单位必须与其签订无固定期限劳动合同。一是劳动者已在该用人单位连续工作满十年以上，劳动者提出或者同意续订、订立劳动合同的，除劳动者提出订立固定期限劳动合同外，应当订立无固定期限劳动合同。二是用人单位初次实行劳动合同制度或者国有企业改制重新签订劳动合同时，劳动者在该用人单位连续工作满十年或者距法定退休年龄在十年以内的。三是连续订立二次固定期限劳动合同，且劳动者没有过失性解除情形和医疗期满解除、不能胜任解除情形，续订劳动合同的，劳动者提出或者同意续订、订立劳动合同的，除劳动者提出订立固定期限劳动合同外，应当订立无固定期限劳动合同。

《劳动合同法》在规定强制签订无固定期限劳动合同主体的同时，对不依法签订无固定期限劳动合同的行为规定了严厉的法律责任。第 82 条规定用人单位对符合签订无固定期限劳动合同的劳动者，如果没有与其订立无固定期限劳动合同的，则需要向其支付双倍工资，起算时间为应当订立无固定期限劳动合同之日。

5. 劳动合同的无效制度

劳动合同具有法律效力，一般需要以完全具备法定有效要件为前提，当用人单位和劳动者订立的劳动合同不符合法定条件时，往往不能发生当事人预期的法律后果，劳动合同无效。无效合同可以说是一种病态合同，体现了法律对私的意思表示的价值判断，违法性是无效劳动合同判别的基本标准。劳动合同无效制度包括无效原因、无效确认和无效救济三个方面。

（1）劳动合同无效原因

《劳动法合同》第26条规定了劳动合同无效的原因，包括用人单位或劳动者以欺诈、胁迫的手段或者乘人之危，使对方在违背其真实意思的情况下订立劳动合同的；用人单位免除自己的法定责任、排除劳动者权利的，如果劳动合同中免除了劳动者责任、排除了用人单位权利的，劳动合同不会无效；劳动合同违反法律、行政法规强制性规定的，也将导致合同无效。

（2）劳动合同无效确认

合同无效具有“当然”无效的特点，就是指在无效合同不经过诉讼程序来解决时，因为它已经明显违反法律法规的强制性规定，所以它也应当是无效的。进入诉讼程序（或者仲裁程序）之后，由于无效合同是当然无效的，即使当事人没有主张无效，那么法院和仲裁机关也可以代表国家或者依职权对无效合同进行干预，而不受不告不理原则的影响。按照《劳动合同法》的规定，用人单位和劳动者作为合同当事人认为合同无效的，可以行使合同解除权。如果用人单位和劳动者对劳动合同的无效或者部分无效有争议的，《劳动合同法》第26条规定由劳动争议仲裁机构或者人民法院确认。劳动行政部门无权认定劳动合同无效。这一规定改变了原来“当然无效”的规定。

（3）劳动合同无效救济

《劳动合同法》第 28 条对劳动合同被确认无效后的处理作了规定。虽然劳动合同自始无效，但劳动者已付出劳动的，用人单位还是应当向劳动者支付劳动报酬。对于劳动报酬的数额，《劳动合同法》规定要参照本单位相同或者相近岗位劳动者的劳动报酬确定。《劳动合同法》第 86 条规定劳动合同依法被确认无效，给对方造成损害的，有过错的一方应当承担赔偿责任。

对于双方的劳动关系，《劳动合同法》改变了原来"自始无效"的规定，对订立的无效合同可以通过解除的方式来处理，但劳动者解除和用人单位的解除范围不同。劳动者在用人单位导致合同无效时就可以解除劳动合同，包括：用人单位以欺诈、胁迫的手段或者乘人之危，使劳动者在违背其真实意思的情况下订立或者变更劳动合同的；用人单位免除自己的法定责任、排除劳动者权利的；用人单位订立合同时违反法律、行政法规强制性规定的。《劳动合同法》第 38 条规定劳动者可以随时通知用人单位解除劳动合同，此时用人单位还需要向劳动者支付经济补偿金，违者应当支付 2 倍的赔偿金。劳动者以欺诈、胁迫的手段或者乘人之危，使用人单位在违背其真实意思的情况下订立或者变更劳动合同，致使劳动合同无效的，用人单位按《劳动合同法》第 39 条可以解除劳动合同，不需要向劳动者提前通知，也不需要支付经济补偿金。

（三）劳动合同的履行和变更

1. 概述

《劳动合同法》在劳动合同的履行和变更上强调书面劳动合同的作用。在劳动合同的履行上，强调要按约履行和全面履行，《劳动合同法》第 29 条对此作出了规定：其一，《劳动合同法》规定劳动合同应当全面履行。劳动合同是一个整体，合同规定的条款相互之间有其内在的联系，不能割裂。当事人双方必须履行全部义务，不能只履行部分义务。其二，《劳动合同法》规定当事人应当按照劳动合同的约定履行义务。中国在劳动合同订立和履行中都强调书面劳动合同的作用，劳动合同在订立时必须以书面形式订立，当事人在劳动关系存续期间也必须按照书面合同约定履行各自义务。对未在劳动合同中约定的义务，当事人可以不予履行。《劳动合同法》将工作内容和工作地点列为劳动合同的必备条款，要求当事人在订立劳动合同时必须予以明确约定；从《劳动合同法》的规定理解，如果用人单位安排劳动者从事了与劳动合同约定不一致的工作，则属于违约行为。

在劳动合同变更上，《劳动合同法》对变更形式亦执行严格的书面变更制度，要求变更劳动合同必须使用书面形式，用人单位和劳动者应当采用书面形式记载变更的内容，变更后的劳动合同文本由用人单位和劳动者各执一份。对劳动合同变更还强调要通过双方协商一致的方式进行。第 35 条规定用人单位与劳动者协商一致，可以变更劳动合同约定的内容。即对劳动合同必备条款（劳动合同期限和终止条件、工作内容和工作地点、工作时间和休息休假、劳动报酬、社会保险、劳动保护和劳动条件）和可备条款（试用期、培训、保守商业秘密、补充保险和福利待遇等），只要在劳动合同中作了约定，如需变更，必须通过协商方式进行。在变更协商中，一方不同意变更的，另一方无权予以单方变更，只能继续履行原合同。

2. 劳动合同的履行

劳动合同履行中有一种特殊情形称为劳动合同的承继，即用人单位发生合并或者分立等企业主体变化时的处理。《劳动合同法》第 34 条规定，“原劳动合同继续有效，劳动合同由承继其权利和义务的用人单位继续履行。”在劳动关系主体发生变化时，通过劳动合同承继的方式可以实现平稳转轨。劳动合同主体变化而内容不变的形式，有利于保持劳动关系的稳定，符合《劳动合同法》稳定劳动关系的立法宗旨，因而被《劳动合同法》确定为企业分立、合并过程中处理劳动关系的基本模式。

劳动合同承继的基本特点是“新主体执行旧合同”。一变一不变：其变化的方面是劳动合同的主体，实现了新旧主体的变化；其不变化的方面是劳动合同的内容，原劳动合同继续有效，仍执行旧合同。劳动合同承继中最重要的内容是工龄连续计算。劳动法律中诸多标准和工龄挂钩，在劳动关系承继模式中，劳动者在原单位和新单位的工龄需要连续计算，对于承继权利义务的用人单位，将会导致多项劳动成本的提高。例如员工医疗期和病假工资的计算直接与工龄挂钩，工龄越长，医疗期越长，病假工资标准越高；经济补偿金根据工龄计算，工龄越长，经济补偿金越高；无固定期限合同和工作时间、合同签订次数相联系，工龄越长，越易于签订无固定期限合同。另外，劳动法律变化较快，原有合同签订时的法律和并购时的法律可能并不一致，如果继续履行原有合同，有时意味着企业可能要遵守原有合同签订时的法律，不同的法律可能会有不同的劳动标准，当原有的标准高于承继时的标准时，则应该遵守合同形式确立下来的旧法。

3. 劳动合同的变更

由于劳动合同履行是一个动态变化的过程，经常需要对劳动合同所约定的权利和义务予以调整和完善，以确保劳动合同全面履行和劳动过程顺利实现，劳动合同内容变更成为实际生活中经常出现的问题。劳动合同内容变更，是指劳动合同依法订立后，尚未履行或尚未完全履行前，合同当事人双方对原劳动合同的内容进行修改或者增减的行为。《劳动合同法》对用人单位单方变更劳动合同的权利予以限制，在变更情形、变更形式等诸多方面予以规制。

（1）劳动合同变更情形

《劳动合同法》只允许在劳动者不能胜任工作时，用人单位可以变更合同，重新安排劳动者工作岗位。对劳动者医疗期满后不能从事原工作的，用人单位不能直接重新安排劳动者工作岗位，而是必须与劳动者就劳动合同变更事宜进行协商，协商一致，劳动合同应当继续履行；如果协商不一致的，用人单位有权单方解除劳动合同。劳动合同订立时所依据的客观情况发生重大变化，致使劳动合同无法履行，经用人单位与劳动者协商，未能就变更劳动合同内容达成协议的，用人单位可以单方解除合同，但对解除人数予以限制，对超过 20 人或不超过 20 人但占全部劳动者数量 10% 以上的，需要按裁员程序执行。

（2）劳动合同变更形式

《劳动合同法》对劳动合同变更形式执行严格的书面变更制度，要求变更劳动合同必须使用书面形式，用人单位和劳动者应当采用书面形式记载变更的内容，变更后的劳动合同文本由用人单位和劳动者各执一份。对于未采取书面形式的变更合同行为，根据最高人民法院《关于审理劳动争议案件适用法律若干问题的解释（四）》第 11 条的规定，已经实际履行了口头变更的劳动合同超过一个月，且变更后的劳动合同内容不违反法律、行政法规、国家政策以及公序良俗，当事人以未采用书面形式为由主张劳动合同变更无效的，人民法院不予支持。《劳动合同法》对劳动合同变更的程序并未作明确的规定，对当事人的不答复行为能否认为属于默认变更，还需要立法部门进一步解释。

（四）劳动合同的终止与解除

1. 概述

劳动者的辞职与用人单位的解雇相对应，是《劳动合同法》中的一对隐性的概念。《劳动法》中将辞职权与解雇权设计为“基本平衡，适当倾斜”的制度安排。《劳动合同法》在此基础上，从稳定劳动关系的目的出发，对于用人单位的解雇权作了进一步限制，同时加大了劳动者的辞职权。

伴随着中国走向市场经济，解雇与解雇保护的概念以渐进的方式得以发展，形成了“劳动合同终止”与“劳动合同解除”两个概念。作为一种继续性合同，这两个概念均无溯及既往的效力，作一个类比，“劳动合同终止”概念类似于一些国家和地区民法中“终止”的概念；而“劳动合同解除”类似于一些国家和地区劳动基准法中所涉及的“终止”概念。中国的《劳动法》中强调了这两个概念的区别，从而使新员工既受“劳动合同终止”，也受“劳动合同解除”的调整；老员工只受“劳动合同解除”的调整，新员工的解雇中私法的因素较为浓重。《劳动合同法》中，通过推行无固定期限合同，取消到期终止；改造必备条款取消约定终止，加大了劳动关系中公法调整的因素，两个概念开始趋同。在《劳动合同法》终止与解除背后的隐性概念，开始变得更为重要。除了一些因生理原因，例如劳动者死亡或退休，导致劳动关系的权利义务消灭外，《劳动合同法》实际上确立了两个隐性概念：一是劳动者采取主动行为的辞职，二是用人单位采取主动行为的解雇。无论解除还是终止，劳动者采取主动行为辞职的，一般不需要支付经济补偿金；用人单位采取主动行为的，视法定理由的认定，往往要支付经济补偿金，以体现解雇保护的特点。《劳动合同法》在过错性解除中，去除了严重违反劳动纪律的解除规定，加大了程序制约；在非过错解除上，沿用了《劳动法》规定的个别解除和集体解除（裁员）两种类型，但在具体解除条件、解除限制上继续收紧，除设置了解雇的许可条件、解雇的禁止条件外，还在裁员中增加了优先留用条件，从而使中国解雇保护严厉程度超过了西方主要的市场经济国家。

2. 劳动合同的终止

劳动合同的终止，是指劳动合同的法律效力依法被消灭，即劳动合同所确立的劳动关系由于一定法律事实的出现而终结，劳动者与用人单位之间原有的权利和义务不复存在。《劳动法》将“劳动合同终止”这一概念基本上是作为私法因素引入的，其相当于各国民法中终止的概念，解雇保护较为宽松。《劳动合同法》虽然沿用了《劳动法》的终止概念，但对终止这一概念进行了公法化改造，使之与解雇理由、解雇待遇等一些内容相联系，这一概念的内涵有了过去解除的含义。《劳动合同法》从三方面进行了调整。

（1）限制期满终止

《劳动法》中的期限制度是一项重要的约定内容，双方可以通过约定，确定有固定期限、无固定期限和以完成一定工作任务为期限的劳动合同。劳动合同到期终止是指劳动合同在合同到期日自然终止，只适用于固定期限合同和以完成一定工作任务为期限的劳动合同，不适用于无固定期限合同。对于固定期限劳动合同，《劳动法》规定可以到期终止，无须提前通知，也无须经济补偿金。①由于解雇条件宽松、解雇程序简便、没有解雇成本，期满终止是用人单位最经常使用的离职类型。《劳动合同法》仍然保留了期满终止这一离职类型，但通过强制推行无固定期限合同，规定在四种情形下，用人单位不得到期终止合同，合同期限应予以顺延，用人单位到期终止需要支付经济补偿等措施使其适用范围大大减小。

（2）取消约定终止

《劳动法》在合同到期终止之外还允许用人单位和劳动者自行约

① 《中华人民共和国劳动法》第 23 条：劳动合同期满或者当事人约定的劳动合同终止条件出现，劳动合同即行终止。

定终止条件，将终止条件作为劳动合同的必备条款。[①]固定期限合同、以完成一定工作任务为期限的劳动合同和无固定期限合同都可以在合同中约定终止条件。当劳动合同约定的终止条件出现时，任何期限的劳动合同均可终止。《劳动合同法》以劳动关系稳定为立法目标，约定终止这种使劳动关系具有灵活特点的做法是立法者所不能容忍的，尽管由于立法技术的原因，对于立法效果的理解出现了分歧，但其限制约定终止条件的意图还是很清楚地反映在了《劳动合同法实施条例》中，今后立法中也还存在着进一步压缩这一空间的可能性。

（3）增加法定终止

由于原《劳动法》主要体现的是私法的因素，无论是期限的规定还是约定终止条件的规定都是将终止作为一种体现当事人约定的范畴来考虑的，因此并无法定终止条件的规定。《劳动合同法》则大大扩充了法定终止的内容，第 44 条规定有下列情形之一的，劳动合同终止，即：劳动者开始依法享受基本养老保险待遇的；劳动者死亡，或者被人民法院宣告死亡或者宣告失踪的；用人单位被依法宣告破产的；用人单位被吊销营业执照、责令关闭、撤销或者用人单位决定提前解散的以及法律、行政法规规定的其他情形。

3. 劳动合同的解除

劳动合同解除是指劳动合同生效以后，尚未履行或尚未全部履行以前，当事人一方或双方依法提前消灭劳动关系的法律行为。一般认为，合同解除产生溯及力，继续性合同不应当发生溯及既往的效力，因此继续性合同只能适用合同终止，不能适用合同解除。劳动合同作为一种继续性合同，劳动合同解除没有传统合同解除的含

---

① 《中华人民共和国劳动法》第 19 条：劳动合同应当以书面形式订立，并具备以下条款：……（六）劳动合同终止的条件；……第 23 条：劳动合同期满或者当事人约定的劳动合同终止条件出现，劳动合同即行终止。

义。劳动法引入“劳动合同解除”这一概念时，是经过改造的，只是提前终止的意思。①解除分为双方行为和单方行为两大类。单方行为是指劳动合同的一方当事人，不须对方同意，单方面行使劳动合同解除权，可以分为用人单位单方解除劳动合同和劳动者单方解除劳动合同。双方行为则无论是劳动者首先提出解除还是用人单位首先提出解除，只有对方同意，双方达成一致意见，方可解除劳动合同。

（1）劳动合同协商解除

劳动合同协商解除即是一种双方解除行为，指劳动合同的双方当事人经协商达成一致，从而解除劳动合同。《劳动合同法》第36条是关于劳动合同协商解除的规定。在解除条件上，《劳动合同法》要求双方协商一致，均同意解除劳动合同。在解除通知上，协商解除中劳动合同的解除时间由双方协商，对用人单位和劳动者任何一方均无提前通知的要求。在经济补偿上，劳动合同协商解除虽然最终需双方达成一致方能生效，但这种行为必然是由当事人中的一方提出解除意向，如果是用人单位向劳动者提出解除劳动合同动议的，按照《劳动合同法》第46条第（二）项规定，用人单位应当向劳动者支付经济补偿金。如果是劳动者向用人单位提出解除劳动合同动议的，是否支付补偿金由双方协商，用人单位无向劳动者支付经济补偿金的法定义务。

（2）用人单位单方解除

第一，用人单位的过错性解除合同。

用人单位过错性解除，又称即时辞退，它是指劳动者出现了法律规定的过错行为，用人单位无须向劳动者预告就可以单方解除劳

---

① 笔者在参与《劳动法》起草之后的一系列论著中，对这两个概念的关系有所介绍，参见董保华：《劳动关系调整的法律机制》，上海交通大学出版社2000年版，第178—181页。

动合同的行为。用人单位行使这项权利，事前不必得到劳动者的同意，被辞退的劳动者不享有经济补偿金。为避免用人单位滥用这项权利，损害劳动者的利益，《劳动法》第25条采取列举的方式明确了试用期解除、严重违纪解除、严重失职解除、刑事责任解除四种过错性解除的情形;《劳动合同法》第39条新增了利益冲突解除和欺诈解除，但去除了“严重违反劳动纪律”的规定，只保留了“严重违反用人单位的规章制度”的规定。用人单位只能依据规章制度解除劳动合同，在没有规章制度或规章制度没有规定的情况下，无论劳动者过错的严重程度，均可能导致无法解除的结果。例如，1995年9月27日《劳动部办公厅对〈关于职工被公安机关“收容教育”企业能否与之解除劳动合同的请示〉的复函》中规定：“企业职工因卖淫、嫖娼等违法犯罪活动被公安机关执行收容教育的，企业可以根据原《劳动法》第25条第2款的规定，解除与该职工的劳动合同。”这项规定显然是属于严重违纪的范畴，当《劳动合同法》去除了严重违反劳动纪律的规定,用人单位只有将“收容教育”的规定写入规章制度，才能作为解除劳动合同的依据。如果用人单位没有一个非常详细的规章制度，哪怕员工有极其严重的过错行为，依然不能解除劳动合同。《劳动合同法》去除严重违纪的提法，并将规章制度纳入严格的制定程序，用意应是为了缩小企业的自主权来加强解雇保护。

第二，用人单位的非过错性解除合同。

非过错性解除，指劳动者无主观过错但基于某些客观原因，用人单位可以依法单方解除劳动合同的行为。《劳动合同法》在非过错解除上，沿用了《劳动法》规定的个别解除和集体解除（裁员）两种类型，但在具体解除条件、解除限制上继续收紧。

非过错性解雇的许可条件是指以限制用人单位非过失解除为目的，法律明确规定可以行使劳动合同解除权的条件，只有符合法定的条件，用人单位才可以行使解除权。这样的规定是为了给用人单位划出一个可以行使非过错性解雇权的范围，超出这一范围的任何解除，都会被视为违法，并要承担相应的法律责任。与《劳动法》相比，《劳动合同法》中个别解除的许可条件没有调整，但裁员的许可条件有了较大的调整。

非过错性解雇的禁止条件是指符合非过失解除许可条件的情况下，由于该项解除涉及某些老、弱、病、残的特定人群，法律做出禁止解除的规定。禁止条件是对许可条件的一种反向限制。《劳动法》中反向限制制度的设计很大程度上是因为20世纪90年代社会保障体制不健全，因此要求企业在劳动者因患病、伤残、生育等情形丧失劳动能力时承担雇佣责任。《劳动合同法》进一步增加了列入禁止解除条件的内容。第42条规定，劳动者有疑似职业危害、职业病、工伤、医疗期内、女职工三期、15加5[①]等六种情形之一的，用人单位不得依照非过失解除的许可规定解除劳动合同。在这六种情形中，疑似职业危害禁止、老职工在15加5情况下的禁止，是这次《劳动合同法》新增加的。这一增加使老、弱、病、残的情形全方位地纳入劳动合同解除的禁止范围。这些内容大部分也成为终止劳动合同的禁止范围。

在经济性裁员的规定中，《劳动合同法》增加了优先留用的规定，与《劳动法》相比，有较大的调整。裁员作为一种特殊类型的非过失性解雇，《劳动合同法》再行收紧其适用。在解雇理由上，除有正向的许可理由、反向的禁止理由外，又做出了优先留用的规定，使解雇理由成为三重。除了“订立较长期限的固定期限劳动合同”、“订

① 《劳动合同法》第42条将“在本单位连续工作满十五年，且距法定退休年龄不足五年的”作为非过失解除的禁止条件之一。

立无固定期限劳动合同”外，“家庭无其他就业人员，有需要扶养的老人或者未成年人的”也构成优先留用的条件。如果说老、弱、病、残员工列入了解除合同的禁止范围，家中有老、弱、病、残的员工，则在一定条件下列入了“优先留用”范围。除解雇理由外，在经济补偿、提前通知的规定上，《劳动合同法》也做出了一系列的调整。在裁员的情况下，《劳动合同法》将通知制度改变为说明制度，除向职工说明、征求工会意见外，增加向行政机关报告，也形成三重程序。这些严格管制的措施是希望收紧裁员，以实现稳定劳动关系的目标。

各国在解雇保护上的主要措施可以概括为三种，即解雇理由、解雇程序（提前通知）、解雇待遇（经济补偿金）。大部分国家是在三种措施中选用，也有些国家可以换用，有理由的可以不要提前通知，有提前通知的，可以不支付经济补偿。为了实现稳定劳动关系的立法宗旨，中国在非过错性解除上，不仅三种措施同时并用，而且在主要措施上，都已经加强为双重。在解雇理由上，我国不仅有正向的许可理由，还有反向的禁止理由；在提前通知上，不仅通知个人，还要通知工会并听取意见；在经济补偿金上，不仅规定了作为法律义务的补偿金制度，还规定了作为法律责任的赔偿金制度。

（3）劳动者辞职

①基本辞职制度

劳动者的基本辞职制度主要有以下三种类型：

第一，劳动合同到期，劳动者不愿续签劳动合同。《劳动合同法》将“劳动合同期限”作为劳动合同必备条款。对于有固定期限合同而言，合同到期后，原劳动合同的双方或一方当事人均可能存在不愿续签的情况，劳动合同可因当事人不再续签而终止。对于劳动合同不续签的情况，《劳动合同法》第46条以用人单位与劳动者之间谁采取主动行为为依据，将其区别为辞职性的终止与解雇性的终止。

在用人单位维持或提高现有劳动合同约定条件的情况下，劳动者不同意续订劳动合同的，是一种辞职性的终止合同。由于这是劳动者采取主动行为，用人单位不必支付经济补偿金。而解雇性的终止需要支付经济补偿金，同时还受“不得终止”条件限制。

第二，试用期内劳动者即时解除劳动合同。《劳动合同法》第37条规定，劳动者在试用期内提前3日通知用人单位，可以解除劳动合同。这是劳动者在试用期内的单方解除，可以说这是一种任意性辞职制度。试用期作为用人单位与劳动者相互考察的期限，在这一期限内，允许劳动者依法单方通知解除。单方解除相对于双方解除，是指劳动合同的一方当事人，不须对方同意，单方面行使劳动合同解除权；《劳动合同法》规定了在试用期内，劳动者单方通知解除的预告期为3天。《劳动合同法》沿用了《劳动法》的规定，以录用条件为标准，将这种试用期解除行为区别为辞职性的试用期解除与解雇性的试用期解除。用人单位在试用期解除的，作为解雇性的单方解除，须证明劳动者不符合录用条件；劳动者在试用期解除的，作为辞职性的单方解除，只要在试用期内行使解除权，提前3日通知即可，无须承担证明责任。

第三，合同期内的劳动者预告解除劳动合同。《劳动合同法》第37条规定：“劳动者提前30日以书面形式通知用人单位，可以解除劳动合同。”这是劳动者在合同期内的单方解除，也是一种任意性辞职制度，即劳动合同依法订立后，尚未全部履行以前，由劳动者一方依法提前消灭劳动合同的法律效力，单方解除劳动合同约定的双方权利义务关系的行为。劳动者只须履行一定的预告程序，便可单方解除劳动合同。《劳动法》中就有类似的规定。

②被动辞职制度

被动辞职是指形式上是由劳动者提出辞职而实际上是用人单位

解雇的一种行为。《劳动合同法》中隐含着辞职与解雇两个概念，可以说被动辞职是辞职与解雇两个概念的竞合，形式上是辞职，内容上是解雇。《劳动合同法》将其归在劳动者解除中，故应当称为“被动辞职”。从程序上可分为一类是随时通知解除，另一类是不需事先告知解除。

第一，随时通知解除。《劳动合同法》第38条规定出现以下六种情形之一的，劳动者可以随时通知用人单位解除劳动合同。一是用人单位未按照劳动合同约定提供劳动保护或者劳动条件的。二是用人单位未及时足额支付劳动报酬的。三是用人单位未依法为劳动者缴纳社会保险费的。四是用人单位的规章制度违反法律、法规的规定，损害劳动者权益的。五是用人单位以欺诈、胁迫的手段或者乘人之危，使劳动者在违背其真实意思的情况下订立或者变更劳动合同，致使劳动合同无效的。六是法律、行政法规规定劳动者可以解除劳动合同的其他情形。

第二，不需事先告知解除。《劳动合同法》第38条规定：“用人单位以暴力、威胁或者非法限制人身自由的手段强迫劳动者劳动的，或者用人单位违章指挥、强令冒险作业危及劳动者人身安全的，劳动者可以立即解除劳动合同，不需事先告知用人单位。”

《劳动合同法》确定了劳动者在被动的消灭劳动关系时用人单位须支付经济补偿金的制度，尽管形式上劳动者辞职是主动的，但由于被动辞职从内容上看，其实是推定解雇，《劳动合同法》第46条将劳动者被动辞职规定为用人单位应当支付经济补偿金的情况。

③限制辞职制度

《劳动合同法》在劳动合同期限之外形成了服务期概念，服务期与违约金相联系，作为“劳动者单方无因解除权”的一种限制条件，只有用人单位有一定的投入才能取得这种限制权，从而形成一种特殊的对价结构。

《劳动合同法》在对服务期与违约金的表述上，可以归纳为五个要点，一是设置违约金的条件，用人单位为劳动者提供专项培训费用，对其进行专业技术培训的，可以与该劳动者订立协议，约定服务期。二是支付违约金的条件，劳动者违反服务期约定的，应当按照约定向用人单位支付违约金。三是违约金的性质，只具有赔偿性质，违约金的数额不得超过用人单位提供的培训费用，用人单位要求劳动者支付的违约金不得超过服务期尚未履行部分所应分摊的培训费用。四是强调违约金的限制使用，除法律规定的服务期及竞业限制义务的情形外，用人单位不得与劳动者约定由劳动者承担的违约金。五是保障正常的工资调整机制，用人单位与劳动者约定服务期的，不影响按照正常的工资调整机制提高劳动者在服务期期间的劳动报酬。

4. 经济补偿金制度

从整个制度的构成来看，经济补偿金的制度性要素包括经济补偿金的支付范围、计算基数、计算年限三个组成部分，计算之后还需要进行封顶线调整。如果从国际的视角，对四个方面进行比较，中国经济补偿金支付处于很高的水平。

（1）经济补偿金的支付范围

中国的经济补偿是义务型的，就支付范围而言，《劳动合同法》突破了《劳动法》体制下经济补偿金的支付仅限于劳动合同非过错解除范围的规定，将其适用领域延展至部分劳动合同的终止。除了法国、意大利等少数国家，在采用经济补偿金作为解雇保护手段的国家中，很少有国家的经济补偿范围有如此之大。

（2）经济补偿金的计算基数

就经济补偿金的计算基数而言，《劳动合同法》以劳动者的“月工资”作为计算基数用于经济补偿金的计算。依据《劳动合同法》

第 47 条之规定：月工资是指劳动者在劳动合同解除或者终止前 12 个月的平均工资。

《劳动合同法》所称的“月平均工资”并未明确是否包括各种劳动者应缴纳的税费。劳动者社会保险费个人缴纳部分、住房公积金个人缴纳部分以及个人所得税这些内容是否应该纳入“月工资”的计算基数？《劳动合同法实施条例》进一步明确“按照劳动者应得工资计算，包括计时工资或者计件工资以及奖金、津贴和补贴等货币性收入。劳动者在劳动合同解除或者终止前 12 个月的平均工资低于当地最低工资标准的，按照当地最低工资标准计算。劳动者工作不满 12 个月的，按照实际工作的月数计算平均工资”。按这一规定，社会保险费个人缴纳部分、住房公积金个人缴纳部分以及个人所得税等税费从来源上看均为劳动者个人的合法所得，应为“应得工资”的构成内容，经济补偿金在计算时应当涵盖。通过这样的解释，经济补偿的计算基数有所放大。

（3）经济补偿金的计算年限

就经济补偿金的计算年限而言，中国经济补偿金的支付在计算基数的基础上，以工作年限为计算单位计发。每一个工作年限支付一个月工资。《劳动合同法》第 47 条规定：“经济补偿按劳动者在本单位工作的年限，每满一年支付一个月工资的标准向劳动者支付。六个月以上不满一年的，按一年计算；不满六个月的，向劳动者支付半个月工资的经济补偿。”

《劳动法》对于经济补偿金支付中的工作年限要求必须是“同一用人单位”，这与大部分国家的规定相类似。《劳动合同法》在沿用该规定的基础上作出了两方面的放大：

其一，《劳动合同法》对于用人单位的主体变更，采用了劳动合同承继的处理方法，“用人单位发生合并或者分立等情况，原劳动合同继续有效，劳动合同由承继其权利和义务的用人单位继续履行。”承继的劳动合同，劳动者工作年限应该连续性计算。

其二，对于非承继性质的用人单位主体变更，《劳动合同法实施条例》规定 :“劳动者非因本人原因从原用人单位被安排到新用人单位工作的，劳动者在原用人单位的工作年限合并计算为新用人单位的工作年限。原用人单位已经向劳动者支付经济补偿的，新用人单位在依法解除、终止劳动合同计算支付经济补偿的工作年限时，不再计算劳动者在原用人单位的工作年限。”此条款中，当劳动者同时满足“非因本人原因”和“被原用人单位安排到新单位”这两个条件时，劳动者在两个单位的工作年限是合并计算的，以此来解决员工在直属企业之间调动、母子公司之间岗位轮转等过程中带来的工作年限计算问题。

（4）经济补偿金的封顶规定

《劳动合同法》为经济补偿金的支付设定了两条封顶线，第一条封顶线为计算基数的最高限，即本地区上年度职工月平均工资的 3 倍，第二条封顶线为最高 12 年的支付年限。只有符合第一条封顶线的人，才执行第二条封顶线。由于这样的递进关系，使得受封顶线限制的人群数量很小。

三、非标准劳动关系

（一）概述

从工业化经济发展到全球化经济，传统的、标准的劳动关系已逐渐弱化，“世界进入了弹性劳动与经济不稳定、工作不稳定时代”。劳动关系在全世界范围内都越来越呈现出非标准化的趋势，这种趋势同样波及中国，多种灵活就业方式应运而生。由于中国在立法背景、经济基础、文化理念等方面与西方国家存在着较大的差异，灵活就业的出现对中国劳动法学界以前一直秉持的“单一劳动关系”理论提出了很大的挑战。

标准的单一劳动关系有两大特点：其一，劳动关系的主体实行双重界定；其二，一个劳动者只能同时与一个单位形成一种劳动关系。但在现实生活中存在以下大量不符合这两项特点的用工状态：第一，劳动关系主体存在瑕疵。按照标准劳动关系的要求，作为劳动关系主体的劳动者和用人单位都必须符合法定条件，但实际存在大量主体不符合法定条件的用工现象：既有劳动者不符合劳动关系主体条件，如童工、在校学生、退休人员等；也有用人单位不符合劳动关系主体条件，如非法用人单位等。第二，双重或多重劳动关系。标准劳动关系中一个劳动者只能同时与一个用人单位形成一种劳动关系，但事实上存在多重劳动关系的现象。例如劳务派遣中，劳动者同时存在派遣机构和用工单位两个雇主。又如非全日制用工，两个或两个以上的劳动关系以钟点工的形式并列衔接。此外还有广泛存在的兼职劳动、待工人员就业等，都存在双重或多重劳动关系。在这些关系中，劳动者提供了劳动，用人单位也支付了劳动报酬，与标准劳动关系在基本内容上并无二致，但由于法律的缺失，实际处于失范状态。为解决这一问题，上海提出了"特殊劳动关系"概念，将协议保留社会保险关系人员①、企业内部退养人员、停薪留职人员、专业劳务公司输出人员、退休人员等用工单位形成的用工关系称为"特殊劳动关系"，适用劳动法的部分劳动基准如工作时间规定、劳动保护规定、最低工资规定等，使这些主体资格上有瑕疵的劳动者也可以享受到劳动法的部分保护，苏州也出台了类似规定。

---

① 20世纪90年代，国有企业减员增效，大批工人下岗，为了增强这批员工的就业能力，保留了其社会保险关系，由企业继续为其缴纳社会保险。下岗待工的劳动者保留与原单位"虚"的劳动关系（不与劳动过程相联系），并另与新的用人单位建立"实"的劳动关系（与劳动过程相联系）。

《劳动合同法》注意到了非标准劳动关系的问题，开始对非标准劳动关系的部分类型进行规范，对劳务派遣和非全日制用工等问题进行专门规定。在立法过程中，对非标准劳动关系的评价存在较大分歧，争论的核心是对非标准劳动关系产生原因及存在理由的不同认识，相当一部分劳动法学的研究者对非标准劳动关系给予了较为负面的、消极的评价。从劳资对立的理论出发，将非标准劳动关系的存在理解为资本的贪婪（“劳动者的黄金年龄被用完之后，会被无情地踢出市场”）以及国家的软弱（“以牺牲劳工的利益来追求经济的发展，已经成为许多国家公共政策的出发点”[①]），认为非标准劳动关系没有存在的合理性。希望非标准劳动关系以国家强制的方式转变为标准劳动关系，强化管制成了基本方略。《劳动合同法》对劳务派遣作了较西方发达国家严格的限制，使其在部分内容上比标准劳动关系更为标准。相较于劳务派遣标准化的制度设计，在非全日制用工方面作了较为宽松的规定，赋予了用人单位极大的用工自由和管理灵活度。

劳动关系的非标准化是一种全球的趋势，在中国更是以史无前例的规模展开，中国从计划经济转向市场经济是通过从与计划经济相联系的标准劳动关系转变为一种非标准劳动关系而实现的。正是中国计划经济时期形成标准劳动关系的刚性用工机制，促使了以柔性见长的非标准劳动关系的大发展。

（二）劳务派遣

1. 劳务派遣用工主体

《劳动合同法》对劳务派遣涉及的劳务派遣单位、用工单位、劳动者三方主体做了特别规定。

---

① 常凯主编：《劳动关系学》，中国劳动社会保障出版社 2005 年版，第 106 页。

劳务派遣单位是劳动关系中的用人单位，应当与被派遣劳动者订立劳动合同，履行用人单位对劳动者的义务。《劳动合同法》对劳务派遣单位的设立作了统一规定。《劳动合同法》第57条要求劳务派遣公司注册资本不得少于人民币二百万元；经营劳务派遣业务，应当向劳动行政部门依法申请行政许可。《劳动合同法》第67条同时对劳务派遣单位的设立模式进行了限制，规定用人单位不得设立劳务派遣单位向本单位或者所属单位派遣劳动者。《劳动合同法》对劳务派遣予以严格监管，规定了严厉的法律责任。第92条规定劳动行政部门有权对劳务派遣进行监督检查，劳务派遣单位有违法行为的，由劳动行政部门责令限期改正；情节严重的，劳动行政部门可以给予罚款，罚款标准为每一名劳动者一千元以上五千元以下，对劳务派遣单位，吊销其劳务派遣业务经营许可证。

用工单位是使用被派遣劳动者从事劳动的单位，《劳动合同法》第62条规定用工单位应当只能在本单位使用被派遣劳动者，不得将被派遣劳动者再派遣到其他用人单位。第92条规定被派遣劳动者权益受到损害的，由劳务派遣单位和用工单位承担连带赔偿责任。即劳动者可以同时向劳务派遣单位和用工单位要求赔偿，即使劳务派遣单位和用工单位有一方并没有违法行为，也需要承担赔偿责任。

被派遣劳动者与标准劳动关系中的劳动者并无二致，没有特殊限制。被派遣劳动者受到劳务派遣单位和用工单位的双重管理，《劳动合同法》赋予了被派遣劳动者选择参加工会的权利。在标准劳动关系中，劳动者只能在用人单位参加工会，并无选择参与其他单位工会的权利。派遣员工作为劳动者也拥有组建和加入工会的权利。由于劳务派遣雇佣与使用相分离的特性，派遣员工同时面对两个用人单位，这就存在加入哪个用人单位工会并受到相应工会组织保护的问题。《劳动合同法》对派遣员工参加工会的权利予以充分保障，给予其比标准劳动关系劳动者更多的选择。《劳动合同法》第64条规定被派遣劳动者有权选择劳务派遣单位或者用工单位之一参加工会，如果劳务派遣单位或者用工单位没有工会的，劳动者也可以选择其中之一组建工会。

2. 劳务派遣用工形式

在劳务派遣中，存在派遣机构、用工单位、被派遣劳动者三方主体，他们彼此之间的关系需要通过合同予以明确，按照《劳动合同法》的规定，派遣机构、用工单位、劳动者三方主体的合同订立模式为：

其一，劳务派遣单位与劳动者之间订立劳动合同。《劳动合同法》实行书面劳动合同制度，劳务派遣单位是劳动关系中的用人单位，故其应当与派遣劳动者订立劳动合同。《劳动合同法》第58条对合同内容作了规定，要求必须具备一般劳动合同的所有必备条款，同时，被派遣劳动者的劳动合同还应当载明用工单位以及派遣期限、工作岗位等情况。在合同具体内容上，第58规定合同期限为二年以上的固定期限。

其二，劳务派遣单位与用工单位之间订立劳务派遣协议。劳务派遣单位与用工单位属于平等的民事主体，《劳动合同法》第59条规定两者之间应当订立劳务派遣协议，派遣协议应当明确派遣岗位和人员数量、派遣期限、劳动报酬和社会保险费的数额与支付方式以及违反协议的责任。第59条同时对派遣期限确定了标准，要求派遣期限根据工作岗位的实际需要确定。对工作岗位实际需要用工较长时间的，要求当事人根据岗位需要约定派遣期限，禁止对连续用工期限予以拆分，分别签订数个短期劳务派遣协议。

其三，劳务派遣单位有义务将劳务派遣协议的内容告知被派遣劳动者。《劳动合同法》第60条认为劳动者对劳务派遣协议有知情权，要求劳务派遣单位将劳务派遣协议的内容告知被派遣劳动者。用工单位无告知义务。

3. 劳务派遣用工内容

劳务派遣涉及劳务派遣单位、用工单位、劳动者三方主体，《劳动合同法》就劳务派遣单位和用工单位对劳动者的义务作了分配。为避免劳务派遣单位推脱责任，《劳动合同法》第58条首先规定劳务派遣单位属于劳动关系中的用人单位，与劳动者之间建立劳动关系，订立、履行、变更、解除和终止劳动合同适用《劳动合同法》，履行用人单位对劳动者的全部义务。《劳动合同法》第62条同时明确规定了用工单位在使用劳务派遣期间对派遣劳动者应履行的义务，包括：执行国家劳动标准，提供相应的劳动条件和劳动保护；告知被派遣劳动者的工作要求和劳动报酬；支付加班费、绩效奖金，提供与工作岗位相关的福利待遇；对在岗被派遣劳动者进行工作岗位所必需的培训；连续用工的，实行正常的工资调整机制。这些义务几乎包括了一个普通用人单位应承担的大部分义务。由此在立法上出现了派遣劳动者提供一份劳动，劳务派遣单位和用工单位履行双份义务的法规设计。劳务派遣本是一种非标准劳动关系，但经过《劳动合同法》的改造，使其比标准劳动关系更加标准了。

用工单位直接聘用一名员工，则用工单位和员工之间建立劳动关系，权利义务由劳动法来调整。用工单位通过劳务派遣使用一名员工，则员工和劳务派遣单位建立劳动关系，而用工企业和劳务派遣单位是民事关系，《劳动合同法》就用工单位和派遣单位如何对劳务派遣进行管理，如何履行应尽义务，从使用范围、劳动报酬水平、工资支付三个方面作了规定。

其一，限制劳务派遣的使用范围。劳务派遣由于其用工灵活的特点，广泛应用于各个领域。为了限制劳务派遣，《劳动合同法》第66条规定劳务派遣一般应当在临时性、辅助性或者替代性的工作岗位上实施。对何谓“临时性”、“辅助性”、“替代性”在《劳动合同法修正案》中作出了明确规定。临时性工作岗位是指存续时间不超过六个月的岗位；辅助性工作岗位是指为主营业务岗位提供服务的非主营业务岗位；替代性工作岗位是指用工单位的劳动者因脱产学习、休假等原因无法工作的一定期间内，可以由其他劳动者替代工作的岗位。同时，用工单位应当严格控制劳务派遣用工数量，不得超过其用工总量的10%。

其二，限定被派遣劳动者劳动报酬水平。在劳动报酬水平确定上，《劳动合同法》要求对被派遣劳动者实行同工同酬。《劳动合同法》第63条是对被派遣劳动者劳动报酬标准确定的规定，要求被派遣劳动者和用工单位直接招用的劳动者同工同酬。用工单位对被派遣劳动者与本单位同类岗位的劳动者实行相同的劳动报酬分配办法。如果用工单位同类岗位没有直接招用的劳动者，《劳动合同法》要求实行社会同工同酬，劳动报酬参照用工单位所在地相同或者相近岗位劳动者的劳动报酬确定。由于在劳务派遣中，可能出现派遣机构、用工单位不在同一地区的情况，不同地区对最低工资、平均工资、劳动条件可能标准不一致。《劳动合同法》规定对被派遣劳动者劳动报酬按用工单位地域标准确定。《劳动合同法》第61条规定在劳务派遣单位跨地区派遣劳动者的，被派遣劳动者享有的劳动条件和劳动报酬，应当按照用工单位所在地区的标准执行。同时《劳动合同法》新增了对被派遣劳动者的停工保障条款，对被派遣劳动者在无工作期间的待遇作了规定。被派遣劳动者在无工作期间，虽然没有用工单位，也未提供任何劳动，派遣单位仍然应当支付工资，而且工资标准不得低于当地最低工资标准。

其三，保障劳动者劳动报酬的支付。在工资支付方面，《劳动合同法》予以了特别规定。用工单位支付劳动报酬有两种方式，一种是通过派遣机构给劳动者，一种是用工单位直接支付给劳动者，《劳动合同法》第 60 条规定对用工单位按照劳务派遣协议支付给被派遣劳动者的劳动报酬，无论是间接支付还是直接支付，劳务派遣单位不得克扣。同时第 60 条还规定劳务派遣单位和用工单位不得向被派遣劳动者收取费用。

4. 劳务派遣用工程序

《劳动合同法》未对劳务派遣关系的建立程序做特殊规定，但对被派遣劳动者退回和劳动合同解除作出了规定。

《劳动合同法》第 65 条规定被派遣劳动者有权依法解除合同，被派遣劳动者与其他自雇员工享有同样的解除劳动合同的权利。被派遣劳动者提前三十日以书面形式通知派遣单位，可以解除劳动合同，在试用期内只需提前三日通知。有下列情形之一的，被派遣劳动者可以随时通知派遣单位解除劳动合同：用人单位未按照劳动合同约定提供劳动条件，未提供合格的安全生产条件的；用人单位未及时足额支付劳动报酬的；用人单位未依法为劳动者缴纳社会保险费的;用人单位规章制度违反法律、法规的规定，损害劳动者权益的;用人单位乘人之危，使劳动者在违背真实意思的情况下订立劳动合同的；法律、行政法规规定的其他情形。用人单位以暴力、威胁或者非法限制人身自由的手段强迫劳动者劳动的，或者派遣单位违章指挥、强令冒险作业危及劳动者人身安全的，劳动者可以立即解除劳动合同，无需事先告知用人单位。

用工单位在派遣员工有严重过失的情况下可以将其退回派遣机构，包括：劳动者在试用期间被证明不符合录用条件的；严重违反用人单位的规章制度，按照用人单位的规章制度应当解除劳动合同的；严重失职，营私舞弊，给用人单位的利益造成重大损害的；劳动者同时与其他用人单位建立劳动关系，对完成工作任务造成严重影响，经用人单位提出，拒不改正的；被依法追究刑事责任的。这些都是法定的劳动合同立即解除情形，在这些情形出现时，用工单位可以将派遣员工退回派遣机构，派遣机构可以解除劳动合同。被派遣劳动者患病或非因工受伤的，可以享受医疗期，如医疗期满不能从事原工作也不能从事用工单位新安排的工作的，用工单位可以将其退回劳务派遣单位，劳务派遣单位可以与劳动者解除劳动合同。 被派遣劳动者不能胜任工作的，用人单位可以予以培训或调整工作岗位，如仍然不能胜任工作的，用工单位可以将其退回劳务派遣单位。在这些情形下劳动者被退回时，劳务派遣单位可以与劳动者解除劳动合同。对用工单位是否可以和派遣机构约定退回情形，《劳动合同法》未作规定。

（三）非全日制用工

中国《劳动法》对于非全日制就业并没有作任何的规定，但是随着以小时工为主要形式的非全日制用工的迅速发展，劳动者的权益无法得到有力法律保障的现象不断出现，各地各部门逐步认识到对这一新型用工形式进行规制的重要性和迫切性。《劳动合同法》对非全日制用工作出了较完善的规定。

1. 非全日制用工主体

非全日制工作的劳动者与用人单位之间建立的是劳动关系，所签订的合同为劳动合同，在用人单位和劳动者的主体要求上与标准劳动关系完全一致。因此一些不属于劳动关系主体所从事的按小时计酬的劳动并不能认为属于法定的非全日制用工。例如按照原劳动部的规定，学生不能和单位建立劳动关系，[①]学生从事的按小时计酬的工作，自然不属于劳动法意义上的非全日制用工；又如家庭雇主

---

① 《关于贯彻执行〈中华人民共和国劳动法〉若干问题的意见》：12. 在校生利用业余时间勤工助学，不视为就业，未建立劳动关系，可以不签订劳动合同。

不属于劳动法规定的用人单位，所以家政服务中的小时工，与家庭雇主之间也不是劳动关系，不属于劳动法意义上的非全日制用工。

非全日制用工最显著的特点是劳动者在同一用人单位的工作时间少于全日制用工，中国目前全日制用工标准工作时间为每日不超过 8 小时，每周不超过 40 小时，如果劳动者的劳动报酬按小时计算，但工作时间为每日 8 小时、每周 40 小时，这种用工形式仍然是全日制用工。《劳动合同法》第 68 条在工作时间上对非全日制工每周工作时间进行了限制，每日工作时间予以平均，规定一般平均每日工作时间不超过 4 小时，每周工作时间累计不超过 24 小时。在规定了非全日制工作时间之后，随即产生一个问题即劳动者如果因为工作原因导致工作时间超过上限应如何处理。对此北京规定劳动者在同一用人单位每日工作时间超过 4 小时的视为全日制从业人员，[①]湖南也规定在同一单位每日工作时间超过 5 小时的不属于非全日制用工[②]。但大部分地区对此问题未作出规定。其实非全日制工作时间超出上限在实际生活中存在多种可能，如在整个工作期间的工作时间一直超出上限、个别工作日的工作时间超出上限但大部分工作日的工作时间不超出上限等。《劳动合同法》对超过上限如何处理未作规定，给地方立法留出了空间。

---

① 《北京市非全日制就业管理若干问题的通知》：一、本通知所称非全日制从业人员是指：本市行政区域内的企业、个体工商户、民办非企业单位、国家机关、事业单位及社会团体（以下统称为用人单位）所雇用的每日工作时间不超过 4 小时（包括 4 小时），并以小时为单位计算发放工资的劳动者，劳动者在同一用人单位每日工作时间超过 4 小时的视为全日制从业人员。

② 湖南省劳动和社会保障厅《关于加强我省非全日制用工管理的实施意见》：一、关于非全日制从业对象的界定。……凡具有下列情形之一的劳动者，不属于非全日制从业人员范围：（一）在同一单位每日工作时间超过 5 小时的；……

2. 非全日制用工形式

《劳动合同法》第69条对非全日制用工的合同订立作了规定,《劳动合同法》的规定比原有各地规定更为宽松，规定非全日制用工可以订立口头协议，也可以订立书面协议，没有强制签订书面合同的规定。相比于标准劳动关系严格的书面化要求，非全日制用工体现了极强的灵活性。

3. 非全日制用工内容

《劳动合同法》对非全日制用工中用人单位和劳动者之间的权利义务作了分配，主要包括三个方面：

其一，非全日制合同内容。《劳动合同法》没有强制签订书面合同的规定，相应地，劳动合同内容也较为宽松，没有规定任何必备条款，只是作了一些反向限制，《劳动合同法》第70条规定非全日制用工的劳动合同不得约定试用期规定。从事非全日制用工的劳动者可能与多个用人单位建立劳动关系，存在多份劳动合同，多份劳动合同之间可能存在利益冲突。第69条规定此时应当根据合同签订时间先后进行保护，后签订的劳动合同不得影响先签订劳动合同的履行。

其二，非全日制劳动者的报酬。非全日制劳动者的劳动报酬在劳动报酬标准与工资支付周期上与标准劳动关系存在区别。劳动报酬由当事人双方自行约定，但不得低于法定底线。《劳动合同法》第72条规定非全日制用工小时计酬标准不得低于政府规定的最低小时工资标准。

标准劳动关系中，劳动报酬可以按月支付。《劳动合同法》第72条对非全日制用工的劳动报酬结算作了规定，缩短了全日制用工的劳动报酬支付周期，要求劳动报酬结算周期最长不得超过十五日。

其三，非全日制用工的社会保险。标准劳动关系中社会保险实行用人单位和劳动者共同承担，单位负责缴纳的模式，而在非全日制用工中，由于可能存在一个以上的用人单位，故对非全日制用工社会保险执行特殊规定。原劳动和社会保障部规定从事非全日制工作的劳动者应当参照个体工商户的参保办法参加基本养老保险，可以以个人身份参加基本医疗保险，单位只负责缴纳工伤保险；各地多按原劳动和社会保障部的规定执行。①上海则规定用人单位将社会保险费用与工资一并发放，②由劳动者自行缴纳，即使工伤保险费用也由劳动者个人自行缴纳③。《劳动合同法》对社会保险问题并未作任何规定，各地可以自行作出规定。

4. 非全日制用工程序

标准劳动关系中用工需要订立劳动合同，建立职工名册，对于非全日制用工未作此规定。同时对非全日制用工结束作了灵活的规定。《劳动合同法》第 71 条对非全日制用工的合同终止作了规定，

① 《劳动和社会保障部关于非全日制用工若干问题的意见》：（十）从事非全日制工作的劳动者应当参加基本养老保险，原则上参照个体工商户的参保办法执行。对于已参加过基本养老保险和建立个人账户的人员，前后缴费年限合并计算，跨统筹地区转移的，应办理基本养老保险关系和个人账户的转移、接续手续。符合退休条件时，按国家规定计发基本养老金。（十一）从事非全日制工作的劳动者可以以个人身份参加基本医疗保险，并按照待遇水平与缴费水平相挂钩的原则，享受相应的基本医疗保险待遇。参加基本医疗保险的具体办法由各地劳动保障部门研究制定。（十二）用人单位应当按照国家有关规定为建立劳动关系的非全日制劳动者缴纳工伤保险费。从事非全日制工作的劳动者发生工伤，依法享受工伤保险待遇；被鉴定为伤残 5 － 10 级的，经劳动者与用人单位协商一致，可以一次性结算伤残待遇及有关费用。

② 《上海市劳动合同条例》第 50 条：非全日制劳动者的劳动报酬按小时计算。劳动报酬包括小时工资收入和法律、法规规定应当缴纳的社会保险费等。

③ 《上海市工伤保险实施办法》第 50 条（非全日制从业人员缴费）：招用非全日制从业人员的用人单位应当将应缴纳的工伤保险费在劳动报酬中支付给个人，由其本人按照本办法规定的工伤保险费缴费基数和费率自行缴费。

双方当事人任何一方均可随时通知对方终止用工，而且终止用工不支付经济补偿。

四、法律救济

（一）概述

国家通过制订劳动基准法对劳动关系进行宏观层次调整，中观上通过集体合同调整集体劳动关系，微观上通过劳动合同调整个别劳动关系。与合同化管理相适应，中国建立了劳动争议的调解和仲裁诉讼制度；与基准化管理相适应，中国建立了劳动监察制度。

劳动仲裁诉讼与劳动监察这两套制度从根本目标上说，都是为了落实劳动法实体规定，由于劳动法是倾斜立法，以保护劳动者的利益为基本原则，也可以说这两套制度都体现了这一原则，然而劳动者和用人单位在这两套制度中所处的法律地位是不同的。劳动仲裁诉讼中劳动者是一方当事人，是显性的法律主体，用人单位和劳动者平等地参与仲裁诉讼。劳动者认为用人单位违反劳动法律或劳动合同的，可以提起仲裁诉讼；用人单位认为劳动者违反劳动法律或劳动合同的，也可以提起仲裁诉讼。而在劳动监察中，中国法律将监察对象限定为用人单位与中介机构。劳动者既不是监察机关也不是监察对象，劳动者在监察法律关系中是作为举报人、投诉人与受益人存在的。劳动监察中劳动者是一个隐性主体，用人单位则是监察对象，双方不直接发生关系。因此劳动者认为用人单位违反劳动法律的，可以向劳动监察机构举报投诉，用人单位认为劳动者违反劳动法律的，则不能请求劳动监察机构予以处理。

两套处理体系中劳动者的维权成本不同。通过劳动仲裁诉讼这样的显性主体的方式来维护自己的权益，劳动者除了要支付仲裁诉讼费用，还要投入大量的精力去调查取证；更重要的是在就业困难的今天，与用人单位对簿公堂，也是处于弱势地位的劳动者所不愿意的，因此，这是一种维权成本较高的方式。通过劳动监察这样的隐性主体的方式来维护自己的权益，由于不需要投入费用、时间，不成为争议当事人，维权成本比较低。可以说，前者的维权成本由劳动者自己支付，而后者的维权成本主要由国家行政机关负担，劳动监察这种形式较好地适应了强弱对比明显的劳动关系的特征。由于劳动监察中，需要以国家公权力直接介入劳动关系，故一般对监察范围予以控制，多用于监督检查用人单位违反劳动基准法的情形。

《劳动合同法》为了降低劳动者的维权成本，扩大了劳动监察的范围和处罚力度。劳动监察和劳动仲裁的受案范围在制度上出现了比较大的重合。两者之间的关系呈现出三种形态：第一种形态是单向关系①，第二种形态是互补关系②，第三种形态是选择关系③。前两种形态基本上符合目前制度逻辑，无论是在单向关系还是在互补关系中，劳动监察主要追求公法责任，劳动仲裁主要追求私法责任，劳动监察和劳动仲裁均各司其职，两者受案范围的界限很清楚。第三

① 比如，对职业介绍机构、职业技能培训机构和职业技能考核机构违法操作的行为进行监督检查，这是劳动监察机关特有的职能，劳动仲裁不能处理。

② 最典型的例子是童工问题。劳动监察机关有权就用人单位使用童工的行为予以行政处罚，但是使用童工过程中出现的其他问题，比如童工因伤致残与用人单位就赔偿问题发生的争议，则需要由劳动仲裁处理。除童工问题外，用人单位未遵守女工、未成年工劳动保护规定造成劳动者损害，或者违反其他劳动保障法律法规造成劳动者损害的，劳动监察部门有权就其违反劳动保障法律法规的行为作出行政处罚决定；同时双方当事人如就赔偿问题发生争议，劳动仲裁有权处理。在此类案件中，劳动监察的行政处罚功能和劳动仲裁的民事赔偿功能形成互补。

③ 例如，劳动仲裁和劳动监察都有权受理有关拖欠工资的案件，两者在纠正违法行为、维护劳动者合法权益的职能上是重合的。劳动者可以选择通过劳动仲裁获得民事救济；也可以选择通过劳动监察获得行政救济。选择民事救济可以获得被拖欠的工资以及相应的经济补偿金；选择行政救济可以获得被拖欠的工资，在法定情况下还可获得相当于被拖欠数额及相应的赔偿金。由此，对于赔偿责任，劳动者获得了通过民事救济途径和行政救济途径来进行选择的权利。

种形态则比较复杂，以劳动监察这一纯公法程序来追究带有赔偿性质的责任。根据中国现有法律规定，工资支付、最低工资、加班、经济补偿金等问题构成了劳动者权利的主要内容，同时也是劳动监察和劳动仲裁的主要受理事项。

（二）劳动争议处理

中国的劳动争议可以分为个别争议、集体争议。个别争议也称个人争议，是指个人或者单个职工与用人单位之间的劳动争议。集体合同争议是工会与用人单位或者团体之间因集体合同而发生的争议。个别争议的处理程序为："一调一裁二审"，即企业劳动争议调解委员会调解、劳动争议仲裁委员会仲裁和人民法院诉讼，其中最大的特点是"先裁后审"。中国对不同的集体合同争议采取不同的处理制度。对因签订集体合同发生的争议按《劳动合同法》及原劳动和社会保障部《集体合同规定》处理；由当事人协商解决，协商不成的，由当地人民政府劳动行政部门组织有关各方协调处理。对因履行集体合同发生的争议，按《劳动法》规定，由当事人协商，协商不成的，可向劳动争议仲裁委员会申请仲裁，对仲裁裁决不服的，可以自收到仲裁裁决书之日起十五日内向人民法院起诉；对于争议当事人确定的集体争议，劳动者一方在十人以上，并有共同请求的，可以推举代表参加调解、仲裁或者诉讼活动。

1. 调解

（1）劳动争议调解组织

根据《劳动争议调解仲裁法》的规定，中国劳动争议的调解组织有：（1）企业劳动争议调解委员会；（2）依法设立的基层人民调解组织；（3）在乡镇、街道设立的具有劳动争议调解职能的组织。相较于原体制，《劳动争议调解仲裁法》扩大了调解组织的形式，增加了调解途径。

①企业劳动争议调解委员会的设立和组成

《劳动争议调解仲裁法》第10条第2款规定："企业劳动争议调解委员会由职工代表和企业代表组成。职工代表由工会成员担任或者由全体职工推举产生，企业代表由企业负责人指定。企业劳动争议调解委员会主任由工会成员或者双方推举的人员担任。"

②企业劳动争议调解委员会的性质和特征

企业劳动争议调解委员会是调解本企业劳动争议的组织，是设在企业内的调解组织，在企业内具有相对独立的地位。根据《劳动争议调解仲裁法》等有关劳动争议处理法规，企业劳动争议调解委员会的特征有：1. 法定性。企业劳动争议调解委员会的设立、组成人员都是法定的，其成员由企业代表和职工代表双方构成。2. 组织体制和调解活动的独立性。企业劳动争议调解委员会由企业代表和职工代表组成，虽然其活动经费由企业承担，但并不隶属于企业，也不隶属于工会，与企业所在地方工会及地方劳动争议仲裁委员会只存在业务指导关系，不存在领导关系。企业劳动争议调解委员会依照既定的调解程序进行调解，不受企业内外任何个人、国家行政机关和司法机关的干涉。3. 专一性。企业劳动争议调解委员会调解的是企业与职工之间发生的劳动争议。企业内部发生的其他民事、经济纠纷，不属于调解委员会的调解范围。因为企业劳动争议调解委员会是调解企业和职工劳动争议的专门性组织，不应当承担调解劳动争议以外其他纠纷的职能。4. 民主性和自愿性。企业劳动争议调解委员会是专门的群众性组织，不具有司法权和行政权，它通过民主协商、劝说等方式使争议双方互谅互让，自愿达成调解协议，而不能采取行政命令或强制的手段。

③企业劳动争议调解委员会的职责

企业劳动争议调解委员会主要应当履行以下职责：一是调解本

企业内发生的劳动争议。二是检查督促争议双方当事人履行调解协议。三是对职工进行劳动法律、法规的宣传教育，做好企业劳动争议的预防工作。向职工积极宣传劳动法律、法规和政策，做好咨询服务工作，教育职工依法维护自己的权益，增强企业劳动法律观念，提高企业和职工的劳动法律意识。四是不断总结企业劳动争议调解的经验。及时总结劳动争议调解的经验，研究劳动争议的发生规律，根据本企业的实际情况，制定企业劳动争议调解制度。

（2）劳动争议调解的原则

除了遵循合法、公正、及时，依法保护当事人的合法权益等劳动争议处理一般原则外，劳动争议调解还应遵循劳动争议调解的特有原则。劳动争议调解的原则，指的是劳动争议调解委员会在调解劳动争议的过程中应当遵循的重要原理和准则。

①遵循当事人双方自愿原则。自愿原则，是指劳动争议调解委员会在受理争议、调解争议、达成协议的全过程中，必须尊重双方当事人的意愿，采取疏导、说服、民主协商的方式解决劳动争议，不能采取强迫、命令的方式。调解自愿原则体现在调解的各个阶段。一是申请调解自愿。调解不是劳动争议处理的必经程序，发生劳动争议后，当事人可以向劳动争议调解组织申请调解，也可以直接向劳动争议仲裁委员会申请仲裁。是否选择调解方式解决争议，是当事人双方的权利。只有当事人双方都愿意接受劳动争议调解委员会的调解，劳动争议调解委员会才能进行调解。二是调解方式自愿。当事人可以根据自己的具体情况选择调解的方式。三是达成调解协议自愿。调解协议是双方当事人在调解委员会的调解下，经协商一致自愿达成的协议。调解协议必须是在双方当事人都愿意接受调解意见、愿意达成协议的情况下，方可达成。

②当事人适用法律平等原则。劳动争议调解委员会在调解的过

程中对双方当事人应平等地适用法律、法规、政策，不得歧视任何一方当事人。

③民主协商原则。民主协商原则，是指劳动争议调解委员会在处理劳动争议过程中，应采取民主说服和协商的方式解决争议，不能以强迫、命令的方式处理劳动争议。

④尊重当事人申请仲裁和诉讼权利原则。劳动争议的当事人一方或双方不愿接受调解或者调解不成时，劳动争议调解委员会应及时告知当事人申请仲裁和诉讼，并及时终止调解，不能阻止当事人向劳动争议仲裁委员会申请仲裁和向人民法院提起诉讼。

2. 仲裁

（1）劳动争议仲裁机构和参加人

劳动争议仲裁委员会的设置。《劳动争议调解仲裁法》第17条规定：“劳动争议仲裁委员会按照统筹规划、合理布局和适应实际需要的原则设立。省、自治区人民政府可以决定在市、县设立；直辖市人民政府可以决定在区、县设立。直辖市、设区的市也可以设立一个或者若干个劳动争议仲裁委员会。劳动争议仲裁委员会不按行政区划层层设立。”劳动仲裁委员会的设立与否由各地政府根据本地区的实际情况自主决定，这体现了设立机构的灵活性。

劳动仲裁委员会的组成。《劳动争议调解仲裁法》第19条规定：“劳动争议仲裁委员会由劳动行政部门代表、工会代表和企业方面代表组成。”仲裁委员会主任由劳动行政部门负责人担任，副主任由仲裁委员会委员协商产生，三方代表人数相等且总和必须是单数，至于每方的具体人数由三方协商决定。仲裁委员会的组成不符合规定的由统计政府予以调整，其委员的确认或者更换，须报同级人民政府批准。仲裁委员会实行集体领导，仲裁委员会委员有特殊情况确需委托本组织其他人员出席仲裁委员会会议的，应有委托书。仲裁委员会召开会议决定有关事项应有 2/3 以上的委员参加，并且应当按少数服从多数的原则作出决定。

劳动争议仲裁庭。仲裁庭是劳动争议仲裁委员会处理劳动争议案件的基本组织形式。劳动争议仲裁委员会裁决劳动争议案件实行仲裁庭制。劳动争议仲裁庭在组织形式上分为合议制和独任制两种。

合议制，是由仲裁委员会指定 3 名或 3 名以上单数仲裁员共同审理劳动争议案件。除简单劳动争议案件外，都应组成仲裁庭。仲裁庭又可以分为普通仲裁庭和特别仲裁庭。普通仲裁庭负责一般劳动争议案件，仲裁庭有 3 名仲裁员组成：首席仲裁员 1 名，仲裁员 2 名。《劳动争议仲裁委员会组织规则》规定，仲裁庭的首席仲裁员由仲裁委员会负责人或授权其办事机构负责人指定，另两名仲裁员由仲裁委员会授权其办事机构负责人指定或由当事人各选 1 名。特别仲裁庭处理的是集体劳动争议案件，由 3 名以上的单数仲裁员组成，在适用程序上也有别于一般性劳动争议。

独任制，主要适用于简单劳动争议案件。简单劳动争议案件可以由 1 名仲裁员独任仲裁。简单劳动争议案件，指的是那些事实清楚、情节简单，适用法律、法规明确，比较容易处理的案件。对于这些简单的劳动争议案件，没有必要像处理一般案件那样，按照严格的开庭程序仲裁，而是由仲裁委员会指定 1 名仲裁员独任进行处理。由于独任仲裁员处理劳动争议在职责、权限、程度上与仲裁庭大致一致，所以被理解为仲裁庭的简易形式。

劳动争议仲裁员。仲裁员有专职仲裁员和兼职仲裁员两种。专职仲裁员由仲裁委员会从劳动行政部门从事劳动争议处理工作，并具有仲裁员资格的人员中聘任；兼职仲裁员由仲裁委员会从具有仲裁员资格的劳动行政部门或其他部门工作人员或工会工作人员、专家、学者、律师中聘任。专职、兼职仲裁员在执行公务时享受同等权利。

对于仲裁员的资格条件,《劳动争议调解仲裁法》第20条规定:“仲裁员应当公道正派并符合下列条件之一:(1)曾任审判员的;(2)从事法律研究、教学工作并具有中级以上职称的;(3)具有法律知识、从事人力资源管理或者工会等专业工作满五年的;(4)律师执业满三年的。”

劳动争议参加人。根据《劳动争议调解仲裁法》规定,劳动争议仲裁包括以下参加人:(1)劳动争议当事人,即发生劳动争议的劳动者和用人单位。《劳动争议调解仲裁法》第22条规定:“劳务派遣单位或者用工单位与劳动者发生劳动争议的,劳务派遣单位和用工单位为共同当事人。”(2)代表人。《劳动争议调解仲裁法》第7条规定:“发生劳动争议的劳动者一方在十人以上,并有共同请求的,可以推举代表参加调解、仲裁或者诉讼活动。”(3)代理人。当事人可以委托一至二名律师或其他代理人参加仲裁活动,但必须向仲裁委员会提交载明委托事项和权限并由委托人签名或盖章的授权委托书。丧失或者部分丧失民事行为能力的劳动者,由其法定代理人代为参加仲裁活动;无法定代理人的,由劳动争议仲裁委员会为其指定代理人。劳动者死亡的,由其近亲属或者代理人参加仲裁活动。(4)第三人。与劳动争议案件的处理结果有利害关系的第三人,可以申请参加仲裁活动或者由劳动争议仲裁委员会通知其参加仲裁活动。

(2)劳动争议仲裁的管辖

地域管辖。劳动争议仲裁委员会在处理劳动争议时实行的是属地管辖原则。劳动争议仲裁委员会负责管辖本区域内发生的劳动争议,劳动争议由劳动合同履行地或者用人单位所在地的劳动争议仲裁委员会管辖。有关地域管辖的冲突,《劳动争议调解仲裁法》第21条规定:“双方当事人分别向劳动合同履行地和用人单位所在地的劳动争议仲裁委员会申请仲裁的,由劳动合同履行地的劳动争议仲裁委员会管辖。”

级别管辖。级别管辖是上下级仲裁委员会根据劳动争议案件的性质、影响范围和繁简程度，纵向确定的各自受理劳动争议案件的分工和权限。《企业劳动争议处理条例》规定：“设区的市的仲裁委员会和市辖区的仲裁委员会受理劳动争议案件的范围，由省、自治区人民政府规定。”仲裁级别管辖的划分主要依据是劳动关系法律主体的级别划分，或是根据劳动争议案件的影响大小、企业性质来划分，或是根据劳动争议案件的类别来划分。

在实践中，中国实施级别管辖的基本情况是：省一级劳动争议仲裁委员会管辖中外合资经营企业和中外合作、外商独资经营企业中法人与职工发生的劳动争议以及其他在省内有重大影响的劳动争议。地、市一级劳动争议仲裁机关管辖的劳动争议案件一般包括本地区有重大影响的案件，外商投资企业劳动争议案件，地、市级企业发生的劳动争议案件。县、市（市辖区）级劳动争议仲裁机关受理本行政区域内上下级劳动争议仲裁机关受理范围以外的一切劳动争议。

移送管辖。仲裁委员会将已受理的自己无权管辖或不便于管辖的劳动争议案件，依法移送有管辖权和便于审理此案的仲裁委员会受理。《劳动争议仲裁委员会办案规则》第 13 条规定：“仲裁委员会发现已受理案件不属于其管辖范围的，应当移送至有管辖权的仲裁委员会。”

指定管辖。劳动行政部门依法将因管辖权发生争议的劳动争议案件决定由某仲裁委员会管辖。《劳动争议仲裁委员会办案规则》第 13 条规定：“受移送的仲裁委员会认为受移送的案件依照规定不属于本仲裁委员会管辖，或仲裁委员会之间因管辖争议协商不成的，应当报请共同的上一级仲裁委员会主管部门指定管辖。”

（3）特殊规定

一裁终局。一直以来，中国劳动争议处理体制是“协商、调解、一裁两审”，其中，劳动争议仲裁处理案件的法定一般期限为两个月（《劳动争议调解仲裁法》规定为45日，最长不超过60日），人民法院一审的法定一般期限为六个月、二审法定一般期限为三个月。一些用人单位为此进行恶意诉讼以拖延时间，使劳动者不能得到及时的法律救济。为此，《劳动争议调解仲裁法》在仲裁环节规定部分案件实行有条件的“一裁终局”。

《劳动争议调解仲裁法》第47条规定：“下列劳动争议，除本法另有规定的外，仲裁裁决为终局裁决，裁决书自作出之日起发生法律效力：（1）追索劳动报酬、工伤医疗费、经济补偿或者赔偿金，不超过当地月最低工资标准十二个月金额的争议；（2）因执行国家的劳动标准在工作时间、休息休假、社会保险等方面发生的争议。”该规定下的裁决并不是真正意义上的终局裁决，而是有条件的。《劳动争议调解仲裁法》第48条规定：“劳动者对本法第四十七条规定的仲裁裁决不服的，可以自收到仲裁裁决书之日起十五日内向人民法院提起诉讼。”而49条规定：“用人单位有证据证明本法第四十七条规定的仲裁裁决有下列情形之一，可以自收到仲裁裁决书之日起三十日内向劳动争议仲裁委员会所在地的中级人民法院申请撤销裁决：（1）适用法律、法规确有错误的；（2）劳动争议仲裁委员会无管辖权的；（3）违反法定程序的；（4）裁决所根据的证据是伪造的；（5）对方当事人隐瞒了足以影响公正裁决的证据的；（6）仲裁员在仲裁该案时有索贿受贿、徇私舞弊、枉法裁决行为的。人民法院经组成合议庭审查核实裁决有前款规定情形之一的，应当裁定撤销。仲裁裁决被人民法院裁定撤销的，当事人可以自收到裁定书之日起十五日内就该劳动争议事项向人民法院提起诉讼。”

先予执行。《劳动争议调解仲裁法》还规定了部分裁决可以先予执行。第44条规定：“仲裁庭对追索劳动报酬、工伤医疗费、经济补偿或者赔偿金的案件，根据当事人的申请，可以裁决先予执行，移送人民法院执行。仲裁庭裁决先予执行的，应当符合下列条件：（1）当事人之间权利义务关系明确；（2）不先予执行将严重影响申请人的生活。劳动者申请先予执行的，可以不提供担保。”

3. 诉讼

（1）劳动争议诉讼的范围

根据 2001 年 4 月 30 日起施行的《关于审理劳动争议案件适用法律若干问题的解释》的规定，劳动者与用人单位之间发生的下列纠纷，当事人不服劳动争议仲裁委员会作出的裁决，依法向人民法院起诉的，人民法院应当受理：（1）劳动者与用人单位在履行劳动合同过程中发生的纠纷；（2）劳动者与用人单位之间没有订立书面劳动合同，但已形成劳动关系后发生的纠纷；（3）劳动者退休后，与尚未参加社会保险统筹的原用人单位因追索养老金、医疗费、工伤保险待遇和其他社会保险费而发生的纠纷。

对劳动争议仲裁委员会不予受理或逾期未作出决定的，申请人可以就该劳动争议事项向人民法院提起诉讼，人民法院应当区分情况予以处理：（1）属于劳动争议案件的，应当受理；（2）虽不属于劳动争议案件，但属于人民法院主管的其他案件，应当依法受理。

此外，根据《最高人民法院关于审理劳动争议案件适用法律若干问题的解释（二）》的规定，劳动者以用人单位的工资欠条为证据直接向人民法院起诉，诉讼请求不涉及劳动关系其他争议的，视为拖欠劳动报酬争议，按照普通民事纠纷处理。用人单位和劳动者因劳动关系是否已经解除或者终止，以及应否支付解除或终止劳动关系经济补偿金产生争议，经劳动争议仲裁委员会仲裁后，当事人依法起诉的，人民法院应予受理。劳动者与用人单位解除或终止劳动关系后，请求用人单位返还其收取的劳动合同定金、保证金、抵押金、抵押物产生的争议，或者办理劳动者的人事档案、社会保险关系等转移手续产生的争议，经劳动争议仲裁委员会仲裁后，当事人依法起诉的，人民法院应予受理。

不属于劳动争议的纠纷主要包括：（1）劳动者请求社会保险经办机构发放社会保险金的纠纷；（2）劳动者与用人单位因住房制度改革产生的公有住房转让纠纷；（3）劳动者对劳动能力鉴定委员会的伤残等级鉴定结论，或者对职业病诊断鉴定委员会的职业病诊断鉴定结论的异议纠纷；（4）家庭或者个人与家政服务人员之间的纠纷；（5）个体工匠与帮工、学徒之间的纠纷；（6）农村承包经营户与受雇人之间的纠纷。当事人不服劳动争议仲裁委员会作出的预先支付劳动者部分工资或者医疗费用的裁决，向人民法院起诉的，人民法院不予受理。用人单位不履行裁决中的给付义务，劳动者依法向人民法院申请强制执行的，人民法院应予受理。

（2）劳动诉讼案件的管辖

劳动争议案件由用人单位所在地或者劳动合同履行地的基层人民法院管辖。劳动合同履行地不明确的，由用人单位所在地的基层人民法院管辖。当事人双方就同一仲裁分别向有管辖权的人民法院起诉的，后受理的人民法院应当将案件移送给先受理的人民法院。

对于案情比较简单、影响不大的劳动争议案件，一般由劳动争议仲裁委员会所在地的基层人民法院作第一审；对于案情复杂、影响很大的劳动争议案件，基层人民法院审理有困难的，可由中级人民法院作第一审。

（三）劳动监察

1. 劳动监察主体

劳动监察是由劳动行政部门设置劳动监察机构，配备一定数量的专职监察员，依法对用人单位遵守劳动法律、法规的情况进行监督和检查的制度。劳动监察通常涉及两个方面的主体，即监察机关与监察对象，前者是行政主体，后者是行政相对人。

（1）劳动监察机关

劳动监察机关是行使劳动监察权的主体。《劳动合同法》第73条重点对劳动合同制度实施的监察工作进行了规定，规定劳动行政部门为监察机关。其中国务院劳动行政部门即目前的人力资源和社会保障部负责全国劳动合同制度实施的监督管理，县级以上地方人民政府所属的劳动行政部门负责本行政区域内劳动合同制度实施的监督管理。

中国目前实行以机构监察为主的劳动监察体制。劳动监察机构是劳动行政部门的内部职能部门，《劳动保障监察条例》规定劳动监察机构的职责主要是：宣传劳动保障法律、法规和规章，督促用人单位贯彻执行；检查用人单位遵守劳动保障法律、法规和规章的情况；受理对违反劳动保障法律、法规或者规章的行为的举报、投诉；依法纠正和查处违反劳动保障法律、法规或者规章的行为。劳动监察工作具体由劳动行政部门的劳动监察人员负责进行，劳动保障监察员应当具有进行监察所需的业务能力，忠于职守，秉公执法，勤政廉洁，保守秘密。劳动保障监察员应当经过相应的考核或者考试录用，取得劳动保障监察证件。任何组织或者个人对劳动保障监察员的违法违纪行为，有权向劳动保障行政部门或者有关机关检举、控告。

（2）劳动监察对象

劳动监察的对象是指劳动监察关系中的行政相对人。由于劳动关系中劳动者隶属于用人单位，用人单位具有了对劳动者劳动力的管理权和支配权，并不需要公权力予以介入；而劳动者处于弱势地位，在其合法权益受到侵害时需要公权力介入以干预不平衡的劳动关系，故《劳动合同法》规定劳动监察的对象是用人单位，要求用人单位应当遵守劳动保障法律、法规和规章，接受并配合劳动保障监察。

原劳动部曾一度将劳动者也列为监察对象，但其后被国务院纠正，国务院通过的《劳动保障监察条例》将企业和个体工商户、职业介绍机构、职业技能培训机构、职业技能考核鉴定机构作为监察对象，由劳动行政部门对其遵守国家有关职业介绍、职业技能培训和职业技能考核鉴定规定的情况进行监察；国家机关、事业单位、社会团体等用人单位执行劳动保障法律、法规和规章的情况，由劳动保障行政部门根据其职责权限实施劳动保障监察。

（3）其他主体

在劳动监察法律关系中，还存在其他一些主体，共同参与劳动监察的过程，发挥着各自的作用。

其一，其他政府部门。《劳动合同法》第76条进一步规定了县级以上人民政府建设、卫生、安全生产监督管理等有关主管部门在各自职责范围内，对用人单位执行劳动合同制度的情况进行监督管理。《劳动合同法》第92条规定工商行政管理部门有权对劳务派遣单位进行监督，对违法情节严重的，有权吊销营业执照。《劳动合同法》第77条规定劳动者合法权益受到侵害的，有权要求有关部门依法处理，有关部门不应互相推诿。《劳动合同法》第73条则要求劳动行政部门在监督管理工作中，应当听取有关行业主管部门的意见。

其二，工会。《劳动合同法》第78条赋予了工会对用人单位履行劳动合同、集体合同情况进行监督的职能。用人单位违反劳动法律、法规和劳动合同、集体合同的，工会有权提出意见或者要求重新处理；劳动者申请仲裁或者提起诉讼的，工会依法给予支持和帮助。县级以上各级人民政府劳动行政部门在劳动合同制度实施的监督管理工作中，应当听取工会的意见。

其三，劳动者。在劳动监察法律体系中，劳动者既不是监察机关，也不是监察对象，而是处于劳动监察中的“受益人”地位。在劳动仲裁诉讼中，劳动者是一方当事人，是显性的法律主体。在劳动监察中，劳动者是作为举报人、投诉人与受益人存在的，是一个隐性主体。由于劳动监察中，劳动者不需要支付费用，也不需要去调查取证，更不需要成为争议当事人直接面对用人单位，维权成本比较低。《劳动合同法》十分重视通过劳动监察手段保障法律实施，第 79 条规定任何组织或者个人对于违反《劳动合同法》的行为都有权举报，劳动行政部门应当及时核实、处理，并对举报有功人员给予奖励。

2. 劳动监察范围

《劳动合同法》第 74 条规定了劳动监察机构在劳动合同制度实施中的监督检查范围，包括劳动合同订立、履行和解除终止的各个方面。

（1）用人单位制订直接涉及劳动者切身利益的规章制度及其执行的情况

制订劳动规章制度本是用人单位的自主权利，为了防止用人单位制订违法的规章制度侵害劳动者权益，《劳动合同法》规定用人单位的规章制度必须和工会、职工代表大会平等协商制订。同时，《劳动合同法》赋予了劳动行政部门对规章制度进行监督检查的权力。劳动行政部门可以要求用人单位提供规章制度进行检查，对规章制度内容不合法的可以责令用人单位改正。规章制度不合法对劳动者造成损害的，用人单位应当承担赔偿责任。

《劳动合同法》在规定劳动部门对制度制订进行监察的同时，又新增了监督部门对制度执行情况进行监察的职能。如果用人单位对制订的规章制度不执行的，劳动行政部门同样可以给予处罚。

（2）用人单位与劳动者订立和解除劳动合同的情况

《劳动合同法》对劳动合同的订立作了详细的规定，劳动行政部门对其具体实施进行全面监督。《劳动合同法》规定建立劳动关系应当订立书面劳动合同，劳动行政部门可以对用人单位是否订立劳动合同的情况进行检查，对用人单位自用工之日起超过一个月不与劳动者订立书面劳动合同的，可以要求用人单位支付劳动者二倍的工资。《劳动合同法》规定劳动合同内容必须包括法律规定的必备条款，劳动合同内容应当合法。劳动行政部门可以要求用人单位提供劳动合同文本进行审查。用人单位的劳动合同文本如果没有载明法律规定的必备条款，劳动行政部门有权责令用人单位予以改正；对劳动者造成损害的，用人单位应当承担赔偿责任。劳动行政部门也可以对劳动合同文本具体内容的合法性进行监督，例如用人单位与劳动者约定的试用期违反法律规定的，劳动行政部门有权责令用人单位依法改正，违法约定的试用期已经履行的，由用人单位以劳动者月工资为标准，按违法约定的试用期的期限向劳动者支付赔偿金。《劳动合同法》规定劳动合同在签订后应当由用人单位和劳动者各执一份，劳动行政部门可以对此进行检查，对用人单位没有提供的有权责令改正并赔偿损失。《劳动合同法》要求劳动合同订立过程应当平等自愿、协商一致，用人单位应当依法订立劳动合同，不得乘人之危或者以欺诈、胁迫方式订立劳动合同，不得要求劳动者提供担保，不得向劳动者收取财物或者扣押身份证等证件。《劳动合同法》规定劳动行政部门发现用人单位在订立劳动合同中有违法行为的，有权予以处罚，如用人单位订立劳动合同时要求劳动者提供担保、收取财物的，劳动行政部门应当责令限期退还劳动者本人，并按每一名劳动者五百元以上二千元以下的标准处以罚款。

在劳动合同解除上，《劳动合同法》规定用人单位解除劳动合同应当依法进行，足额支付经济补偿金，及时办理退工手续，出具劳动合同解除终止书面证明。对用人单位没有依法支付经济补偿金的，劳动行政部门可以责令用人单位限期支付，用人单位逾期不支付的，劳动行政部门可以责令用人单位按应付金额百分之五十以上百分之一百以下的标准加付赔偿金。用人单位不向劳动者出具解除或者终止劳动合同的书面证明，由劳动行政部门责令改正；劳动者依法解除劳动合同，用人单位扣押劳动者档案或者其他物品的，由劳动行政部门责令限期退还并按每一名劳动者五百元以上二千元以下的标准处以罚款。

（3）劳务派遣单位和用工单位遵守劳务派遣有关规定的情况

《劳动合同法》对劳务派遣作了专门规定，对用工方式、劳动合同、劳动报酬等问题都作了全面规定，劳动行政部门对其具体实施进行监督。劳务派遣单位违反规定的，由劳动行政部门责令限期改正；情节严重的，按每一名劳动者一千元以上五千元以下的标准处以罚款，并由工商行政管理部门吊销营业执照。

（4）用人单位遵守国家工作时间和休息休假规定的情况

中国对工作时间和加班有着严格的规定，劳动者标准工作时间为每天不超过 8 小时，每周不超过 40 小时，用人单位安排劳动者在工作日加班的，要按照本人工资 150% 的标准支付劳动者工资；安排劳动者在休息日工作，而不能安排补休的，要按照 200% 标准支付加班工资；安排劳动者在法定休假节日工作的，按照 300% 标准支付劳动者工资。用人单位违反工时制度的，劳动者可以向劳动部门举报投诉。《劳动合同法》规定如果用人单位安排加班不支付加班费的，由劳动行政部门责令限期支付加班费，逾期不支付的，按应付金额百分之五十以上百分之一百以下的标准责令用人单位向劳动者加付赔偿金。

（5）用人单位支付劳动合同约定的劳动报酬和执行最低工资标准的情况

《劳动合同法》要求在劳动合同中明确约定劳动报酬，用人单位不支付劳动合同约定的劳动报酬的，由劳动行政部门责令限期支付劳动报酬，用人单位逾期不支付的，按应付金额百分之五十以上百分之一百以下的标准责令向劳动者加付赔偿金。

最低工资标准是一项法定劳动基准，劳动行政部门对用人单位执行最低工资标准的情况有权予以监督检查。劳动报酬低于当地最低工资标准的，劳动行政部门有权责令其支付差额部分，用人单位逾期不支付的，按应付金额百分之五十以上百分之一百以下的标准责令向劳动者加付赔偿金。

（6）用人单位参加各项社会保险和缴纳社会保险费的情况

社会保险制度由国家强制推行，用人单位和劳动者应当依法参加，并按照法定标准缴纳社会保险费用，劳动者应缴的社会保险费由用人单位代扣代缴。劳动行政部门对用人单位参保和缴费情况进行监督检查。

（7）法律、法规规定的其他劳动监察事项

《劳动合同法》重点对劳动行政部门在劳动合同制度实施中的监督检查范围作了规定，在劳动关系的其他领域，劳动行政部门也可以依法进行监察，如《劳动保障监察条例》还规定可以监督检查用人单位遵守女职工和未成年工特殊劳动保护规定的情况；职业介绍机构、职业技能培训机构和职业技能考核鉴定机构遵守国家有关职业介绍、职业技能培训和职业技能考核鉴定规定的情况等。①

---

① 国务院《劳动保障监察条例》第 11 条规定：劳动保障行政部门对下列事项实施劳动保障监察：（一）用人单位制定内部劳动保障规章制度的情况；（二）用人单位与劳动者订立劳动合同的情况；（三）用人单位遵守禁止使用童工规定的情况；（四）用人单位遵守女职工和未成年工特殊劳动保护规定的情况；（五）用人单位遵守工作时间和休息休假规定的情况；（六）用人单位支付劳动者工资和执行最低工资标准的情况；（七）用人单位参加各项社会保险和缴纳社会保险费的情况；（八）职业介绍机构、职业技能培训机构和职业技能考核鉴定机构遵守国家有关职业介绍、职业技能培训和职业技能考核鉴定的规定的情况；（九）法律、法规规定的其他劳动保障监察事项。

3. 法律责任

劳动行政部门依据法律规定对用人单位遵守劳动法律法规的情况进行监督检查，对用人单位的违法行为可以采取相应的处理措施乃至予以行政处罚。《劳动合同法》增加了劳动行政部门的监管范围并加大了处罚力度。

（1）责令改正

责令改正是指劳动行政部门对用人单位的违法行为可以要求用人单位自行予以纠正，其不是行政处罚，而是一种行政处理措施。按照《劳动合同法》的规定，对用人单位的以下违法行为，劳动行政部门可以责令用人单位改正：

其一，用人单位制定的劳动规章制度应当符合法律规定，《劳动合同法》第 80 条规定违反法律、法规规定的劳动规章制度，由劳动行政部门给予警告，责令改正。用人单位应当按照劳动行政部门的要求，对规章制度予以修改，使之符合法律规定。

其二，《劳动合同法》规定用人单位应当与劳动者签订劳动合同，劳动合同文本由用人单位提供，而且劳动合同内容必须具备以下条款：用人单位的名称、住所和法定代表人；劳动者的姓名、住址和居民身份证号码；劳动合同期限；工作内容和工作地点；工作时间和休息休假；劳动报酬；社会保险；劳动保护和劳动条件；法律、行政法规规定应当纳入劳动合同的其他事项。用人单位提供的劳动合同文本未载明以上劳动合同必备条款的，《劳动合同法》第 81 条规定由劳动行政部门责令改正。用人单位应当按劳动行政部门的要求在劳动合同上增加补齐必备条款。用人单位应当将签好的劳动合同文本交付劳动者，对未交付的，劳动部门可以责令改正。

其三，《劳动合同法》规定用人单位与劳动者可以在劳动合同中约定试用期，劳动合同期限不足一年的，试用期不得超过一个月；

劳动合同期限一年以上三年以下的，试用期不得超过二个月；三年以上固定期限和无固定期限劳动合同的试用期不得超过六个月。同一用人单位与同一劳动者只能约定一次试用期。如果用人单位与劳动者约定的试用期违反《劳动合同法》规定的，则属于违法约定。《劳动合同法》第83条规定劳动行政部门发现试用期约定违法的，可以责令用人单位改正，用人单位应当依法与劳动者重新约定。

其四，《劳动合同法》规定用人单位招用劳动者，不得要求劳动者提供担保或者以担保名义向劳动者收取财物，不得扣押劳动者的居民身份证或者其他证件。劳动合同解除终止的，用人单位应当自解除或者终止劳动合同之日起七日内，为劳动者办理档案和社会保险转移手续。对于用人单位违法要求劳动者提供担保、向劳动者收取财物等行为，《劳动合同法》第84条规定劳动行政部门可以责令用人单位在一定期限内予以退还劳动者；用人单位在劳动者依法解除劳动合同时扣押劳动者档案或者其他物品的，劳动行政部门可以责令用人单位在一定期限内办理档案转移手续，将扣押物品退还劳动者。

其五，工资支付是劳动监察的重点。《劳动合同法》第85条规定用人单位未依照劳动合同的约定或者未依照法律规定支付劳动者劳动报酬的，由劳动行政部门责令用人单位限期支付劳动报酬；用人单位安排加班不支付加班费的，由劳动行政部门责令用人单位限期支付。劳动者提供了正常劳动但劳动报酬低于当地最低工资标准的，劳动行政部门责令用人单位支付差额部分。

其六，按照《劳动合同法》的规定，用人单位以劳动者医疗期满、不能胜任、客观情况变化等为由解除劳动合同的，需要支付经济补偿金；劳动者以用人单位有违法行为为由解除劳动合同的，用人单位也应当支付经济补偿金。在固定期限劳动合同到期终止时，除非劳动者拒绝续签的，用人单位终止劳动合同也需要支付经济补偿金。用人单位未依法支付经济补偿金的，《劳动合同法》第 85 条规定劳动部门有权责令限期支付。

其七，《劳动合同法》规定用人单位应当自解除或者终止劳动合同之日起三十日内，为需要办理失业登记的劳动者出具解除或者终止劳动合同的证明。用人单位未依照规定向劳动者出具解除终止劳动合同书面证明的，《劳动合同法》第 89 规定劳动行政部门有权责令改正；用人单位应当按照劳动行政部门要求补开证明。

其八，《劳动合同法》对劳务派遣单位在合同期限、工资支付等方面作了大量的规定，劳务派遣单位应当严格遵守。《劳动合同法》第 92 条规定劳动行政部门发现劳务派遣单位有违法行为的，可以责令限期改正。

（2）警告

警告是《行政处罚法》所规定的行政处罚的一种，[①]《劳动合同法》第 80 条规定违反法律、法规规定的劳动规章制度，由劳动行政部门给予警告，责令改正。其主要形式为劳动部门向用人单位指出其行为的违法性，告诫其应遵守法律有关规定。

（3）罚款

罚款是指劳动行政部门对用人单位的违法行为可以给予一定的经济处罚。罚款是行政处罚的一种，罚款的情形和罚款的标准必须按国家规定执行。《劳动合同法》规定了劳动行政部门在劳动合同制度实施中的罚款权力：

---

① 《中华人民共和国行政处罚法》第 8 条：行政处罚的种类：（一）警告；（二）罚款；（三）没收违法所得、没收非法财物；（四）责令停产停业；（五）暂扣或者吊销许可证、暂扣或者吊销执照；（六）行政拘留；（七）法律、行政法规规定的其他行政处罚。

其一，用人单位以担保名义向劳动者收取财物的、扣押劳动者档案或者其他物品，《劳动合同法》第 84 条规定由劳动行政部门责令限期退还劳动者本人，并可以同时按每一名劳动者五百元以上二千元以下的标准处以罚款。

其二，劳务派遣单位违法情节严重的，《劳动合同法》第 92 条规定劳动行政部门可以按每一名劳动者一千元以上五千元以下的标准处以罚款。

《劳动合同法》规定劳动行政部门对用人单位的违法行为有权责令改正，对用人单位拒不改正的行为，《劳动合同法》未规定如何处理，按照国务院《劳动保障监察条例》的规定，劳动保障行政部门有权处两千元以上两万元以下的罚款。①

（4）赔偿金

赔偿金是一种惩罚性赔偿制度，即针对用人单位的某些违法行为，法律规定用人单位按照法定标准支付赔偿费用于劳动者。用人单位的违法行为造成劳动者经济损失的，用人单位应当承担赔偿责任，赔偿数额一般按造成的实际数额确定。而赔偿金制度则不论用人单位是否造成劳动者经济损失，只要用人单位存在规定的违法行为，就必须按法定标准支付赔偿金。国务院《劳动保障监察条例》规定用人单位克扣或者无故拖欠劳动者工资报酬的、支付劳动者的

---

① 国务院《劳动保障监察条例》第 30 条：有下列行为之一的，由劳动保障行政部门责令改正；对有第（一）项、第（二）项或者第（三）项规定的行为的，处 2000 元以上 2 万元以下的罚款：（一）无理抗拒、阻挠劳动保障行政部门依照本条例的规定实施劳动保障监察的；（二）不按照劳动保障行政部门的要求报送书面材料，隐瞒事实真相，出具伪证或者隐匿、毁灭证据的；（三）经劳动保障行政部门责令改正拒不改正，或者拒不履行劳动保障行政部门的行政处理决定的；（四）打击报复举报人、投诉人的。违反前款规定，构成违反治安管理行为的，由公安机关依法给予治安管理处罚；构成犯罪的，依法追究刑事责任。

工资低于当地最低工资标准的、解除劳动合同未依法给予劳动者经济补偿的，劳动保障行政部门有权责令限期改正，逾期不改的，责令用人单位按照应付金额50%以上1倍以下的标准计算，向劳动者加付赔偿金。①《劳动合同法》也规定了赔偿金制度，劳动行政部门在劳动监察活动中可以依法作出用人单位支付赔偿金的处理决定。

其一，事实劳动关系赔偿金。《劳动合同法》规定建立劳动关系应当签订劳动合同，没有签订的应当在一个月之内补签，对没有在一个月之内补签且在用工之日起一年之内的，《劳动合同法》第82条规定应当支付劳动者劳动应得报酬二倍的工资。

其二，未签无固定期限劳动合同赔偿金。《劳动合同法》第14条规定在某些情形下，用人单位应当与劳动者签订无固定期限劳动合同，如，连续工作满十年以上的劳动者续延劳动合同的、连续签订两次固定期限劳动合同后续签的等。如果用人单位不按照法律规定签订无固定期限劳动合同的，《劳动合同法》第82条规定用人单位自应当订立无固定期限劳动合同之日起向劳动者每月支付二倍的工资。

其三，试用期赔偿金。《劳动合同法》规定试用期必须依法约定，同时《劳动合同法》第83条规定用人单位违法与劳动者约定的试用期，由劳动行政部门责令改正。如果违法约定的试用期已经履行的，用人单位要支付赔偿金。赔偿金以劳动者试用期满月工资为基数，按已经履行的超过法定试用期的期间向劳动者支付赔偿金。违法约定的试用期未履行的，不必支付经济补偿金。

---

① 国务院《劳动保障监察条例》第26条：用人单位有下列行为之一的，由劳动保障行政部门分别责令限期支付劳动者的工资报酬、劳动者工资低于当地最低工资标准的差额或者解除劳动合同的经济补偿；逾期不支付的，责令用人单位按照应付金额50%以上1倍以下的标准计算，向劳动者加付赔偿金：（一）克扣或者无故拖欠劳动者工资报酬的；（二）支付劳动者的工资低于当地最低工资标准的；（三）解除劳动合同未依法给予劳动者经济补偿的。

其四，《劳动合同法》第 85 条规定劳动行政部门对用人单位未依照劳动合同的约定或者未依照法律规定支付劳动报酬的，低于当地最低工资标准支付劳动者工资的，安排加班不支付加班费的，解除、终止劳动合同，未依照本法规定向劳动者支付经济补偿的行为可以责令改正。用人单位在劳动部门规定的期限内不改正的，除需要支付工资或经济补偿金外，还要承担加付赔偿金的法律责任。赔偿金按用人单位应付金额百分之五十以上百分之一百以下的标准支付。

其五，非法解雇赔偿金。《劳动合同法》对合同解除终止规定了严格的条件，用人单位违法解除终止的，劳动者可以要求用人单位继续履行劳动合同，此时用人单位应当继续履行；劳动者不要求继续履行劳动合同或者劳动合同因为期限已经届满等原因已经不能继续履行的，用人单位应当支付赔偿金。按照《劳动合同法》第 87 条的规定，赔偿金标准为经济补偿标准的二倍。而且在支付赔偿金前，双方劳动关系仍然存在，用人单位支付赔偿金后，劳动合同解除或者终止。

对事实劳动关系赔偿金、未签无固定期限劳动合同赔偿金、试用期赔偿金、非法解雇赔偿金这四种《劳动合同法》新增的赔偿金，《劳动合同法》并未规定是由劳动监察部门决定还是由争议处理部门决定，因此劳动监察部门可以直接要求用人单位支付给劳动者，劳动者也可以通过劳动仲裁和诉讼获得赔偿金。

（撰稿人：董保华　章惠琴）

劳动关系的建立与认定

1. 人格从属性：劳动关系认定的基础

——江苏科宁舒适家居系统集成有限责任公司诉马利娜劳动关系确认纠纷案

案件索引：南京市鼓楼区人民法院（2015）鼓民初字第 4128 号，2015 年 12 月 18 日判决。

基本案情

马利娜于 2002 年 10 月入职江苏科宁舒适家居系统集成有限责任公司（以下简称科宁公司），末期劳动合同至 2013 年 3 月 30 日，月工资 4000 元。2011 年 10 月 20 日，马利娜注册了个体工商户马利娜服务部，2012 年 2 月 20 日以个人事业发展需要为由办理了解除劳动合同的手续。

2013 年 5 月 20 日，马利娜服务部与科宁公司签订外包合同一份，约定：公司将业务流程中的设计、销售及客户服务业务分包给服务供应商，马利娜服务部接受公司委托以公司名义为客户提供方案设计，签订销售合同，进行营销活动，执行公司的各类流程、制度和规范；外包商要求，一是持有营业执照的个体工商户或企业法人，二是参加公司专业培训，并通过 RCS 设计师资格考核评估；未经公司许可，不得与任何第三方合作，销售与公司有竞争的产品，否则公司有权解除合同，并有权主张违约金 100 万元。职责界定、术语界定、服务最低标准、外包费用支付标准与要求、激励与惩罚、考核标准等内容，均由外包合同附件《代理人管理办法》约定。

《代理人管理办法》规定：公司与代理人之间以结算价进行结算，销售成交价与结算价之间的差额，扣除17%增值税后，代理人所获得的利润为销售毛利；在销售毛利润中根据代理人的级别，按一定比例统筹扣缴公摊管理费；在销售毛利润中按10%比例统筹扣缴公摊市场推广费；根据销售业绩，公司以月度管理返利、个人年度达标奖、团体年度达标奖的形式，从管理公摊中额外支付一部分奖励给代理人和销售管理人员。代理人的日常考核分为销售指标、日常工作、组织发展三部分：一是销售指标完成情况；二是日常工作完成情况，以活动管理、品质管理、产品导向三个项目为考核方向；三是组织发展完成情况，以代理人增员新代理人，从而组建并拓展其所辖团队为目标，确定其作为销售管理人员的等级，各等级代理人根据级别不同，收入组成分别包括销售佣金，或销售佣金加管理返利等。

马利娜作为公司员工时的工资结构为：基本工资、补助、考核工资、业绩提成。成为销售代理人后，其社保由公司缴纳变为由马利娜服务部缴纳，其收入由两部分构成：一是销售佣金；二是管理返利，即招聘、培训、发展自己的销售团队，并开展业务的费用，公司以现金形式向销售代理人发放，金额为每名被招聘人的销售业绩汇总给被招聘人后，按梯度系数扣减下一层级管理返利的余额。马利娜的销售团队有6个层级共148人，其收入中来自团队销售业绩的管理返利往往高于其本人的销售佣金，团队中的销售代理人录用自行决定，公司备案，有的也与公司签订销售代理人的外包合同。马利娜服务部结算佣金时向公司开具服务费发票。

马利娜以公司名义与客户签订销售合同，开具发票。马利娜服务部工作地址在科宁公司场地内，但有自己独立的办公室及其团队工作空间，在佣金结算时扣除了相应的公摊管理费用。销售代理人可在最低限价和最高限价之间自主定价，如果有特殊情况需要调整价格的可以走特价单，但与公司之间的结算价格固定。公司员工则只能依据销售套餐对应的固定价对外报价。公司不对马利娜进行考勤管理，也不对其工作地点、工作内容、履行期限进行具体支配和管理。马利娜服务部还以外包协议方式将施工图纸的绘制业务外包给他人。

科宁公司保留了销售直营部，给员工以选择权。有的员工在解除劳动合同成为销售代理人后，又回到公司继续当销售员。马利娜称，大股东王宇彤创设了外包合同形式，当时她认为企业潜力很大，并没有认清劳动关系和外包合同的差异。同时，她年收入有几十万元，没有考虑劳动关系问题。

2014 年 11 月 14 日，科宁公司解除了与马利娜服务部之间的外包合同。2015 年 3 月 31 日，马利娜向南京市劳动人事争议仲裁委员会申请仲裁，请求科宁公司支付 2013 年 11 月至 2014 年 11 月期间未签劳动合同双倍工资差额 458700 元，违法解除赔偿金 1000800 元，补缴 2011 年 6 月至 2014 年 11 月期间社保。该委确认双方自 2012 年 2 月解除劳动合同后形成新的事实劳动关系，并裁决：科宁公司支付违法解除赔偿金 92754 元，补缴社保费用，驳回马利娜的其他仲裁请求。科宁公司不服仲裁裁决，遂诉至法院。审理中，马利娜亦坚持主张其仲裁请求。

判决与理由

南京市鼓楼区人民法院一审认为：

原、被告双方是否存在劳动关系，应当从双方合意、合同主体、人格从属性、风险承担、收入构成等方面综合判断：

一、从合意情况来看，双方是否存在劳动关系

双方是否具有达成劳动关系的合意应当是劳动关系构成的前提条件。本案中，科宁公司在推行销售代理人的经营模式转变过程中保留了直营部，给予公司销售人员以选择权，甚至可以在离职后再回到公司继续从事销售工作。马利娜自愿选择在解除与公司的劳动合同后，以个体工商户名义与公司签订外包合同而成为了销售代理人。虽然这是科宁公司为改革经营模式而提供给销售部门员工的一种选项，但这也是原、被告双方自愿达成的合意结果，即马利娜没有与公司达成维持劳动合同关系的合意。

二、从外包合同主体来看，双方是否存在劳动关系

首先，劳动关系中的主体有其特定性，劳动者应当是自然人。本案中，马利娜以个体工商户名义与科宁公司签订并按约履行了外包合同，不符合劳动关系中劳动者为自然人的主体要求。

其次，原、被告双方签订的外包合同系具有销售代理性质的委托合同。委托合同的受托人，可以自己的名义，也可以委托人的名义处理委托事务。案涉外包合同约定，马利娜服务部以公司名义展开营销活动。故马利娜以公司名义与客户签订销售合同，开具发票等行为，只是履行外包合同的行为，不能据此证明双方存在劳动关系。

三、从人格从属性来看，双方是否存在劳动关系

从属性是劳动关系最基本、最本质的特征所在，是劳动关系与其他领域的法律关系相区别的关键点。劳动关系认定的主要标准是人格从属性，经济从属性只是判断劳动关系的辅助标准。经济从属性是劳动关系的特征之一，但这也是商事代理、经销、保险代理等委托合同关系所具有的共同特征，并非劳动关系所独有的基本特征。

经济上的从属性如果被认定为属于劳动关系，必须要有身份上的从属性即人格从属性作为基础条件。人格从属性意味着不仅仅劳动成果要受用人单位的控制，具体到工作时间、工作地点、劳动过程也要受用人单位管理和控制。这是由劳动关系的本质特征决定的——劳动关系的本质特征，就是资本与劳动力的结合，即劳动者将自己劳动力的使用权转让给用人单位，由用人单位支付相应对价。而劳动力使用权转让给用人单位之后，如何使用将由用人单位支配，并且劳动力的专属性决定了必须由劳动者亲自履行劳动义务，不得由他人代为履行。

本案中，虽然公司对销售代理人进行管理和考核，但管理与考核的结果只是用来确定双方结算佣金、公摊管理费、公摊市场推广费和管理返利的比例，并非是公司以内部的规章制度、劳动纪律对劳动力如何使用发出具体的劳动指令，对工作时间、工作地点、劳动过程以指挥监督的方式进行直接管理和控制。虽然在签订和履行外包合同过程中，马利娜与科宁公司之间仍然表现出了一定的经济从属性，但从人格从属性方面分析则不符合劳动关系特征。

四、从风险承担来看，双方是否存在劳动关系

劳动关系中所产生的一切经营和侵权风险都应由用人单位承担。本案中，马利娜服务部自主经营自行纳税，具有独立的定价权，代理人与公司之间按固定结算价进行结算，与公司结算佣金时还须出具服务费发票，其结算和纳税方式不具有劳动关系的特点。其次，虽然马利娜服务部所用房屋均在科宁公司场地内，但公司向其收取管理公摊费和市场推广公摊费，从经营成本负担上看，不符合劳动关系的特征。再次，马利娜还可以从其 148 名团队成员的销售业绩中获得往往高于其本人销售佣金的管理返利，是独立经营自担风险的自主经营行为，亦不符合劳动关系特征。

五、从收入构成来看，双方是否存在劳动关系

工资是指用人单位依据劳动合同的规定，以各种形式支付给劳动者的工资报酬，一般由基本工资和辅助工资两部分构成。而佣金是商业活动中的一种劳务报酬，是具有独立地位和经营资格的中间人在商业活动中为他人提供服务所得到的报酬。

本案中，马利娜作为公司员工时的工资结构为:基本工资、补助、考核工资、业绩提成，公司为其缴纳社保费用。而在成为销售代理人后，其收入构成为销售佣金加管理返利，公司不代扣个人缴纳的社保费用，不具备劳动关系中的工资构成要件。

综上所述，法院判决：科宁公司无须向马利娜支付未签劳动合同的双倍工资差额、违法解除劳动合同的赔偿金。

评　析

目前，我国经济发展处在结构调整的转型期，经济下行压力导致许多企业陷入困境，劳务派遣又被2013年修改后的《劳动合同法》，以及2014年3月1日施行的《劳务派遣暂行规定》严格加以限制，外包模式遂日益受到许多企业所青睐。外包合同种类非常丰富，有加工承揽、销售代理、委托设计、查勘定损、公估鉴定、软件服务、法律服务、物业服务、会计业务、物流配送等不一而足。

各类外包合同中，相对弱势的一方或多或少地表现出了一定的从属性。如主要收入来源于强势一方，身着强势一方单位的工作服，持有其证件，在其场所内并以其名义开展业务，以其名义签订合同、开具发票等，这些从属性的表现往往会引起劳动关系认定的意见分歧。

劳动关系作为劳动法的调整对象，如何对其进行认定对于用人

单位及劳动者而言，均有重要的意义。认定的结果不同，不仅将导致被认定者在实际中具有不同的法律地位，具有不同的权利义务，产生争议后的纠纷解决途径也将适用不同的实体法和程序法。因此，研究外包合同中劳动关系的认定标准具有重要现实意义。

一、劳动关系认定的现状

关于劳动关系的定义及认定标准，大多数国家的法律条文中均没有明确界定，我国同样如此。

（一）学者的不同观点

英美法系国家大多采用控制性的认定标准，通过界定雇主对雇员工作之控制程度来判断双方是否存在劳动关系。大陆法系国家对劳动关系的界定基本采用了雇员从属性的认定标准。如德国的主流意见认定劳动关系使用的是人格从属性标准，主要判断是否具备“雇员融入了雇主的组织”和“在雇主的指挥下工作”这两大特征，需要在个案中具体考察雇员是否在工作内容、履行、地点和期限等各方面听从于雇主的安排，并且辅之以其他的补充特征。①

关于劳动关系具有从属性的法律特征，国内学者意见较为统一。但对于从属性的内涵，学者们存在不同观点。董保华教授认为，对“雇员”的“从属性”界定，这种从属性可以分为人格从属性（身份的属性）和经济从属性。从属性首先是指“身份从属性”，即劳动者被完全纳入用人单位经济组织和生产结构中，劳动者成为用人单位的一个成员，并以用人单位的名义对外从事生产经营活动，在身份上与用人单位产生吸收关系。大部分国家在适用劳动法时强调被雇佣的事实，侧重于强调“雇员”的“身份从属性”。其次，有部分国家在立法定

① 王倩：“德国法中劳动关系的认定”，载“第十七届费彝民法学论坛暨第二届江浙沪劳动法论坛”论文集第 37 页。

义中也强调"雇员"的"经济从属性"。经济从属性是指劳动者生产或者劳动所创造的劳动成果的所有权不属于劳动者，而归属于用人单位，劳动者只是按照事先约定领取相应的工资报酬。[①]常凯教授认为，从属性包括经济上、人格上和组织上的从属。[②]王全兴教授认为，从属性在理论上以人格从属性和经济从属性为主流学说。[③]在界定具体劳动关系时，人格从属性是基本标准，而经济从属性则是辅助标准。

中国台湾地区学者黄越钦认为，"从属性"实为劳动契约之最大特色，包括人格从属性和经济从属性两方面。人格上从属性，即负有劳务给付义务之一方基于明示、默示或依劳动之本质，在相当期间内，对自己之习作时间不能自行支配。人格从属性之重要特征在于指示命令权，尚扩及秩序上的惩戒权。具体表现为受雇人服从营业组织中之工作规则、服从雇主指示、接受雇主考察与检查、接受制裁。经济上之从属性指受雇人完全被纳入雇主经济组织与生产结构之内，但与受雇人和雇主之间经济或财政状况无关。重点在于受雇人并不是为自己之营业劳动，而是从属于他人，为该他人之目的而劳动，生产组织体属于雇主所有；生产工具系属于雇主所有；原料由雇主供应；责任与危险由雇主负担。[④]台湾地区学者黄程贯对此则持批评意见，"盖劳工被纳入雇主之经营、生产组织，并使用资方之技术、知识、机器等生产资料，……并非独立称为一种从属性种类之必要性或重要性！若非提出不可，则亦应置于人格上从属性项

① 董保华：《劳动合同立法的争鸣与思考》，上海人民出版社 2011 年版，第 65—66 页。

② 常凯：《劳动权——当代中国劳动关系的法律调整研究》，中国劳动社会保障出版社 2004 年版，第 78 页。

③ 侯玲玲、王全兴："劳动法上劳动者概念之研究"，载《云南大学学报法学版》2006 年第 1 期。

④ 黄越钦：《劳动法新论》，中国政法大学出版社 2003 年版，第 94—96 页。

目之下，作为人格上从属性之具体化的一部分，亦即人格上从属性的一个下位概念……”①

（二）我国劳动仲裁及司法实务中的现状

就我国劳动关系认定标准而言，从劳动法律法规到人社部门相关的通知和指导意见，主要是遵循大陆法系国家的从属性认定理论。

1994年《劳动法》中没有明确认定劳动关系的标准。因实践中出现了大量未签订劳动合同但符合劳动关系特征的情形，为解决日益激烈的劳动争议纠纷，当时的劳动和社会保障部于2005年5月25日颁布了《关于确立劳动关系有关事项的通知》，其中第1条规定：用人单位招用劳动者未订立书面劳动合同，但同时具备下列情形的，劳动关系成立。（一）用人单位和劳动者符合法律、法规规定的主体资格；（二）用人单位依法制定的各项劳动规章制度适用于劳动者，劳动者受用人单位的劳动管理，从事用人单位安排的有报酬的劳动；（三）劳动者提供的劳动是用人单位业务的组成部分。第2条规定了认定双方存在劳动关系时可参照的凭证，如工资支付凭证、工资发放花名册、工作证、服务证、登记表、报名表、考勤记录、其他劳动者的证言等。该《通知》第1条规定明确了劳动关系认定的实质要件，其中“劳动者受用人单位的劳动管理，从事用人单位安排的有报酬的劳动”也体现了人格从属性的精神。

我国劳动仲裁及司法实务中，对劳动关系的确认方式为“非黑即白”，没有如德国劳动法中“类雇员”这样的缓冲地带，对于带有一定经济从属性元素，或者这种从属性由弱逐渐变强的过程中，到达什么样的临界点时才应认定为劳动关系，往往会有较多意见分歧。如劳动争议纠纷中出现“规章制度的适用”、“考核”、“从事的业务

① 黄程贯：《劳动法》，（台湾地区）“国立”空中大学印行2001年第3版，第65页。

是单位业务组成部分”等情形时，甚至是仅仅出现了《通知》第2条中的部分参照凭证时，仲裁机构甚至法院都可能基于对劳动者倾斜保护的理念而认定劳动关系成立。

二、笔者对劳动关系中从属性的思考

从属性特征是贯穿于劳动关系整个履行过程，决定和影响劳动者权利以及权利实现方式的基本因素。从属性是劳动关系最基本、最本质的特征所在，是劳动关系与其他领域的法律关系相区别的关键点。对劳动者的从属性界定，包括人格从属性和经济从属性两部分。对于人格从属性和经济从属性的内涵，笔者倾向于董保华教授和黄程贯先生的观点。①

劳动关系认定的主要标准应当是人格从属性，经济从属性只是判断劳动关系的辅助标准。首先，经济从属性既不是认定劳动关系的必要条件，也不是充分条件。劳动者不一定以出卖劳动力所得的报酬作为其主要生活来源。现实生活中，有开着宝马车上班的保洁工；有因拆迁获得政府补偿的十几套门面房，月收入租金十几万元，却仍在原单位工作的司机。其次，经济从属性是劳动关系的特征之一，但这也是代理商、经销商、保险代理人等共有的特征，并非劳动关系所独有的基本特征。因此，经济上的从属性如果被认定为属于劳动关系，必须要有身份上的从属性即人格从属性作为基础条件。人格从属性意味着不仅仅要融入企业的组织，更重要的是具体到工作内容、时间、地点、种类、期限、劳动过程也要受用人单位管理和控制。这是由劳动关系的本质特征决定的。劳动关系的本质特征，就是资

① 德国法上经济从属性的含义：(《集体合同法》第12a条第1款）如果某人基本上只为另一人工作（时间上看）或者某人虽然为多人工作，但是从其中一人获得的收入超过总收入的一半（收入上看），该收入是某人的主要经济来源，没有这份收入某人将陷入经济上的困境。

本与劳动力的结合，即劳动者将自己劳动力的使用权让渡于用人单位，由用人单位支付相应对价。而劳动力使用权转让给用人单位之后，具体如何使用将由用人单位支配，并且劳动力的专属性决定了必须由劳动者亲自履行劳动义务，不得由他人代为履行。

人格从属性除指示服从关系之外，尚扩及秩序上的惩戒权问题。雇主对受雇人之意向等内心活动过程均能达成某种程度之强制，此点即人格上从属性效果最强之处，也是最根本所在。具体表现为接受制裁义务，受雇人应对错误行为负责，制裁方式可以从口头申诫到开除解雇。[①]惩戒权是用人单位依法对违反劳动纪律的劳动者实施纪律处分的权利。惩戒的手段和程序依据的是内部劳动规则或单位的规章制度。[②]因此，惩戒权的依据及如何行使，也可以从侧面反映出双方是否存在劳动关系。

当然，不同的行业和岗位，人格从属性的强弱程度也不同，不存在适用于所有行业和岗位的判断标准，在具体个案中判断是否存在劳动关系时，有必要综合考虑所有相关情况做出总体评价。[③]

三、本案的评析及建议

本案中，马利娜与科宁公司之间具有一定的经济从属性，主要表现有两点：一是马利娜只能接受科宁公司委托，未经同意不能代理其他公司开展同类型业务；二是马利娜以公司名义与客户签订销售合同，向客户所收取的款项也进入了公司账户，其主要收入来源于公司。如果仅仅从经济从属性方面看，的确会引起认知上的歧义甚至错觉。但如果从人格从属性角度视之则不然，具体分析如下：

---

① 黄越钦：《劳动法新论》，中国政法大学出版社 2003 年版，第 94—95 页。

② 王全兴：《劳动法》，法律出版社 2004 年版，第 197—198 页。

③ 王倩：“德国法中劳动关系的认定”，载“第十七届费彝民法学论坛暨第二届江浙沪劳动法论坛”论文集第 30 页。

一是外观表象不能作为人格从属性的判断依据。原、被告双方签订的外包合同及其附件《代理人管理办法》中明确约定了公司与代理人之间的权利义务，即双方权利义务的基础并非劳动合同。根据外包合同及其附件的约定，马利娜只能作为科宁公司的销售代理人，在公司场所内开展业务，以公司名义与客户签订合同，出具公司的发票，收取的款项进公司账户，这些履行外包合同义务的行为，不能视为马利娜融入公司的组织结构之中，从而具有人格从属性并以此认定双方存在劳动关系。类似情形如保险代理人、超市和大型商场的销售代理人员，同样不能据此认定双方存在劳动关系。

二是公司没有对马利娜直接指挥管理。首先，从工作内容方面分析。公司员工受用人单位的直接指挥管理，只能依据销售套餐对应的固定价进行销售，按自己的销售业绩获得提成。而马利娜却有自主经营权，她注册了个体工商户，其 148 人的团队销售业绩为其带来往往高于其本人销售佣金的经济利益（管理返利）。马利娜服务部不仅具有定价权，自己承担经营所产生的管理和市场营销公摊费用，自行缴税，还以外包协议方式将施工图纸的绘制和修改业务外包给他人。虽然科宁公司对代理人进行活动管理、品质管理，并对代理人的销售业绩考核，但上述管理和考核仅是对参会参训及工作标准提出要求，结果也只是用来确定双方结算佣金及公摊费用比例和佣金比例。其次，从工作时间、地点方面分析。虽然公司销售人员进行销售时，在工作时间、地点上也具有一定的灵活性，但仍须遵守公司的规章制度。而公司不对马利娜进行考勤，没有以内部的规章制度、劳动纪律对马利娜的劳动力如何使用发出具体的劳动指令，也没有对工作时间、地点、履行期限等劳动过程以指挥监督的方式进行直接管理和控制。

三是没有体现劳动关系中惩戒权的特征。原、被告双方权利义务的基础为外包合同及其附件，公司不能因马利娜违反公司的劳动纪律、规章制度而对其进行惩戒。本案中，公司与马利娜服务部解除外包合同，不具备劳动关系解除的形式要件和实质要件，没有体现出劳动关系中惩戒权的特征。

综上所述，虽然在签订外包合同之后，马利娜与科宁公司仍然表现出了一定的经济从属性，但从人格从属性方面分析则不符合劳动关系特征。而劳动关系认定的主要标准应当是人格从属性，经济从属性只是判断劳动关系的辅助标准。

此外，双方是否存在建立劳动关系的合意是判断劳动关系的前提，合同主体、风险承担、收入结构也是认定劳动关系需要考察的因素。根据上述各方面情形综合判断，原、被告之间不存在劳动关系。

（撰稿人：邢嘉栋）

2. 送奶工劳动关系之判断

——阮某诉某乳品配送有限公司案

案件索引：南京市玄武区人民法院民事判决书（2009）玄民初字第 2978 号。①

基本案情

本案原告阮某系被告某乳品配送公司的送奶工，原告诉称，原告于 1997 年 2 月起自备运输工具在本市东井村奶站从事乳品配送工作，被告按工作量（瓶数）向原告支付工资。原告每天午夜 12 点半开始送奶，至早晨 6 点半结束，全年无休，被告未支付过加班工资，也未为原告办理社会保险，原告被迫于 2009 年 1 月 15 日提出辞职。请求法院判令被告：1. 为原告补缴各项社会保险金；2. 支付原告加班工资 39642 元；3. 向原告支付经济补偿金 21600 元；4. 向原告支付 2008 年 2 月至 2008 年 12 月的双倍工资 19800 元。

被告配送公司辩称：1. 原、被告之间系经销关系，被告实行按

① 本判决书文本由本案主审法官陈文军先生提供，在此致谢。在判决书形成过程中，笔者与陈法官多次进行交流和研讨，并对日本有关理论和判例进行了借鉴。本案当选江苏法院 2008—2010 年度劳动争议审判十大案例。本文亦参照了陈文军、陈海挑“送奶工身份之辩”（《人民司法》2010 年第 24 期）一文。

件计酬，多劳多得，双方之间不存在使用从属关系，不符合劳动关系的特征；2. 被告至 2002 年 2 月 27 日才开始经营，原告称其于 1997 年起即至被告处工作，不符合事实；3. 奶业（集团）有限公司 2003 年改制时未对原告作过安置或支付工龄补偿，说明奶业（集团）有限公司未与原告建立过劳动关系。综上，请求法院驳回原告的诉讼请求。

诉讼中，原、被告主要就双方是否存在劳动关系存在争议。原告认为其一直在东井村奶站送奶，故其与配送公司存在劳动关系。配送公司则认为，原告按件计酬，其与原告之间系经销关系，双方没有建立劳动关系的合意。本院曾主持双方调解，因双方各执己见而未能达成调解协议。

判决与理由

法院认为，“……认定双方之间是否存在劳动关系，关键是看一方是否在另一方的监督管理下提供劳动，即劳动过程是否存在人身隶属性。”本案中，原告自备运输工具，自行承担运输费用和风险，无固定的办公场所，不进行考勤管理，不履行八小时的工作制度，实行计件工资制度，对送奶任务的安排具有很强的自主权，被告未为原告办理社会保险（投保过团体年金保险）。虽然主要是受牛奶生产规律性、保鲜需要以及居民消费习惯等因素的影响，原告的工作时间（6 点半前结束工作）、运输路线相对固定，但并不能由此认定被告对原告的劳动过程实行指挥监督。

本案中，被告将部分牛奶运送业务外包给原告完成，按工作数量和质量向原告支付报酬，原告自备汽车运输牛奶，按照自己的意志独立安排运输，运输费用（汽油费、修理费等）及发生事故的责任由原告承担（包括包装瓶破损率不得超过0.04%）。被告关心的是原告能否及时将牛奶送至指定地点，至于原告是否雇请他人代送、用什么工具，被告不作指示，即被告注重的是原告所提供的劳动的结果，而不在于劳动的实现过程。被告按固定的计件单价向原告计付劳务报酬，原告对牛奶无定价权，月收入相对稳定，双方形成的是按劳动成果支付报酬的承揽合同关系，符合承揽关系的特征。双方终止承揽关系后，原告提出被告应按劳动关系为其补缴社会保险费等诉讼请求，缺乏事实与法律依据，本院不予支持。被告辩称双方之间系经销关系，亦无法律依据，本院不予采纳。

综上，原告关于其与被告之间系劳动关系的诉称意见以及被告关于双方之间系经销关系的辩称意见，均无法律依据，本院不予采纳。原、被告之间系平等民事主体，双方形成的是承揽合同关系，原告的诉讼请求，缺乏事实与法律依据，应予驳回。依照《中华人民共和国合同法》第251条第1款、第253条、第260条、第265条，《中华人民共和国劳动法》第2条之规定，判决驳回原告阮某的诉讼请求。[①]

评　析

一、对本案的评价

2008年我国实施的《劳动合同法》要求劳动者与用人单位必须签订书面劳动合同，由此带来了为签订劳动合同而确认劳动关系是否存在的案件的大量发生。而在理论与实践上，我国关于劳动关系

① 南京市玄武区人民法院民事判决书（2009）玄民初字第2978号。

认定的标准欠缺完善，本案对使用从属性进行了较为细致的分析。

本案强调将劳动者与用人单位之间存在隶属性，作为劳动关系的认定基准，指出："认定双方之间是否存在劳动关系，关键是看一方是否在另一方的监督管理下提供劳动，即劳动过程是否存在人身隶属性。"

在此基础上，判决提出了具体的认定标准，一是劳动工具的所有形式（原告自备运输工具）；二是风险由谁负担（原告自担运输风险）；三是劳动时间和劳动场所的约束性差（原告不履行八小时的工作制度、无固定的办公场所）；四是劳动过程的指挥监督（被告不对原告进行考勤管理）；五是工资计算和支付形式（被告向原告发放劳务报酬，从量计酬，与劳务付出具有对价性，不含工龄补贴）；六是保险缴纳形式（被告关联公司为原告投保过商业人寿保险，该保险与用人单位必须为员工强制性办理的社会保险亦不相同）。综上，"原告不适用被告公司的劳动管理规则，双方的关系不符合劳动关系的基本特征，不属于劳动关系。"

这些标准的综合运用和考量，为劳动关系的认定提出了基本的判断框架和要素，值得肯定。本判例被评为江苏法院 2008—2010 年度劳动争议审判十大案例。

二、劳动关系从属性的理论认识

劳动关系兼有平等性和隶属性的特征。"从属性"是劳动关系最基本、最本质的特征所在。因此，史尚宽先生就曾指出"劳动法（亦称劳动工法）上之劳动契约谓当事人之一方对于他方在从属的关系，提供职业上之劳动力，而他方给付报酬之契约乃为特种之雇佣契约，可称为从属的雇佣契约"，[①]"劳动关系谓以劳动给付为目的之受雇人

① 史尚宽:《债法各论》，1960 年初版、1981 年中国台北第 5 次印刷，第 277 页。

与雇佣人间的关系”。①

一般来说，从属性包括人格从属性、经济从属性和组织从属性。其中，雇员在生产过程中必须服从营业组织中之工作规则，服从雇主之工作指示，接受雇主之考察与检查，基于明示、默示或依劳动之本质，在相当期间内，对自己之习作时间不能自行支配，对自己的错误行为接受雇主从口头申诫到开除解雇的制裁等，均系其人格从属的表现。②“经济的从属性”是指劳动者的社会经济地位以及签订合同时合同内容的被决定性。比如劳动者的社会经济地位依赖于企业的程度，谁来决定劳动条件、支付生产资料、提供教育培训，当事人收入的各部分构成等。而“组织的从属性”是指作为用人单位的成员，受雇人完全被纳入雇主经济组织与生产结构之内，编入企业组织体系之中的从属。

由于劳动者概念在法律上是抽象的定义，如何判定是否具有从属性，各国一般都由具体判例来进行判断，于是又产生了关于判断基准明确化的问题，这是劳动保护法中围绕劳动法适用范围的最为重要的一个问题。

基于劳动法调整对象所具有的天然复杂性，无论是在英美法系国家还是大陆法系国家，劳动关系认定以及劳动关系主体标准的确立，在立法和司法中都是一个复杂且重要的问题。目前，关于劳动关系的认定，世界各国大多采取两种路径：一种是以大陆法系国家的德国和日本为代表的依主体性进行判断的路径，从强调劳动关系主体的不平等性出发，基本上采用了劳动者“从属性”的认定基准。另一种以英美法系国家为代表的依内容性进行判断的路径，强调了

① 史尚宽：《劳动法原论》，（台湾地区）正大印书馆 1978 年版，第 2 页。
② 黄越钦：《劳动法新论》，中国政法大学出版社 2003 年版，第 94 页。

劳动关系中雇主对雇员的控制。[1]但不论哪一种路径，其认定劳动关系的终端目标是同样的，通过制定具体判断基准的认定方法也是相同的。因此，可以理解为“从属说”与“控制说”是殊途同归。

三、劳动关系从属性的认定基准

我国对劳动关系的界定，亦遵循了大陆法系国家从对劳动者从属性判断入手的认定模式。这从有关法律规定中可见一斑。

在我国，关于是否存在劳动关系的判断，劳动和社会保障部2005年5月25日《关于确立劳动关系有关事项的通知》第1条对用人单位和劳动者符合法律、法规规定的主体资格进行了规定，即要构成劳动法所调整的劳动法律关系必须满足劳动法对于主体资格的要求。此外，还规定了劳动规章制度、劳动管理、劳动报酬、业务组成部分等实质性的判定基准。“用人单位招用劳动者未订立书面劳动合同，但同时具备下列情形的，劳动关系成立。（一）用人单位和劳动者符合法律、法规规定的主体资格；（二）用人单位依法制定的各项劳动规章制度适用于劳动者，劳动者受用人单位的劳动管理，从事用人单位安排的有报酬的劳动；（三）劳动者提供的劳动是用人单位业务的组成部分。”在此基础上，该《通知》第2条又提出了判断劳动关系存在的有关形式要件。“用人单位未与劳动者签订劳动合同，认定双方存在劳动关系时可参照下列凭证：（一）工资支付凭证或记录（职工工资发放花名册）、缴纳各项社会保险费的记录；（二）用人单位向劳动者发放的“工作证”、“服务证”等能够证明身份的证件；（三）劳动者填写的用人单位招工招聘“登记表”、“报名表”等招用记录；（四）考勤记录；（五）其他劳动者的证言等。其中，

---

① 冯彦君、张颖慧：“‘劳动关系’判定标准的反思与重构”，载《当代法学》2011年第6期。

(一)、(三)、(四) 项的有关凭证由用人单位负举证责任。"

鉴于建筑承包单位的特殊性及其劳动关系认定的复杂性，该《通知》第 4 条还规定："建筑施工、矿山企业等用人单位将工程（业务）或经营权发包给不具备用工主体资格的组织或自然人，对该组织或自然人招用的劳动者，由具备用工主体资格的发包方承担用工主体责任。"

我国在 2006 年提供给国际劳工组织的文书中提出"构成劳动关系的基本要素有从属关系、在受益人控制下工作、获得劳动报酬、提供劳动工具等"，[①]并强调"如果具备劳动关系的其中一项要素，应认定存在劳动关系"。[②]与之前的《通知》相比，吸收了欧美法学国家的控制说，提出"在受益人控制下工作"的要素，另外，将劳动工具的所有形式作为一种实质标准加以判断，这些都是值得肯定的。但"从属关系"标准与其他三项标准是种属关系，而且仅以其中一项要素的存在即判定为存在劳动关系，这是不够科学严谨的。

此外，针对发生争议较多的车辆挂靠单位与聘用司机的关系，以及勤工俭学大学生与用人单位的关系，最高人民法院行政审判庭 2007 年 12 月 3 日《关于车辆挂靠其他单位经营车辆实际所有人聘用的司机工作中伤亡能否认定为工伤问题的答复》，个人购买的车辆挂靠其他单位且以挂靠单位的名义对外经营的，其聘用的司机与挂靠单位之间形成事实劳动关系，在车辆运营中伤亡的，应当适用《劳动法》和《工伤保险条例》的有关规定认定是否构成工伤。另外，劳动部《关于贯彻执行劳动法若干问题的意见》第 12 条规定，"在

---

① 《雇佣关系》[报告五（2A）] 中文版，国际劳工组织编辑出版，2006-3-8，第 152 页。

② 《雇佣关系》[报告五（2A）] 中文版，国际劳工组织编辑出版，2006-3-8，第 162 页。

校生利用业余时间勤工俭学，不视为就业，未建立劳动关系，可以不签订劳动合同。”

上述认定劳动关系的标准，虽然具有一定意义，但还只是一个雏形，尚没有形成完整的判断体系。随着劳动关系复杂化、多元化的发展，除了上述的送奶工以外，从事保险业务人员①、导游②、职业运动员③、歌手④、浴场的按摩师⑤、寺庙的僧人⑥、企业高管⑦，等等，这些人员的劳动关系在审判实践中如何认定，成为十分棘手的问题。

① 保险业务员（吕某）基于保险代理合同，要求保险公司支付解除劳动合同双倍工资等劳动争议赔偿，2008 年北京市东城区人民法院判决认定其与保险公司之间不构成事实劳动关系，而是保险代理关系。参见：http://www.chinacourt.org/article/detail/2008/12/id/336149.shtm，访问时间：2015 年 3 月 17 日。

② 为多家旅行社带团的导游的劳动关系如何认定？2009 年北京某劳动仲裁委经审理，认定双方存在劳动关系。被告旅行社不服起诉到某区人民法院，法院判决认定双方不存在劳动关系，原告上诉，二审维持原判。

③ 篮球明星马健和上海东方篮球俱乐部之间的劳动合同纠纷案，2003 年 11 月 19 日上海市徐汇区法院作出一审判决，马健的诉讼请求均未得到法院支持。参见：http://www.china.com.cn/chinese/law/446339.htm，访问时间：2015 年 3 月 17 日。

④ 2011 年 1 月 18 日广州市白云区劳动仲裁庭二次开庭审理。青年歌手李雨寿与威扬文化公司之间签订的《创作歌手合同》是否劳动合同关系？威扬文化公司单方面撕毁合同后，否认双方存在劳动关系，并拒绝执行劳动仲裁委员会的仲裁决定。据广州白云区劳动仲裁委陈英文仲裁员介绍：“这可能是大陆首例歌手劳动争议仲裁案。”参见：http://china.findlaw.cn/laodongfa/ldgszy/zhengyianli/28441.html，访问时间：2015 年 3 月 17 日。

⑤ 上海市第一中级人民法院（2008）沪一中民一（民）终字第 5182 号，判决不构成劳动关系。

⑥ 江苏省东台市人民法院第二审判庭 2015 年 3 月 30 日审理江苏某寺庙原住持田某向该寺庙追索劳动报酬案，该案仍在进一步审理中。苏颢、周陈华：“僧人与寺庙之间是否构成劳动合同关系”，载《人民法院报》2015 年 4 月 20 日第 7 版。

⑦ 2015 年 10 月 10 日，上海二中院基本支持原审法院的意见，对上海家化与原总经理王茁的劳动合同纠纷一案作出终审判决。鉴于王茁仍坚持要求恢复劳动关系，并愿意在上海家化从事任何工作，上海二中院认为上海家化应为王茁安排合适岗位。

虽然有些地方司法机关也在积极总结判例经验[①]，但从全国整体来看，地区不平衡的问题十分明显，同案不同判的问题时有发生，不同法院、不同法官对同一案件的处理差别也很大，判断基准的分析、总结、承继也有待加强。比如下述两个案例，同出一个法院，但判断标准和分析方法有很大不同。

案例一

车主将营运车辆挂靠在运输公司，自己雇佣司机从事运输工作，司机发生交通事故，要求确认与公司存在劳动关系并支付其劳动关系存在期间的生活费，经劳动仲裁委员会仲裁后诉至法院，一审、二审法院均否认劳动关系的存在。

法院认为，司机驾驶的车辆虽然挂靠于运输公司，但该司机系受车主聘用并由车主支付报酬，司机与车主之间形成雇佣关系。司机未与运输公司签订劳动合同（而且根据车主与公司签订的挂靠合同的约定，车主所聘请、雇佣的人员不属于该运输公司职工），该司机未成为该公司成员，其驾驶工作不受公司安排和指派，不从公司受领工资。同时，司机也不能提出劳动关系存在的参照凭证，也无其他劳动者提供其劳动关系存在的证言。[②]

---

① 如上海市高级人民法院民一庭《关于审理劳动争议案件若干问题的解答》（沪高法民［2002］6号）第（八）条明确：用人单位与劳动者虽未签订书面劳动合同，但具有下列情形时，可认定双方之间形成劳动关系：（1）用人单位向劳动者支付劳动报酬；（2）劳动者付出劳动是用人单位业务的组成部分或劳动者实际接受用人单位的管理、约束；（3）用人单位向劳动者发放“工作证”或“服务证”等身份证件，或填写“登记表”、“报名表”，允许劳动者以用人单位员工名义工作或不为反对意见的。但同时也指出，不接受用人单位管理、约束、支配，以自己的技能、设施、知识承担经营风险，基本不用听从单位有关工作指令，与用人单位没有身份隶属关系的，不是用人单位的劳动者，人民法院可根据双方关系的实际状况来确定双方的法律关系。

② 重庆市第五中级人民法院（2010）渝五中法民终字第4563号。

可见，法院在判断劳动关系是否存在时，主要使用实质标准，并辅以形式标准来判断。就实质标准而言，强调通过人格从属性（不受公司安排和指派）、组织从属性（未成为公司成员）、经济从属性（报酬支付方式）来加以分析判断。就形式标准而言，强调其他证据和证人证言等。

但本案存有疑问的是，运输公司在司机发生事故后，认为司机负有重大责任，要求司机承担经济损失，否则就下岗。此后公司不再安排其工作。本来，司机受聘于车主，与公司没有直接的合同关系，公司应该直接要求与之签订挂靠合同的车主承担损失。而且既然司机没有成为其成员，如何要求其下岗？既然驾驶工作不受公司安排和指派，何谈不再安排其工作？这些都是本案值得进一步探讨的问题。

案例二

原告张某与电信公司签订《委托代理（电信）业务合同》，双方在合同中约定，张某受电信公司委托代理电信业务，工作期间，公司向其发放了工作牌和工作服。张某管理经营该公司一个片区的全部电信业务。委托合同到期后，公司不再续约，张某要求公司支付未签劳动合同的双倍工资差额。

一审、二审法院均认定双方劳动关系不予成立。法院判决认为，双方《委托代理（电信）业务合同》约定，“依据《中华人民共和国合同法》（以下简称为《合同法》）的相关规定，电信公司将部分电信业务委托给张某代理，双方由此产生的权利、义务及可能出现的争议均应按照委托代理法律关系处理，双方并不形成事实上的合资、合伙、劳动等其他法律关系”，该合同是双方真实意思表示，合法有效，对双方当事人均有约束力。并且，合同内容中并无张某受公司劳动纪律约束的规定，因此，其双方之间的关系不是劳动关系，而是委托代理关系。[1]

本案判决强调形式上的合同性质，并没有对事实上的从事业务的行为进行实质分析。有关劳动纪律的约束也是从合同内容出发加以论及，而不是从合同实际履行中依据是否存在使用从属关系加以认定。另外，对发放了工作牌和工作服的辅助标准也没有具体分析。显得说理不够充分。

而上述两个判例源于同一个法院，但后者2012年的判例显然没有前者2010年的判例分析得具体，判断的要素和标准也没有很好地借鉴前者，这是值得深思的问题。

四、借鉴国际经验，寻求判定方法和基准的统一

从国际经验可见，劳动关系的判断，需要体系性的基准。比如日本行政机关在参考了以往的诸多判例后，于1985年12月19日发表了《关于劳动基准法的“劳动者”判断基准》的研究报告，提出“人的从属性”与“经济的从属性”相复合，即以“使用从属性”为基础，并考虑“指挥监督下的劳动”的判断基准，详细罗列了五个主要判断要素：（1）对从事和依赖的工作的指示，是否有承诺的自由；（2）工作中有无指挥监督；（3）工作地点、时间有无拘束性；（4）有无劳务提供的代替性；（5）有无报酬与劳务的等价性。此外，还辅以三个补充要素：（1）有无经营者的性质，具体来说就是生产资料、机器用具的所有关系；（2）专属性的程度；（3）其他如选拔录用的过程、所得税的事前扣除、劳动保险、劳动管理规划、退休金制度等。这些基准不是孤立的、单一的，而是要进行体系的、综合的判断。可以说，该“使用从属性”判断基准的提出，也吸收了“控制说”的指挥监督的要素，这对于日本劳动关系的界定具有划时

① 重庆市第五中级人民法院（2012）渝五中法民终字第48号。

代的意义。[①]而法国以“控制论”为中心的判断基准中也兼容了“从属论”的理念，法国《劳动法典》中对劳动关系的认定标准并无明文规定，如何界定劳动关系主要是来自最高法院的司法判例。1931年7月6日，法国最高法院民庭对著名的巴杜（Bardou）案作出判决确认，雇员对雇主“法律上的从属性”是界定劳动关系的核心要素，也是劳动合同理论的根本基础。至于何谓“法律上的从属性”，E.多克斯教授分析认为：“从属关系”意味着一方对另一方的服从，在劳动关系中，就是指雇主对雇员的指挥和命令以及雇员服从这些指挥和命令的关系；“法律上的”定语，在此是指，雇主根据合同获得了指挥和命令雇员的权利，不是仅仅是事实上雇主拥有一种能力去指挥和命令雇员，而是劳动合同赋予了雇主对雇员的领导权力。[②]就本研究的范畴而言，两大法系的理论构成和路径虽然不同，但实现手段、判断方法、要素构成和实现目标是相似或相同的，因为其劳动关系的本质是一样的。这对我国借鉴国际经验，建立符合我国国情的劳动关系的判断基准极具启示。

当然，需要强调的是，对各种要素进行综合分析，这对于典型劳动关系来说是比较容易明确的，虽然这方面的争议也还存在，但在理论上和实务上并不存在突出问题。在是否为劳动关系的判断要素中，当缺乏其中某种要素的时候，特别是缺乏工作场所和工作时间的约束性和具体的业务管理指示的时候，判断是否存在“使用从属性”是十分困难的。另外，当肯定劳动关系的要素与否定劳动关

① 参见田思路、贾秀芬：《契约劳动的研究——日本的理论与实践》，法律出版社2007年版，第82—83页。

② 参见埃曼纽尔·多克斯（Emmannuel Dockè）：《劳动法》（droit du travail），达鲁兹（Dalloz）出版社2008年版，第35页；郑爱青：《法国劳动合同法概要》，光明日报出版社2010年版，第24页。

系的要素混同存在的时候，难于判断的情景也时常出现。从属性已日益成为我国劳动关系认定中的重要因素，本文开篇的送奶工劳动关系认定一案的判决，无疑在具体的从属性判断基准方面进行了有益的尝试，但从属性的内涵、外延以及包含的具体要素仍然模糊，在今后相当长一段时间内还难以形成统一并规范整个劳动关系的实际判定基准。因此，需要积极借鉴国际经验，在理论与判例研究上不断深入，在清晰与模糊之间寻求判定方法和基准的相对统一。

（撰稿人：田思路）

3. 事实劳动关系的认定

——吴济明诉重庆市涂邦家具厂确认劳动关系案

案件索引：重庆市万州区人民法院(2014)万法民初字第02309号，2014年3月27日判决；重庆市第二中级人民法院（2014）渝二中法民终字第00898号，2014年6月26日判决。

基本案情

2013年7月15日，吴济明到重庆市万州区涂邦家具厂从事木工工作，双方口头约定由吴济明加工61张木床，价格为75元/张，总金额为4575元。工作场所、生产工具以及原材料，由涂邦家具厂提供。吴济明做到2013年10月25日，将61张木床做完，期间涂邦家具厂陆续向吴济明支付了3570元，双方共同确认家具厂还欠吴济明1000元没有支付。10月26日，吴济明开始做第二批次的木床(85元/张)，直到11月16日下午受伤。涂邦家具厂终止了与吴济明之间的合同关系，吴济明遂提起劳动争议仲裁，请求确认双方之间存在劳动关系，裁决涂邦家具厂支付拖欠工资3000元，支付未签订书面劳动合同双倍工资差额11124元。仲裁裁决支持了该木工的请求，涂邦家具厂不服，遂提起诉讼。

重庆市万州区人民法院于2014年3月27日作出一审判决，认为原告涂邦家具厂与被告吴济明自2013年7月15日起建立劳动关系，判令原告支付拖欠被告的工资940.80元和未签订书面劳动合同的双倍工资差额4166.80元。原告不服，上诉至重庆市第二中级人民法院，二审维持原判。

判决与理由

在承认事实劳动关系法律效力的基础上，一审法院审查了原、被告提供的证据和陈述的真实性、合法性、关联性，认为被告在原告的厂区工作，由原告提供生产工具、原材料，按原告的要求完成工作，原告根据被告加工的木床张数支付报酬，双方的关系符合劳动关系的特征，确认原告与被告于2013年7月15日起建立劳动关系。根据《中华人民共和国劳动合同法》（以下简称《劳动合同法》）第82条，用人单位自用工之日起超过一个月不满一年未与劳动者订立书面劳动合同的，应当向劳动者每月支付二倍的工资。在二倍工资的计算基数问题上，一审法院认为，虽然被告每天来上班，但因实行计件工资，原告管理相对宽松，没有进行严格的考勤，对其工作天数不能按法定的20.83天/月认定，故无法将法定的21.75天/月作为其计薪天数。一审法院以第一批木床加工完成的时间（102天）作为计薪天数，以双方确认的4570元报酬为工资总额，对被告的日平均工资确认为44.80元（4570元÷102天）。被告提出从2013年10月26日起开始加工第二批次木床，原告否认却没有提供相应的证据。根据《中华人民共和国劳动争议调解仲裁法》（以下简称《调解仲裁法》）第6条，一审法院认为，原告应承担不利后果，对被告主张予以采信，确认被告的总工作天数为123天。据此，从2013年7

月 15 日到 2013 年 11 月 16 日，被告应得的工资为 5510.80 元，减去一个月的工资 1344 元（44.80 元 ×30），原告应支付另一倍工资 4166.80 元。

评　析

一、本案判决的意义

事实劳动关系是在我国改革开放以后，在“国家用工”体制下的固定工制度向劳动合同制度转化的过程中出现的一种劳动关系形态，即因企业改制而下岗、待业的职工，在未与原企业解除劳动关系的情况下又到其他企业工作，从而与那些企业形成了“事实上的劳动关系”。这种形态在民营经济中出现得更早。《中华人民共和国劳动法》（1995 年，以下简称《劳动法》）颁布之后，事实劳动关系日渐普遍化，作为一个被社会广为接受的概念，在劳动法学界、劳动法律法规和实务中成为研究、规制和裁决的重点问题。事实劳动关系经历了从不保护到被保护的曲折过程，确认它的存在是劳动争议案件中的主要类型。《江苏法院劳动争议审判蓝皮书（2008—2012 年）》显示，五年间江苏省法院一审受理事实劳动关系争议 18221 件，占比为 10.03%，其中确认劳动关系纠纷占了大部分。[①]同时，确认劳动关系也是处理工资工时、工伤、社保等其他类型劳动争议案件的重要基础环节。伴随着劳动力市场的多元化、弹性化、灵活化的发展趋势，非标准型的劳动用工关系越来越多，法律上进行甄别、

---

① 《江苏法院劳动争议审判蓝皮书（2008—2012 年）》，江苏法院网，参见：http://www.jsfy.gov.cn/sfwk/2013/05/02113204770.html，访问时间：2014 年 12 月 21 日。

界定的难度越来越大。本案是新近出现的一例甄别劳动关系和承揽关系的案件，劳动争议仲裁和两审法院均确认了劳动关系的存在，具有普遍的意义。

二、事实劳动关系的判断标准

本案的争议焦点在于双方当事人之间的关系是事实劳动关系还是民事承揽关系，至少需要探讨两个方面的问题：劳动关系和承揽关系的区别、事实劳动关系的判断标准。

（一）劳动关系和承揽关系的区别

由劳动法调整的劳动关系和由民法调整的承揽关系在法律性质上完全不同，根本区别在于两类关系主体地位的平等性差异。

1. 劳动关系主体地位不平等。作为基本生产要素之一，劳动力使用权一旦被用人单位购买，即与资本、土地、技术、信息等其他生产要素一样，融入到用人单位的生产过程中。用人单位有权控制并使用各类生产要素以实现其经营目标，这是市场经济的内在规律。而劳动力与劳动者之人身不可分离的特性决定了劳动者之于用人单位的从属性。这种从属性具体表现为：(1)劳动者之人身自由被限制。劳动者遵守用人单位的内部劳动规章制度，接受用人单位在工作时间、地点、方式、手段、数量、质量等方面的指令和监督，其劳动具有不可替代性。此谓人身从属性。(2)劳动者之投入限定为劳动力。在整个生产经营过程中，劳动者只投入劳动力，厂房设备、生产工具、原材料等其他生产要素以及生产条件等皆由用人单位提供。(3) 劳动者之劳动给付是用人单位组织活动的一部分。用人单位的组织活动由主营业务、兼营业务以及各类辅助性活动构成，劳动者之劳动给付融入其中，形成并维持整个组织的运行秩序。(4) 劳动报酬之获取依据限定为劳动给付。劳动报酬获取依据是过程意义上的劳动给付行为，而非结果意义上的工作成果。即使劳动者提供的劳动在数量或质量上不符合用人单位的要求，也有基本报酬请求权。例如，1994 年原劳动部发布的《工资支付暂行规定》(劳部发[1994]489 号）第 16 条规定，因劳动者本人原因给用人单位造成经济损失的，用人单位可按照劳动合同的约定要求其赔偿经济损失。经济损失的赔偿，可从劳动者本人的工资中扣除。但每月扣除的部分不得超过劳动者当月工资的 20%。若扣除后的剩余工资部分低于当地月最低工资标准，则按最低工资标准支付。(5)劳动力之使用风险由用人单位承担。在整合各类生产要素进行生产经营过程中发生的经营风险，包括劳动力要素使用风险（工伤和职业病），皆由用人单位承担。

2. 承揽关系主体地位平等。承揽契约是典型的民事契约，虽然承揽人提供的亦是劳务，但属于独立契约人，与定作人处于平等地位。这种平等性相应体现在以下方面：(1）承揽人之人身自由未受限制。在承揽契约约定的期限内，承揽人在工作的时间、地点、方式、手段等方面有完全的选择自由。根据《中华人民共和国合同法》(1999 年）第 253 条和第 254 条，承揽人可以将其承揽的辅助工作交由第三人完成；经定作人同意，承揽人也可以将其承揽的主要工作交由第三人完成。可见，承揽劳务具有可替代性。(2）承揽人之投入不限劳务。除投入劳务外，承揽人还应当自行提供设备、技术、生产工具、生产条件等，甚至可以依约提供原材料。(3）承揽人之劳务给付是其自身经营活动的一部分，以独立经营者的身份获取劳务报酬和利润。(4）劳务报酬获取依据限定为工作成果。如果承揽人到期不能交付工作成果，定作人可以不支付劳务报酬；如果承揽人交付的工作成果不符合质量要求，定作人可以要求承揽人承担修理、重作、减少报酬、赔偿损失等违约责任。(5）承揽人承担经营风险。承揽期间所发生的风险，如人身伤害、生产设备或原材料毁损、灭失等，由承揽人自行承担；定作人提供的材料以及完成的工作成果，因承揽人保管不善造成毁损、灭失的，承揽人应当承担损害赔偿责任。

综上，劳动关系和承揽关系在理论上界限清晰。但是，由于事实劳动关系的存在，这两类关系在司法实践中很容易混淆。

（二）事实劳动关系的概念与判断标准

自我国改革开放以来，理论界和实务界达成的一个共识是，欠缺书面形式的劳动关系是事实劳动关系。事实劳动关系的本质特点是双方当事人地位的不平等（从属性劳动），表现形式为口头约定（欠缺书面合同）。作为劳动关系的一种表现形式，事实劳动关系与劳动法律关系的实质认定标志相同，形式认定标志有异。因而，劳动关系之内涵和本质特征是认定事实劳动关系的基础。

1. 事实劳动关系的实质认定标志

我国劳动立法未对“劳动关系”及其主体——“用人单位”和“劳动者”的概念予以界定。《劳动法》通过限定劳动者的就业资格（年满 16 周岁）和列举用人单位的范围（中华人民共和国境内的企业、个体经济组织、国家机关、事业组织、社会团体）来构建劳动关系的主体，再通过书面契约形式的强制性规定建立劳动关系主体之间的合意。主体明确，合意清晰，《劳动法》为传统的标准劳动关系的判断提供了一个简单、明确的标准。然而，对于无书面依据进行合意判断的事实劳动关系，《劳动法》确定的标准陷入困境，只有通过界定劳动关系的内涵和本质特征才能摆脱这种困境。对此，我国目前只有学理上的探讨。从属性是劳动法立论基础，这是国际通说，目前国内学者基本都肯定了从属性是劳动关系的本质。学者们就从属性的多层面表征如人身从属、经济从属、组织从属、阶级从属等进行了深入论述并进行了不同的组合，因而在从属性的具体体现或者说认定从属性的具体指标方面，学者们尚未给出统一的客观标准。然而，各家学说共同认定了人身从属性的核心地位。

为弥补《劳动法》之空白，原劳动和社会保障部于2005年发布《关于确立劳动关系有关事项的通知》（劳社部发［2005］12号，以下简称劳社部发［2005］12号文件），从主体资格、人身从属性、业务从属性角度确立了认定事实劳动关系的三项实质标准。该《通知》第1条规定，用人单位招用劳动者未订立书面劳动合同，但同时具备下列情形的，劳动关系成立：（一）用人单位和劳动者符合法律、法规规定的主体资格；（二）用人单位依法制定的各项劳动规章制度适用于劳动者，劳动者受用人单位的劳动管理，从事用人单位安排的有报酬的劳动；（三）劳动者提供的劳动是用人单位业务的组成部分。不难看出，上述第（二）、（三）项规定，实质上就是劳动关系从属性标准的基本要求。这三项标准内容明确、操作性较强，基本上能满足典型的事实劳动关系的认定需要，故为我国司法审判实践所普遍适用。

然而，在隐蔽用工、弹性用工、非标准用工等多样化雇佣形态不断发展的现实中，裁审实践中劳动关系认定遭遇了裁判依据选择难、劳动关系从属性审查难、劳动关系建立合意认定难等重重障碍。① 事实劳动关系与承揽关系及其他劳务关系之间的边界日益模糊，劳社部发［2005］12号文件确立的三项标准在适用中捉襟见肘，因而裁判人员需要立足于劳动关系的从属性进行更细致的考虑。

2. 事实劳动关系的形式认定标志以及对举证责任的要求

劳社部发［2005］12号文件在确立认定事实劳动关系的三项实质标准的同时，还在证据意义上规定了认定劳动关系时可参照的凭证，诸如工资支付凭证或记录（职工工资发放花名册）、缴纳各项社

---

① 孟高飞：“确认劳动关系纠纷案件的审理情况及思考”，载《人民司法》2013年第23期。

会保险费的记录、工作证、服务证、招聘登记表、报名表、考勤记录、其他劳动者的证言等。至此，事实劳动关系的形式认定标志基本确立。司法实践中，有形式标志的，一般依形式标志认定；无形式标志的，或者形式标志与实质标志不一致的，依实质标志认定。

在没有任何形式标志的时候，事实劳动关系的实质性判断最为困难。最为有效的方法是一一剖析构成从属性劳动的基本因素，即，前述之从属性的五方面表现（指标）：（1）人身自由被限制；（2）投入限定为劳动力；（3）劳动给付是用人单位组织活动的一部分；（4）报酬之获取依据限定为劳动给付；（5）不承担经营风险。在相关证据提供的可能性上，用人单位处于优势，因而实行举证责任倒置为宜。《调解仲裁法》第6条规定，发生劳动争议，当事人对自己提出的主张，有责任提供证据。与争议事项有关的证据属于用人单位掌握管理的，用人单位应当提供；用人单位不提供的，应当承担不利后果。

3. 本案的判断

本案中，原告与被告之间没有书面合同和任何其他形式认定标志，只有口头协议。因此，本案只能依据实质标志进行判断，分析被告在人身自由、要素投入、业务独立性、报酬获取依据和风险承担等方面的从属性程度。

（1）被告的人身自由是否被限制。首先，在工作地点方面，被告一直在原告的场地加工木床，处于原告的控制范围内，被告也没有承揽人或外包人所享有的在自己场所工作的选择自由。原告主张被告是借用原告的场地，那么被告支付场地使用费了吗？原告没有提供相关证据。而且，被告完成加工第一批木床的任务耗时102天，根据木工行业一般的劳动生产率和劳动定额，其工作强度不比计时工资（8小时工作制）低。被告102天的报酬共4570元，平均每月工资1300余元，而2013年重庆市最低月工资标准为1050元，可见作为技术工的被告报酬标准很低，包括场地使用费的可能性很小，不具社会合理性。其次，在工作时间安排上，由于报酬按件计付，原告对被告的管理比较宽松，但这并不意味着被告可以自由安排时间。被告是为完成原告所承接的第一批61张床的订单而工作的，其工作是整个作业中的一个环节，下一个油漆环节由同厂其他工人完成。订单本身有时间限制，对被告构成一种外在的默认的时间强制。即使原告不限制上下班时间，被告也必须天天来工作。最后，原告在被告受伤后即终止了双方的契约关系，说明被告的工作任务必须亲自履行，具有不可替代性。综合以上三个方面的分析，可以合理地推定，被告的人身自由受到了原告的限制，符合劳社部发［2005］12号文件第1条第（二）项关于“劳动者受用人单位的劳动管理”的规定。

（2）被告投入是否限定为劳动力。本案中，被告在原告的主要业务上投入的是自己的体力和经验，原告不仅提供了场地，还提供了原材料和大部分工具，这是典型的劳动力和生产资料的结合，是经济从属性的表现。

（3）被告的加工活动是否是原告组织活动的一部分。加工木床是原告的主营业务，同时被告作为木工，也可能是作为独立契约人。但是，在被告之人身自由受制于原告的情形下，其提供的劳动具有了组织从属性，融入了原告组织体运行的秩序中。

（4）被告报酬获取依据是否为劳动给付。首先，原告上诉至二审法院时，主张从2013年7月15日开始履行协议，到2013年11月15日停止履行协议止，没有同被告结算劳务费，被告只是借支了部分金额作为日常开支。原告意图以劳务费结算的一次性来证明承揽关系的存在，但“日常开支”的表述恰恰说明被告在协议期内，为原告提供劳动是其主要的生活来源。原告未提供证据证明被告在原告之外有其他经营收入，说明被告专属于原告，而且被告之低标准报酬更有可能是劳动收入而非经营收入。其次，被告陆续向原告借支了 3570 元，说明在加工过程中原告支付报酬数次，这不符合承揽关系以提供工作成果为支付报酬依据的一般特点。最后，计件付酬方式并非为承揽关系所独有。有学者认为，受雇人之工资系计时工资，承揽人之报酬系计件报酬。[①]但实际上，我国劳动立法同时规定了计时工资和计件工资，故不可仅凭计件报酬形式而认定本案原告与被告之间存在承揽关系。

（5）被告是否承担经营风险。被告受伤之风险由谁承担，双方皆未举证，而根据举证责任倒置原则，原告应当承担不利后果。尤其是，被告以劳务和技术投入工作，并非替代性强的低端劳动者，结合其高强度工作任务和近于最低工资的报酬标准，如果推断其为以获取利润为目的的经营者，承担其受伤之风险，于社会法理不合。

综合以上从属性之五项判断指标，辅之以专属性程度、工作强度和报酬标准、倒置证明力等补强要素，可以认为原告与被告之间的关系具有明显的从属性，完全符合劳社部发［2005］12 号文件第 1 条的规定。本案一、二审法院确认双方之间存在事实劳动关系，判令原告支付拖欠的工资和未签订书面劳动合同的双倍工资有充分的法律依据和法理基础。

三、二倍工资的法理依据和计算基数

（一）二倍工资的法理依据

《劳动合同法》第 82 条规定，用人单位自用工之日起超过一个月不满一年未与劳动者订立书面劳动合同的，应当向劳动者每月支

① 黄越钦：《劳动法新论》，中国政法大学出版社 2003 年版，第 132 页。

付二倍的工资。二倍工资罚则的法理依据是法律的秩序价值。法律秩序以配置一定社会主体的权利和义务为基本内容，形成以“定分”为使命的实体秩序，而有关权利救济的程序规则以“止争”为使命形成程序秩序，其中包括对契约形式的规制。契约内容上的权利义务分配规则与契约形式上的证据力分配规则，于契约秩序的形成具有同样的意义。《中华人民共和国合同法》(1999年)第10条规定:“当事人订立合同，有书面形式、口头形式和其他形式。法律、行政法规规定采用书面形式的，应当采用书面形式。当事人约定采用书面形式的，应当采用书面形式。”之所以对书面形式特别强调，原因并不在于书面形式能决定民事行为的合法性，而在于书面形式在定分止争方面的证据效力，节省司法资源亦是科学立法的内在要求和立法技术成熟性的标志。在劳动法秩序中，劳动合同的书面形式在证据意义上的合理性决定了双倍工资罚则的合理性。劳动合同立法追求的是对劳动者人身权利和财产权利的双重保护，更加需要书面形式的证据力。这也是国外的通行做法。例如，在英国普通法中，雇佣合同可采取书面形式、口头形式，或者是以契据和行为的结合形式，但1996年《雇佣权利法》规定，雇主有责任向每一位雇员（有一些例外）提供反映主要雇佣条件的书面文件。[①]这份书面陈述包含的内容比我国劳动合同法定必备条款更详尽。该书面文件本身不是劳动合同，是对实际达成的口头合同具体条款的有力证明，目的在于保障雇员的权益，以书面的形式让雇员知晓其合同权利，如果有疑义，雇员可以对雇主提起诉讼。只有当事人都认可文书内容，它才可能

---

① 参见《雇佣权利法》第1—7条。相似条款于1963年被首次颁布，于1993年根据欧盟理事会指令（91/533/EEC）修改，最后在2002年《雇佣法》中予以修正。见史蒂芬·哈迪：《英国劳动法与劳资关系》，陈融译，商务印书馆2012年版，第105页。

是一份合同。[①]英国雇主必须在受雇开始后两个月内将书面文件交给雇员，逾期未履行义务的后果是英国雇员可向雇佣法庭起诉甚至向郡高院或高等法院请求违约救济。同理，我国用人单位必须在1个月内签订书面合同，逾期未履行义务的后果是劳动者可以要求支付双倍工资，1年内未签订书面合同则视同签订了不定期劳动合同。

（二）二倍工资的计算基数

《劳动合同法》及其实施条例均未解决“二倍工资”计算基数如何来确定的问题。各地法院针对“二倍工资”的计算基数，制定了不同的指导意见。如江苏省高级人民法院、江苏省劳动人事争议仲裁委员会制定的《关于审理劳动人事争议案件的指导意见（二）》（2011年）第2条规定，用人单位因未与劳动者签订书面劳动合同而应每月支付的二倍工资，按照劳动者当月的应得工资予以确定，包括计时工资或者计件工资以及加班加点工资、奖金、津贴和补贴等货币性收入；广州市中级人民法院制定的《关于审理劳动争议案件的参考意见》（2009年）第18条规定，用人单位未按法律规定签订书面劳动合同而每月支付双倍工资的，以标准工资作为计算基数；上海市高级人民法院制定的《关于劳动争议若干问题的解答》（2010年）第3条规定，关于双倍工资的计算基数的确定，劳动关系双方对月工资有约定的，双倍工资的计算基数应按照双方约定的正常工作时间月工资来确定；浙江省劳动争议仲裁委员会制定的《关于劳动争议案件处理若干问题的指导意见（试行）》（2009年）第38条规定，加付的一倍工资的计算以职工所在的岗位（职位）相对应的标准工资为基数。

① 史蒂芬·哈迪：《英国劳动法与劳资关系》，陈融译，商务印书馆2012年版，第105—108页。

上述意见中，江苏省高级人民法院、江苏省劳动人事争议仲裁委员会制定的《关于审理劳动人事争议案件的指导意见（二）》（2011年）与原劳动部关于工资的规范精神一致。《工资支付暂行规定》（劳部发［1994］489号）第3条认为，工资是指用人单位依据劳动合同的规定，以各种形式支付给劳动者的工资报酬。同年原劳动部《关于贯彻执行〈中华人民共和国劳动法〉若干问题的意见》（劳部发［1995］309号）第53条规定，劳动法中的“工资”是指用人单位依据国家有关规定或劳动合同的约定，以货币形式直接支付给本单位劳动者的劳动报酬，一般包括计时工资、计件工资、奖金、津贴和补贴、延长工作时间的工资报酬以及特殊情况下支付的工资等。可见，工资的内涵和外延在部门规章层面是明确的，并在实际上施行于我国劳动关系领域，迄今仍然有效。虽然随着社会经济的发展，我国工资形式和结构发生了很多变化，基于法治要求，双倍工资的计算基数在构成上应当与原劳动部规定原则上保持一致。在实务中，上述规定在实行计时工资的案件中操作更为方便、规范。

本案中，原告实行的是计件工资，原告没有提供劳动定额，也未提供考勤记录。鉴于被告每日上班的事实，一审法院未将法定的21.75天/月计薪日作为其计薪天数，而是根据被告从用工开始至结束之日的实际天数计算被告的日平均工资，进而确定加付工资的数额。这是我国法院处理计件工资案件的通行做法，具有一定的合理性。

（撰稿人：钱叶芳）

4. 因签约次数而产生的无固定期限合同条件

——徐某诉英提尔交运汽车零部件有限公司劳动合同纠纷案

案件索引：上海市嘉定区劳动人事争议仲裁委员会嘉劳人仲（2011）办字第2849号裁决书，2011年9月13日裁决；上海市嘉定区人民法院（2011）嘉民四（民）初字第787号民事判决；上海市第一中级人民法院（2009）沪一中民一（民）终字第2862号，2009年8月31日判决。

基本案情

2006年8月1日，徐某进英提尔交运汽车零部件有限公司（以下简称英提尔公司）担任电焊工。2008年8月1日，双方签订两年期劳动合同。2010年8月1日，双方续签期限自2010年8月1日至2011年7月31日的劳动合同。2011年7月21日，英提尔公司按徐某提供的住址以快递方式向徐某邮寄“通知书”，称“你与公司签订的壹年（自2010年8月1日至2011年7月31日止）劳动合同即将期满，现通知你，合同期满公司不再与你续签劳动合同，届时请到人事部办理离厂手续。”徐某未予签收。同年8月1日，英提尔公司向徐某邮寄了退工单及劳动手册。同年8月5日，英提尔公司委托银行支付徐某终止劳动合同经济补偿金人民币 16148.36 元。2011 年 8 月 11 日，徐某向上海市嘉定区劳动人事争议仲裁委员会申请仲裁，要求英提尔公司与其签订自 2011 年 8 月 1 日起的无固定期限劳动合同。

判决与理由

2011 年 9 月 13 日，上海市嘉定区劳动人事争议仲裁委员会嘉劳人仲（2011）办字第 2849 号裁决书作出裁决，不支持徐某的请求事项。徐某不服仲裁裁决，诉至上海市嘉定区人民法院。

徐某诉称，其于 2006 年 8 月进英提尔公司工作，双方续订的劳动合同期限至 2011 年 7 月 31 日止。2011 年 5 月初，英提尔公司向徐某发放续订劳动合同意向表，徐某同意续订劳动合同。同年 7 月 7 日起，徐某请病假。同年 8 月 4 日，英提尔公司通知徐某终止劳动合同，英提尔公司应当与徐某签订无固定期限劳动合同，不应终止合同。徐某起诉要求英提尔公司与其签订自 2011 年 8 月 1 日起的无固定期限劳动合同。

英提尔公司辩称，徐某诉讼请求没有依据，要求驳回徐某的诉讼请求。

法院经审理后认为，根据《劳动合同法》规定，连续订立两次固定期限劳动合同，且劳动者没有严重违反用人单位规章制度和因病不能另行安排工作及不能胜任工作等情形，续订劳动合同的，劳动者同意续订劳动合同，应订立无固定期限劳动合同。即用人单位同意续订劳动合同的，劳动者要求订立无固定期限劳动合同，应予订立。2011 年 7 月 21 日，双方所签劳动合同期满前，英提尔公司通知徐某合同期满，终止劳动合同，不再续订合同。此表明英提尔公司在双方劳动合同期满后，没有与徐某续订劳动合同的意向，而是决定终止劳动合同。且英提尔公司已按规定支付徐某终止劳动合同经济补偿金。故徐某要求英提尔公司与其签订自 2011 年 8 月 1 日起的无固定期限劳动合同的请求，没有事实及法律依据，法院不予支持。据此，法院依照《中华人民共和国劳动合同法》第 14 条第 2 款第（三）项、《中华人民共和国民事诉讼法》第 64 条第 1 款、《最高人民法院关于民事诉讼证据的若干规定》第 2 条之规定作出判决：驳回徐某要求英提尔公司与其签订自 2011 年 8 月 1 日起的无固定期限劳动合同的诉讼请求。

徐某不服上海市嘉定区人民法院（2011）嘉民四（民）初字第 787 号民事判决，向上海市第二中级人民法院提起上诉。上海市第二中级人民法院依法组成合议庭，公开开庭审理了此案。

徐某上诉称：英提尔公司在合同期满前向徐某发放了续订劳动合同意向表，要约续订劳动合同，徐某签字同意后于当天交还了英提尔公司，作出了续订劳动合同的承诺，承诺一经作出，要约不可以撤销，故英提尔公司应当与徐某签订无固定期限劳动合同。而且英提尔公司发放续订劳动合同意向表属要约方英提尔公司的惯例，原审法院将此举证责任分配给徐某不当。徐某并未在 2011 年 7 月 21 日收到过快递通知书，快递原件上的“拒收”被划线删除，并非徐某未予签收，而是英提尔公司未有效送达。支付经济补偿金是英提尔公司单方面的行为，不能成为终止劳动合同的理由。此外，本案双方当事人就主要事实存在巨大分歧，应适用普通程序，故原审法院适用简易程序不合法。原审法院认定事实不清，审理程序不合法，适用法律错误，要求二审法院依法撤销原审判决，改判如其一审诉讼请求。

英提尔公司辩称：原审法院认定事实清楚，适用法律正确，不同意徐某的上诉请求，请求法院予以驳回。

上海市第二中级人民法院经审理查明，原审查明事实属实，予以确认。

另查明，在原审中，英提尔公司提供了两份中通速递详情单以及改退批条，载明2011年7月21日寄发的中通速递详情单标明“劳动合同终止通知”，收件单位名称栏注明“不要了”，改退批条注明“退安亭”。同年8月1日寄发的中通速递详情单标明“（退工单、劳动手册）”，改退批条注明“退安亭”以及“客户拒收退回”。两份中通速递详情单显示收件人详址均为“平凉路A弄西B弄C号”，系徐某住所。徐某称劳动合同终止通知并未收到，也未见有快递公司送来，所以不是自己拒收；自己确实曾收到快递公司送来的退工单、劳动手册，但拒收了。

还查明，在原审中，英提尔公司提供了考勤单以证明徐某在劳动合同到期后未再去上班，徐某对此未表异议，但表示不是自己不愿去上班。

上海市第二中级人民法院认为，用人单位与劳动者协商一致，可以订立无固定期限劳动合同。用人单位与劳动者连续订立两次固定期限劳动合同，除存在法定情形以外续订劳动合同，劳动者提出或同意续订、订立劳动合同的，应当订立无固定期限劳动合同。本案双方当事人签订的劳动合同于2011年7月31日期满，徐某如欲签订无固定期限劳动合同，其前提是其向单位提出或同意续订、订立劳动合同。而当事人对自己提出的诉讼请求所依据的事实或者反驳对方诉讼请求所依据的事实有责任提供证据加以证明。没有证据或者证据不足以证明当事人的事实主张的，由负有举证责任的当事人承担不利后果。徐某主张英提尔公司在合同期满前已向徐某发放了续订劳动合同意向表，其签字同意后交还了英提尔公司，由于劳动合同法对于合同期满终止并未有单位必须提前一个月通知或单位主动征询劳动者续签劳动合同意向的强制性规定，故根据谁主张谁举证的原则，徐某对此节事实负有举证责任。但徐某未提供相应的证据予以证明，原审法院故而未采信其上述主张亦无不当。而英提尔公司为证明该公司在与徐某的劳动合同期满后不再与其签订劳动合同，提供了两份中通速递详情单以及改退批条等证据。尽管2011年7月21日的中通速递详情单以及改退批条的记录不甚规范，但同年8月1日寄发的中通速递详情单以及改退批条记录完整规范，且徐某亦承认英提尔公司曾寄发退工单、劳动手册而自己拒收。原审法院综合2011年7月21日、同年8月1日寄发的中通速递详情单以及改退批条等证据对事实作出法律认定并无不当。退一步来说，即使2011年7月21日的劳动合同终止通知并未寄送，但当快递公司向徐某投送退工单、劳动手册时，徐某也应知道英提尔公司不再与其续订劳动合同的意思以及英提尔公司已经为其办理了退工手续。而且，事实上徐某在劳动合同期满后并未再去英提尔公司上班，也表明双方的劳动合同已经期满自然终止。至于原审法院适用简易程序审理本案，也符合法律规定。综上所述，原审认定事实清楚，判决并无不当。据此，依照《中华人民共和国民事诉讼法》第153条第1款第（一）项之规定，判决如下：“驳回上诉，维持原判。二审案件受理费人民币10元，由上诉人徐某负担。本判决为终审判决。”

评　析

2007年6月29日，全国人大常委会第28次会议表决通过《劳动合同法》，它对我国1995年开始实施的《劳动法》的一些规定作了较大修改：它取消了《劳动法》第20条第2款关于用人单位应当与劳动者订立无固定期限劳动合同的规定，《劳动合同法》第14条规定："无固定期限劳动合同，是指用人单位与劳动者约定无确定终止时间的劳动合同。用人单位与劳动者协商一致，可以订立无固定期限劳动合同。有下列情形之一，劳动者提出或者同意续订、订立劳动合同的，除劳动者提出订立固定期限劳动合同外，应当订立无固定期限劳动合同：（一）劳动者在该用人单位连续工作满十年的；（二）用人单位初次实行劳动合同制度或者国有企业改制重新订立劳动合同时，劳动者在该用人单位连续工作满十年且距法定退休年龄不足十年的；（三）连续订立二次固定期限劳动合同，且劳动者没有本法第三十九条和第四十条第一项、第二项规定的情形，续订劳动合同的。用人单位自用工之日起满一年不与劳动者订立书面劳动合同的，视为用人单位与劳动者已订立无固定期限劳动合同。"

《劳动合同法实施条例》第11条规定："除劳动者与用人单位协商一致的情形外，劳动者依照劳动合同法第十四条第二款的规定，提出订立无固定期限劳动合同的，用人单位应当与其订立无固定期限劳动合同。对劳动合同的内容，双方应当按照合法、公平、平等自愿、协商一致、诚实信用的原则协商确定；对协商不一致的内容，依照劳动合同法第十八条的规定执行。"

产生无固定期限劳动合同有四种情形：第一，因用人单位与劳动者协商一致而产生的无固定期限劳动合同。第二，因工作年限而产生的无固定期限合同。第三，因签约次数而产生的无固定期限合同。第四，因事实劳动关系而产生的无固定期限合同。

本案涉及的两个问题值得讨论。一是因签约次数而产生的无固定期限合同的订立条件。二是订立无固定期限劳动合同的举证责任。

一、因签约次数而产生的无固定期限合同的订立条件

对于因工作年限而产生的无固定期限合同的订立条件，实践中争议不大。《劳动法》第 20 条第 2 款规定："劳动者在同一用人单位连续工作满十年以上，当事人双方同意续延劳动合同的，如果劳动者提出订立无固定期限的劳动合同，应当订立无固定期限的劳动合同。"即因工作年限而产生的无固定期限合同有三个条件：一是劳动者在同一用人单位连续工作满十年以上，二是当事人双方同意续延劳动合同，三是劳动者提出订立无固定期限的劳动合同。而根据《劳动合同法》第 14 条第 2 款规定，因工作年限而产生的无固定期限合同只有两个条件：一是劳动者在该用人单位连续工作满十年的。《劳动合同法实施条例》第 10 条规定："劳动者非因本人原因从原用人单位被安排到新用人单位工作的，劳动者在原用人单位的工作年限合并计算为新用人单位的工作年限。"二是劳动者提出或者同意续订、订立劳动合同的，除劳动者提出订立固定期限劳动合同外。由于取消了当事人双方同意续延劳动合同的条件，实际上劳动者可以获得要求用人单位签订无固定期限劳动合同的权利。

对于因事实劳动关系而产生的无固定期限合同，《劳动合同法》也有明确规定："用人单位自用工之日起满一年不与劳动者订立书面劳动合同的，视为用人单位与劳动者已订立无固定期限劳动合同。"《劳动合同法实施条例》第 7 条规定："用人单位自用工之日起满一年未与劳动者订立书面劳动合同的，自用工之日起满一个月的次日至满一年的前一日应当依照劳动合同法第八十二条的规定向劳动者每月支付两倍的工资，并视为自用工之日起满一年的当日已经与劳动者订立无固定期限劳动合同，应当立即与劳动者补订书面劳动合同。"《劳动合同法实施条例》第 82 条第 2 款规定："用人单位违反本法规定不与劳动者订立无固定期限劳动合同的，自应当订立无固

定期限劳动合同之日起向劳动者每月支付二倍的工资。”可见因事实劳动关系而产生的无固定期限合同实际上和因工作年限而产生的无固定期限合同一样，都不以双方同意续签为前提，对于用人单位来说具有强制性。

但是对于因签约次数而产生的无固定期限合同条件，实践中一直有两种截然不同的理解，并且在各地的执行口径上有不同的表述。争议焦点在于：在连续签订两次固定期限劳动合同后，是只要劳动者提出或同意签订无固定期限合同，用人单位就必须签订无固定期限合同，还是必须在双方都同意续订的前提下，劳动者提出签订无固定期限合同，用人单位才必须签订无固定期限合同。

第一种观点认为，连续订立两次固定期限劳动合同后，无固定期限劳动合同的订立条件应当是只要是劳动者不主动提出订立固定期限劳动合同，且劳动者没有该法第39条和第40条第（一）项、第（二）项规定的情形时，劳动者就有权要求与用人单位订立无固定期限劳动合同，且用人单位必须签约不能拒绝。如果在两次固定期限合同后，仍然需要在双方都同意的前提下续订，无疑于使用人单位掌握缔约的主动权，不同意订立无固定期限劳动合同，从而使该条款形同虚设。而《劳动合同法实施条例》第14条第2款规定的应当订立无固定期限劳动合同的条件是“劳动者提出或者同意续订、订立劳动合同的”。也就是说，“劳动者提出订立合同的”或者“劳动者接受用人单位订立要约的”这二者满足其一即可满足应当订立无固定期限劳动合同的条件。

2013年5月1日起施行的《江苏省劳动合同条例》第18条规定：“在《中华人民共和国劳动合同法》实施后，用人单位与劳动者连续订立了二次固定期限劳动合同，且劳动者没有《中华人民共和国劳动合同法》第三十九条和第四十条第一项、第二项规定情形的，用人单位应当在第二次劳动合同期满三十日前，书面告知劳动者可以订立无固定期限劳动合同。劳动者在用人单位连续工作满十年的，用人单位应当在劳动合同期满三十日前，书面告知劳动者可以订立无固定期限劳动合同。”

浙江省高级人民法院民事审判第一庭、浙江省劳动人事争议仲裁院《关于审理劳动争议案件若干问题的解答（二）》规定：“五、用人单位与劳动者连续订立二次固定期限劳动合同，第二次劳动合同到期后，劳动者要求订立无固定期限劳动合同的，应否支持？答：用人单位与劳动者已连续订立二次固定期限劳动合同，第二次固定期限劳动合同期满后，劳动者根据《劳动合同法》第十四条第二款第三项的规定提出续订劳动合同并要求订立无固定期限劳动合同的，应予支持。对劳动合同的内容，双方应当按照合法、公平、平等自愿、协商一致、诚实信用的原则协商确定；对协商不一致的内容，依照《劳动合同法》第十八条的规定执行。”

第二种观点则认为，订立劳动合同应遵循平等自愿的原则，只有在双方都同意续订的前提下，才存在签固定期还是无固定期合同的问题。如果在两次固定期限合同后，只要劳动者提出签无固定期限合同，用人单位就必须同意，实际上这就意味着，剥夺了用人单位的自主用工权，造成劳动关系的僵化。而双方签订的第二次合同，形式上是固定期限合同，实际上就已经是无固定期限劳动合同了。

有学者认为，如何理解因签约次数而产生的无固定期限合同条件，结合《劳动合同法》的相关规定，应分为四个步骤来理解。第一步，劳动者连续订立两次固定期限劳动合同；第二步，确定劳动者没有出现《劳动合同法》第 39 条、第 40 条第（一）项、第（二）项情形；第三步，双方对续订劳动合同达成一致；第四步，劳动者提出或同意续订劳动合同。劳动者只需“提出或者同意续订劳动合同的”

即可产生无固定期限劳动合同，用人单位就应当续订无固定期限劳动合同，具有强制性。[①]上海市高级人民法院关于适用《劳动合同法》若干问题的意见（沪高法［2009］73号）规定："用人单位与劳动者连续订立几次固定期限劳动合同以后，续订合同应当订立无固定期限合同？《劳动合同法》第十四条第二款第（三）项的规定，应当是指劳动者已经与用人单位连续订立二次固定期限劳动合同后，与劳动者第三次续订合同时，劳动者提出签订无固定期限劳动合同的情形。"本文倾向于第二种理解。

首先，从立法原则来看，《劳动合同法》第3条明确规定："订立劳动合同，应当遵循合法、公平、平等自愿、协商一致、诚实信用的原则。依法订立的劳动合同具有约束力，用人单位与劳动者应当履行劳动合同约定的义务。"

正如《劳动合同法》公布施行后，国务院法制办原主任曹康泰在国新办新闻发布会上强调，无固定期限劳动合同不是"铁饭碗"、"终身制"。人力资源和社会保障部部长尹蔚民认为，无固定期限劳动合同是一种市场化的用工机制。劳动者有权选择他所要工作的单位，用人单位也有权利选择劳动者，并没有僵化企业的用工机制，而且在世界各国也是一种普遍的做法。而第二种理解更加符合立法本意。

其次，从相关定义来看，《劳动合同法》第12条规定："劳动合同分为固定期限劳动合同、无固定期限劳动合同和以完成一定工作任务为期限的劳动合同。"第13条规定："固定期限劳动合同，是指用人单位与劳动者约定合同终止时间的劳动合同。用人单位与劳动者协商一致，可以订立固定期限劳动合同。"第14条规定："无固定期限劳动合同，是指用人单位与劳动者约定无确定终止时间的劳动

---

① 董保华：《劳动合同法的争鸣与思考》，上海人民出版社2011年版，第108页。

合同。”固定期限劳动合同与无固定期限劳动合同的最大区别在于能否到期终止，如果固定期限劳动合同到期不能终止，显然与《劳动合同法》对于固定期限劳动合同的定义不符。

第三，从立法条文来看，《劳动合同法》的草案三次审议稿对该项内容的表述为："连续订立两次固定期限劳动合同后，劳动者提出或者同意续订劳动合同的，应当订立无固定期限劳动合同。”人大法律委员会关于《中华人民共和国劳动合同法（草案三次审议稿）》审议结果的报告对此指出：无固定期限劳动合同只是“无确定终止时间”的劳动合同，并不是终身制的“铁饭碗”，只要出现解除劳动合同的法定情形，同样可以解除。劳动者在两次签订固定期限劳动合同期间遵纪守法，能够完成工作任务，用人单位与其订立无固定期限劳动合同是合理的。据此，法律委员会建议将这一项条件修改为两项："连续订立二次固定期限劳动合同且劳动者没有本法第三十九条规定的情形续订劳动合同的”，应当订立无固定期限劳动合同。从立法的报告中不难看出，在草案三中，立法者的原意是劳动者具有签约与否的主动权，只要在连续订立两次固定期限劳动合同后，劳动者提出或者同意续订劳动合同的，用人单位就应当订立无固定期限劳动合同。但是正式颁行的《劳动合同法》显然作了重要修正。根据《劳动合同法》的草案三次审议稿，因签约次数而产生的无固定期限合同条件为两项：一是连续订立二次固定期限劳动合同后，二是劳动者提出或者同意续订劳动合同的。根据法律委员会建议，因签约次数而产生的无固定期限合同条件为：一是连续订立二次固定期限劳动合同，二是劳动者没有本法第三十九条规定的情形，三是劳动者提出或者同意续订劳动合同的。

然而根据《劳动合同法》公布稿，因签约次数而产生的无固定期限劳动合同条件为四项：一是连续订立二次固定期限劳动合同，二是劳动者没有本法第三十九条和第四十条第（一）项、第（二）项规定的情形，三是续订劳动合同的，四是劳动者提出或者同意续订、订立劳动合同的，除劳动者提出订立固定期限劳动合同外。《劳动合同法》的这一立法变化我们不能视而不见。相比之下，第二种理解显然比较合理。

从实践效果来看，这七八年来，在上海等地，第二种理解已经被用人单位和劳动者所广泛接受，在很大程度上维护了劳动关系的和谐稳定。即以本案的当事人来说，争议的焦点也是在订立无固定期限劳动合同的举证责任上，而对于订立无固定期限劳动合同的法定条件的理解并无异议。

当然，实践中还有一种理解也有偏差，就是对于“《劳动合同法》第十四条第二款第（三）项的规定，应当是指劳动者已经与用人单位连续订立二次固定期限劳动合同后，与劳动者第三次续订合同时，劳动者提出签订无固定期限劳动合同的情形”中的“第三次”理解为仅仅适用于第三次，而不适用于第四次及以后几次。本文认为这种理解没有依据，这里的第三次和第四次、第五次或以后几次因签约次数而产生的无固定期限合同条件应该是一样的。

本案属于因签约次数而产生的无固定期限合同争议案。英提尔公司在双方劳动合同期满后，没有与徐某续订劳动合同的意向，而是决定终止劳动合同，且英提尔公司已按规定支付了徐某终止劳动合同经济补偿金。故徐某要求英提尔公司与其签订自 2011 年 8 月 1 日起的无固定期限劳动合同的请求，没有事实及法律依据，所以法院不予支持。

二、订立无固定期限劳动合同的举证责任

《劳动合同法》第 14 条规定 ：“用人单位与劳动者协商一致，可以订立无固定期限劳动合同。有下列情形之一，劳动者提出或者同

意续订、订立劳动合同的，除劳动者提出订立固定期限劳动合同外，应当订立无固定期限劳动合同：（一）劳动者在该用人单位连续工作满十年的；（二）用人单位初次实行劳动合同制度或者国有企业改制重新订立劳动合同时，劳动者在该用人单位连续工作满十年且距法定退休年龄不足十年的；（三）连续订立二次固定期限劳动合同，且劳动者没有本法第三十九条和第四十条第一项、第二项规定的情形，续订劳动合同的。”

无论是因工作年限而产生的无固定期限合同，还是因签约次数而产生的无固定期限合同，都有一个前提，即“劳动者提出或者同意续订、订立劳动合同的”，换言之，如果劳动者沉默（包括双方均沉默），没有提出或表达相关意愿的，即不满足前提之一的，则用人单位没有签订无固定期限劳动合同的法定义务。那么对此谁负有举证责任呢？

实践中第一种意见认为，用人单位应对“曾提出或者同意续订、订立劳动合同”负有举证责任。因为如果要求劳动者承担有关“向用人单位提出过要求签订无固定期限劳动合同”的证明责任，这对劳动者来说，要在争议发生的事后，提供出可查证的证据往往是十分困难的，而且即便劳动者明明提出过，用人单位也可以否认，而普通的劳动者显然不具备相应的专业素养。

《江苏省劳动合同条例》第18条规定：“劳动者在用人单位连续工作满十年的，用人单位应当在劳动合同期满三十日前，书面告知劳动者可以订立无固定期限劳动合同。”第19条规定：“劳动合同期满前，符合订立无固定期限劳动合同条件的劳动者未书面提出订立固定期限劳动合同，也未书面提出终止劳动合同，劳动合同期满后继续在用人单位工作的，视为劳动者同意与用人单位订立无固定期限劳动合同。”

第二种意见认为，如果要求用人单位承担所有的举证责任，由于“不能自证其无”，显然用人单位无法完成其有关“劳动者在原劳动合同期满前均未表示出要求续订劳动合同的意思”的证明责任。而过分强化用人单位的举证义务又将使用人单位承担很高的法律风险，从而使少数不诚信的劳动者获得不当利益。

深圳市中级人民法院《关于审理劳动争议案件若干问题的指导意见（试行）》规定：“当事人主张订立无固定期限劳动合同的，应就订立无固定期限劳动合同条件成立举证。”上海市劳动人事争议仲裁院周国良院长认为：“在无固定期限劳动合同签订争议中，合理的举证责任应当分配如下：劳动者应当就订立无固定期限劳动合同条件成立负举证责任；用人单位应当就属于订立无固定期限劳动合同例外情形成立负举证责任。然而在具体案件处理中，仲裁庭应当考虑劳动争议案件的特殊性，运用公平原则和诚实信用原则，以及自由心证进行案件处理。”①

本文认为，关于无固定期限劳动合同签订争议中的举证责任，可以根据情况适当分配如下：对于因工作年限而产生的是否应当订立无固定期限合同的争议，可以偏重于用人单位就属于订立无固定期限劳动合同例外情形成立负举证责任。但对于因签约次数而产生的是否应当订立无固定期限合同的争议，可以偏重于劳动者就订立无固定期限劳动合同条件成立负举证责任。

对于因工作年限而产生的是否应当订立无固定期限合同的争议，劳动者在用人单位连续工作满十年的情形下，是否应当订立无固定期限劳动合同，根据《劳动合同法》的规定，只要劳动者决定续延

① 周国良：“订立无固定期限劳动合同的举证责任简析”，载《上海人力资源社会保障》2010年第8期。

劳动合同的，用人单位就必须同意。《劳动合同法实施条例》第11条仍然明确："除劳动者与用人单位协商一致的情形外，劳动者依照劳动合同法第十四条第二款的规定，提出订立无固定期限劳动合同的，用人单位应当与其订立无固定期限劳动合同。"即工作满十年的情形下，劳动者具有决定劳动合同是否续订，以及在决定续订劳动合同时，可以单方面决定订立无固定期限劳动合同的法定权利。在签订的实体上劳动者有这种权利，在签订的程序上即使劳动者由于种种原因没有及时提出订立无固定期限劳动合同，要求作为管理者的用人单位给予一定的提示，也无可厚非。建议规定用人单位在前一个固定期限劳动合同期满前，有对劳动者可以提出或同意签订无固定期限劳动合同进行释明的义务，并履行诚实磋商的义务。而对于因签约次数而产生的是否应当订立无固定期限合同的争议，因为必须有双方同意续签为前提，如果用人单位没有续签的愿望，则劳动者仍然不能签订无固定期限劳动合同。所以劳动者主张具备订立无固定期限劳动合同条件的，按照"谁主张，谁举证"的原则，当事人对自己提出的诉讼请求所依据的事实或者反驳对方诉讼请求所依据的事实有责任提供证据加以证明。没有证据或者证据不足以证明当事人的事实主张的，由负有举证责任的当事人承担不利后果。当然在劳动争议处理的过程中，还应注意各种证据的综合判断。

本案中，徐某主张英提尔公司在合同期满前向其发放了续订劳动合同意向表，要约续订劳动合同，徐某签字同意后于当天交还了英提尔公司，故英提尔公司应当与徐某签订无固定期限劳动合同。但由于是因签约次数而产生的是否应当订立无固定期限合同的争议，徐某应对以上事实承担举证责任，法院将此举证责任分配给徐某并无不当。徐某不能对其主张举证，应当承担不利的后果。

另外二审中，徐某称自己确实曾收到快递公司送来的退工单、劳动手册，但拒收了。而当快递公司向徐某投送退工单、劳动手册时，徐某也应知道英提尔公司不再与其续订劳动合同的意思以及英提尔公司已经为其办理了退工手续。在原审中，英提尔公司提供了考勤单以证明徐某在劳动合同到期后未再去上班，徐某对此未表异议，但表示不是自己不愿去上班。但是事实上徐某在劳动合同期满后并未再去英提尔公司上班，也表明双方的劳动合同已经期满自然终止。综合以上证据，法院判决并无不当。

（撰稿人：周斌）

5. 劳动合同的缔约过失责任

——张红萍诉雅当贸易（上海）有限公司劳动合同纠纷案

案件索引：上海市长宁区人民法院（2009）长民一（民）初字第924号，2009年4月22日判决。

基本案情

2008年10月初，原告张红萍前往雅当贸易（上海）有限公司（以下简称雅当贸易公司）应聘面试。同月16日，张红萍收到雅当贸易公司的法定代表人马洛杰发送的电子邮件。该电子邮件的内容为："在我们会谈之后，我从你的话中知道，你需要一个更具挑战性的工作。在我读了你的简历后，我明白，似乎你在一家令你不高兴的公司工作了很久，因此我给予这个建议：你从11月8日开始在我公司工作。你必须承诺你将会加盟我公司。一旦我锁定这个情况，我不会继续寻找更多的人。所以，你必须守信。你第一个月的工资为人民币10000元。如果我们发现你适合工作，我们将从第二个月起把你的工资增加到人民币12000元。至于社保福利，我们将从第二个月开始。我给你安排的工作是在NBD部，为我们的新系列开发新产品，并研究新布料概念。你从早到晚的工作是联络我给你的工厂以及与你的老工厂合作，为我公司开发新产品系列。目的是增强我们不太强的产品，这样，你就得到了你所需要的有挑战性的工作。请确认你可以做。一旦你回答这个问题，我还需要你告诉我你能为我们的新业务开发哪些类别的产品。请一项一项回答。请确认你的接受。”当日，张红萍以电子邮件形式向马洛杰予以了回复：“谢谢你的聘用。在过去，我换过几个工作。不同的公司有不同的优势，因此我可以获得丰富的经验。但是，现在我想稳定下来。我将努力工作并为公司发展作出贡献。我保证我将从11月8日开始在你公司工作，第一个月工资为人民币10000元，第二个月工资为人民币12000元。我喜欢在NBD部工作，它是吸引人和有挑战性的。以下是我可以帮助开发的新业务：……”2008年11月5日，雅当贸易公司注册成立。当月8日，张红萍如期至公司原址履职，但雅当贸易公司已经搬迁。随后，张红萍发送电子邮件向雅当贸易公司询问公司新的地址。2008年11月10日，雅当贸易公司的人员向张红萍发送电子邮件称，双方存在误会，张红萍在公司的职位并未得到确认。马洛杰只是向张红萍发出提议，并要求张红萍回答被询问的问题，在此基础上，公司将安排一次会议详细讨论张红萍的工作职责。该电子邮件明确无法向张红萍提供聘用信。同时提议，如果张红萍在别处得到了职位，请不要犹豫予以接受。在次日张红萍向雅当贸易公司发送的电子邮件中，张红萍表明其已经承诺在雅当贸易公司工作，没有在其他公司申请职位，愿意为雅当贸易公司的发展努力工作。

此后，张红萍为聘用事项与雅当贸易公司交涉未果，于2008年12月14日向上海市长宁区劳动争议仲裁委员会申请仲裁。要求雅当贸易公司以一个月工资的标准支付解除劳动关系经济补偿金12000元及赔偿经济损失11000元。仲裁委员会未能在规定期限内裁决，张红萍于2009年2月17日向上海市长宁区人民法院起诉。

原告张红萍诉称：雅当贸易公司于2008年10月16日通知原告

于同年11月8日到公司工作，每月工资为人民币12000元，并要求原告回信确认。原告当日回复，确认接受雅当贸易公司的聘用条件，至此双方形成劳动合同关系。但原告按照雅当贸易公司确定的时间去公司工作时，雅当贸易公司却无故取消对原告的录用。而原告是放弃了其他公司以每月11000元薪金的聘用，选择至雅当贸易公司工作。雅当贸易公司应当对其行为给原告利益造成的损害承担责任。故要求被告雅当贸易公司以一个月工资的标准向原告支付解除劳动关系经济补偿金12000元；向原告赔偿经济损失11000元；翻译资料费用90元和查询工商登记费用40元由雅当贸易公司负担。

原告张红萍为证明其诉讼请求所依据的事实，向法院提供如下证据材料：1. 上海市长宁区劳动争议仲裁委员会出具的证明。证明原告已就诉请事项向仲裁委员会申请仲裁，符合起诉条件。2. 原告与雅当贸易公司的负责人协商聘用事项的电子邮件。证明原告与雅当贸易公司就聘用事项达成一致意见，双方形成劳动合同关系。3. 上海正奇建筑设计工程有限公司（以下简称正奇公司）的录用通知书及企业法人营业执照。证明雅当贸易公司录用原告后又无故取消录用，致使原告丧失了被正奇公司以11000元薪金录用的机会，遭受经济损失。

被告雅当贸易公司辩称：对于聘用事项，公司与原告只是处于协商沟通过程中，尚未最终确定聘用原告。原告也从未在公司上班，双方并未形成劳动关系，原告要求被告支付解除劳动关系经济补偿金的诉讼请求，无法律依据，请求法院予以驳回。在双方协商过程中，公司无法预见原告声称的就业机会，对于原告所称的损失并非公司所致，公司不应就此承担赔偿责任。

被告雅当贸易公司向法院提供了电子邮件，证明雅当贸易公司并未最终确定聘用原告。

双方当事人提供的证据材料均在庭审中进行了质证。

判决与理由

上海市长宁区人民法院认为：《中华人民共和国劳动合同法》第3条规定：订立劳动合同，应当遵循合法、公平、平等自愿、协商一致、诚实信用的原则。本案双方当事人通过电子邮件以要约、承诺的方式确定了聘用事项，对于雅当贸易公司作出的聘用意思表示，张红萍予以接受，并停止了寻求其他职业，嗣后雅当贸易公司予以反悔，导致张红萍丧失了被其他单位录用的机会，造成一定经济损失，雅当贸易公司应当对其行为承担相应责任。张红萍要求雅当贸易公司赔偿的诉讼请求，本院酌情予以支持。

由于张红萍未在雅当贸易公司实际工作，双方劳动关系尚未建立，张红萍要求雅当贸易公司支付解除劳动关系经济补偿金的诉讼请求，缺乏法律依据，本院不予支持。翻译资料费用和查询工商登记费用，系诉讼成本，张红萍要求由雅当贸易公司负担上述费用，无法律依据，本院不予支持。

据此，上海市长宁区人民法院依照《中华人民共和国劳动合同法》第3条第1款和《中华人民共和国劳动法》第78条之规定，判决被告雅当贸易（上海）有限公司向原告张红萍赔偿经济损失人民币7300元；驳回原告张红萍其余诉讼请求。

评　析

本案的争议焦点是雅当贸易公司取消录用张红萍是否应当承担

缔约过失责任。

一、缔约过失责任概述

缔约过失责任是指在合同订立过程中，一方因违反诚实信用原则所产生的义务，造成另一方的信赖利益损失，所应承担的损害赔偿责任。它克服了传统合同制度的不足，使得法律对合同当事人行为的调整延伸到了合同订立阶段，为当事人的信赖利益提供了必要的保护。缔约过失责任是诚实信用原则在合同订立阶段的体现。缔约过失责任可分为两类：一是合同不成立的缔约过失责任；二是合同无效或被撤销的缔约过失责任。

缔约过失责任是区别于违约责任和侵权责任的一种独立的法律责任。缔约过失责任与违约责任的主要区别在于前者产生于合同订立阶段，且以合同未成立或虽成立但未生效为前提；而后者则产生于合同履行阶段，以合同成立并有效为前提。前者违反的是先合同义务，这类义务实质上是法定义务，当事人无须约定也不得通过约定改变义务的内容；而后者违反的是合同义务，这类义务实质上是约定义务。前者是对当事人信赖利益损失的救济，而后者是对合同期待利益的救济。

缔约过失责任与侵权责任都违反法定义务，但二者也有明显的区别。缔约过失责任发生在当事人为订立合同开始磋商的过程中，当事人之间存在特殊的信赖关系。侵权责任存在于一切社会交往中，它的发生不需要当事人之间存在任何关系。缔约过失责任违反的是依据诚实信用原则产生的先合同义务。侵权责任违反的则是不得侵犯他人人身和财产权利的一般义务。由于当事人在订立合同时，已经由普通的社会交往关系进入了特殊的信赖关系，法律上要求当事人应当有特殊的注意，因此，在适用缔约过失责任领域，当事人的注意义务程度要比侵权责任领域内的注意义务程度高。缔约过失责任适用过错责任，而侵权责任则有过错责任、无过错责任、公平责任等多种归责原则。

我国的缔约过失责任制度主要规定于《合同法》第42条："当事人在订立合同过程中有下列情形之一，给对方造成损失的，应当承担损害赔偿责任：（一）假借订立合同，恶意进行磋商；（二）故意隐瞒与订立合同有关的重要事实或者提供虚假情况；（三）有其他违背诚实信用原则的行为。"那么，哪些属于"其他违背诚实信用原则的行为"呢？一般认为，当事人在合同订立过程中负有如实告知、通知、保密、协助、照顾、保护等先合同义务，违反上述义务的行为均属于违反诚实信用原则的行为。《合同法》第43条即对当事人在缔约过程中的保密义务做了单独规定。[①]此外，《合同法》关于无效合同[②]、可撤销合同的规定[③]，以及对合同无效或者被撤销的法律责任的规定[④]，都被认为属于缔约过失责任的法律规定。

二、劳动合同缔约过失责任的内涵与构成要件

在缔约过失责任制度方面，劳动合同与一般民事合同具有一定的共性。劳动合同缔约过失责任是指在劳动合同订立过程中，一方因违反诚实信用原则所产生的先合同义务以及其他法定先合同义务，造成相对方的信赖利益损失，所应承担的损害赔偿责任。

劳动合同缔约过失责任制度在我国劳动立法中从无到有、不断完善。《劳动合同法》第3条第1款规定，"订立劳动合同，应当遵循合法、公平、平等自愿、协商一致、诚实信用的原则。"这是我

① 《合同法》第43条规定，当事人在订立合同过程中知悉的商业秘密，无论合同是否成立，不得泄露或者不正当地使用。泄露或者不正当地使用该商业秘密给对方造成损失的，应当承担损害赔偿责任。

② 参见《合同法》第52条。

③ 参见《合同法》第54条。

④ 参见《合同法》第58条。

国劳动立法中首次引入诚实信用原则，并且强调了其在劳动合同订立阶段与合法、公平、平等自愿、协商一致等基本原则具有同等重要的地位，这一规定构成了劳动合同缔约过失责任制度的基本法律渊源。

劳动合同缔约过失责任的构成要件包括以下五个方面：一是发生在劳动合同订立过程中，即劳动合同尚未成立，或者虽然成立因不符合法定的生效要件被确认为无效时。二是缔约一方违反订立劳动合同的先合同义务，其中既包括依据诚实信用原则而产生的先合同义务，也包括依据倾斜保护原则所设定的先合同义务，以及其他一些法定义务。三是缔约一方有过错。缔约过失责任的归责原则是过错责任。过错是当事人的一种主观心理状态，包括故意和过失。缔约一方有过错是其法律行为具有可谴责性且应当承担法律责任的基础。四是缔约一方的过错造成相对人信赖利益的损失。信赖利益既不是当事人的固有利益，也不是劳动合同的履行利益。信赖利益的损失，是指一方因信赖合同的成立和有效而期望的，但由于合同的不成立或无效而使其蒙受的利益损失。信赖利益的损失包括因他方的缔约过失行为而致其遭受的直接财产利益的损失，如各种费用的支出，应增加财产利益的未增加，因信赖合同成立或有效而丧失的应得机会等。这种信赖利益必须是在可以预见的范围内，基于合理的信赖而产生的利益才受到法律保护。五是过错行为与损害之间有因果关系。即信赖利益的损失是违反缔约阶段的先合同义务造成的。对于因果关系的要求是确定一般民事责任的原则，劳动合同缔约过失责任的因果关系也应适用民法关于一般因果关系的认定。

三、劳动合同缔约过失责任的特点

与一般民事合同相比，劳动合同缔约过失责任有其自身的特点，主要表现在以下几个方面：

（一）劳动合同订立过程的特殊性

劳动合同的订立程序与一般民事合同不同。一般民事合同的订立程序分为要约和承诺两个阶段，先合同义务始于要约生效，终于合同生效，而缔约过失责任即针对这一特定阶段。

劳动合同作为一种特殊类型的合同，在订立程序上除具有合同的一般程序外，又有自己的特征。用人单位在正式提出“要约”之前，有一个被称之为“招收录用”的程序。这一程序可以细分为：公布招工简章（发布招聘广告）、自愿报名、全面考核、择优确定签约对象。实际上是一个“确定受约人”的程序。这是要约、承诺的一个前置程序。这样，劳动合同的订立可以分为两个阶段：第一阶段，确定“受约人”的程序。第二阶段，用人单位作为“要约人”向特定的“受约人”提出具体的订约提议，并通过协商签订劳动合同。[①]通常在第一阶段，用人单位与不特定的求职者之间只是一般性的社会接触，并不形成信赖关系，彼此之间无须承担缔约过失责任，而一旦用人单位通过发出录用通知，将特定的求职者确定为劳动合同的受约人，劳动者则有理由对用人单位产生信赖关系；用人单位一旦得到求职者接受录用通知的回复，便对劳动者形成信赖关系。因此，一般情况下，用人单位承担缔约过失责任的起点是用人单位向特定的求职者发出录用通知，并且通知到达该求职者。在特定情况下，如用人单位招工简章（招聘启事）中的内容存在欺诈或重大失误，造成特定求职者（劳动者）信赖利益损失的，用人单位也应当承担缔约过失责任。

劳动合同先合同义务的终点是双方建立劳动关系时，即用人单位对劳动者实际用工之日。从合同的角度来理解，双方建立的劳动关系实质上是劳动合同关系，从形式上看，可能是书面的，也可能

① 参见董保华：《劳动法论》，世界知识出版社 1999 年版，第 56 页。

是口头甚至是默示的劳动合同。《劳动合同法》规定“建立劳动关系应当订立书面劳动合同”，该法所称的“劳动合同”也仅指书面劳动合同。立法设计的目标模式是用人单位建立劳动关系的同时签订书面劳动合同，但是实践中常常出现二者不同步的现象：一是用工之日并未签订书面劳动合同，这种情况下劳动关系已经建立，口头或是默示的劳动合同已经成立；另一种情况是双方签订了书面劳动合同但是尚未开始用工。尽管《劳动合同法》规定劳动合同“经用人单位与劳动者在劳动合同文本上签字或者盖章生效”，但其实这时的书面劳动合同只是成立并未生效。只有在合同内容系双方真实意思表示、不违反法律法规的强制性规定，且用人单位对劳动者实际用工时书面劳动合同才能生效，这是由劳动合同的实践性特点所决定的。

（二）劳动合同先合同义务的特殊性

与一般民事合同相比，劳动合同的先合同义务具有广泛性和多样性，除了依据诚实信用原则所产生的先合同义务以外，还有许多依据倾斜保护原则而设定的先合同义务。

依据诚实信用原则所形成的先合同义务，建立在双方主体平等的基础上，具有对等的特点，且多体现为积极义务。例如如实告知义务，无论是用人单位还是劳动者都负有此项义务。[①]

依据倾斜保护原则而设定的先合同义务，建立在双方主体不平等的基础上，具有不对等的特点（只对用人单位一方课以此类义务），且多体现为消极义务。这类先合同义务的设定是为了防止用人单位滥用自身的强势地位，侵害劳动者的合法权益，确保双方的平等地

---

① 《劳动合同法》第 8 条规定，用人单位招用劳动者时，应当如实告知劳动者工作内容、工作条件、工作地点、职业危害、安全生产状况、劳动报酬，以及劳动者要求了解的其他情况；用人单位有权了解劳动者与劳动合同直接相关的基本情况，劳动者应当如实说明。

位得以实现。具体表现为以下三类禁止性法律规范。第一类，保障劳动者财产权：不得要求劳动者提供担保或者以其他名义向劳动者收取财物[①]；不得以招用人员为名牟取不正当利益或进行其他违法活动[②]。第二类，保障劳动者人身权：不得扣押劳动者的居民身份证和其他证件[③]；除国家法律、行政法规和国务院卫生行政部门规定禁止乙肝病原携带者从事的工作外，不得强行将乙肝病毒血清学指标作为体检标准检查[④]；禁止招用童工；禁止招用女职工和未成年工从事国家规定的禁忌劳动等。第三类，保障劳动者平等就业权：禁止基于性别、民族、宗教信仰、残疾、传染病病原携带者、农村劳动者进城就业等原因[⑤]的就业歧视。

无论违反上述哪种先合同义务，只有对缔约一方造成信赖利益损失的情况下，才能要求另一方承担缔约过失责任。

（三）劳动合同的缔约过失责任承担方式的特殊性

一般民事合同缔约过失责任的基本承担方式是损害赔偿，即由过错方赔偿其给相对方造成的信赖利益损失。在缔约过失行为造成合同无效或可撤销的情况下，缔约过失责任的承担方式除损害赔偿外，还有返还财产、折价补偿[⑥]。当事人恶意串通，损害国家、集体或者第三人利益的，发生追缴财产的法律后果。[⑦]

---

① 参见《劳动合同法》第 9 条。

② 参见《就业服务与就业管理规定》第 14 条。

③ 参见《劳动合同法》第 9 条。

④ 参见《就业服务与就业管理规定》第 19 条。

⑤ 参见《就业促进法》第 27 条至第 31 条。

⑥《合同法》第 85 条规定，合同无效或者被撤销后，因该合同取得的财产，应当予以返还；不能返还或者没有必要返还的，应当折价补偿。有过错的一方应当赔偿对方因此所受到的损失，双方都有过错的，应当各自承担相应的责任。

⑦ 参见《合同法》第 59 条。

劳动合同缔约过失责任的基本承担方式也是损害赔偿。但是在劳动合同无效时的处理方式与一般民事合同存在重大区别。缔约过失责任欲实现的法律效果是使善意缔约人恢复到进入合同订立程序前的处境。然而，在劳动关系已经建立的情况下，由于劳动合同具有人身性的特点，劳动者已经付出的劳动力用人单位是无法返还的，而劳动者获得的工资用于其劳动力再生产也是不应返还的，因而劳动合同缔约过失责任的承担方式一般并不采用返还财产或折价补偿。依照《劳动合同法》的规定，无论是由于哪一方的原因造成劳动合同无效，只要劳动者已付出劳动的，用人单位都应当向劳动者支付劳动报酬，但因劳动合同被确认为无效给对方造成损害的，有过错的一方应当承担赔偿责任。

此外，由于劳动合同先合同义务具有多样性和复杂性，对于某种先合同义务的违反常常会出现缔约过失责任与侵权责任的竞合，或者缔约过失责任与行政责任、甚至刑事责任的竞合。

四、针对本案的具体分析

本案中，原告张红萍提出了两个诉讼请求：一是雅当贸易公司赔偿其经济损失 11000 元，提出的依据是因雅当贸易公司无故取消录用，致使其丧失了被正奇公司以 11000 元薪金录用的机会而遭受的经济损失；二是雅当贸易公司以一个月工资的标准支付解除劳动关系经济补偿金 12000 元，提出的依据是雅当贸易公司无故解除了双方已经形成的劳动合同关系。前者涉及劳动合同缔约过失责任，后者涉及违法解除劳动合同的责任，可见，原告提出的这两个诉讼请求是自相矛盾的。

（一）雅当公司是否应当承担缔约过失责任

对此，应依据缔约过失责任的构成要件逐一进行分析。

其一，争议发生于劳动合同的订立过程中。如前所述，劳动合同的订立过程分为两个阶段，本案中双方当事人之间的接触属于第一阶段，即“确定劳动合同受要约人”阶段。具体而言，雅当贸易公司法定代表人10月16日发送给张红萍的电子邮件，表达了明确的录用意向，包括录用时间、工作部门、岗位职责、工资待遇等内容，应认定其性质为录用通知。雅当贸易公司提出的“尚未确定聘用张红萍”的主张，不足采信。实践中，用人单位可能以信函、传真、电子邮件、手机短信、微博、微信等多种形式向求职者发出录用通知，因而此类案件的证据往往不是传统证据形式，而是新型的电子证据。由于雅当贸易公司取消对张红萍的录用，使得劳动合同订立过程无法进入第二阶段，劳动合同尚未成立。

其二，雅当贸易公司违反订立劳动合同的先合同义务。由于雅当贸易公司向张红萍发出了录用通知，双方已从用人单位与不特定求职者之间的普通的社会交往进入用人单位与劳动合同受要约人之间的特殊的信赖关系。雅当公司本应与张红萍善意磋商订立劳动合同事宜，但其单方无故停止订立合同的行为，违反了诚实信用原则所产生的先合同义务。

其三，雅当贸易公司存在过错。本案中，雅当贸易公司停止订立合同的行为无法归因于不可抗力，也不符合其他法定的免责条件，而是该公司故意违背录用通知中的意思表示。雅当贸易公司只有在录用通知发出后尚未到达张红萍之前，或者虽到达张红萍但是张红萍尚未作出接受与否的意思表示之前，才可以撤销或变更该录用通知；一旦张红萍回复表示接受，雅当公司则不能再以其“职位未确认”等为由取消录用。

其四，雅当贸易公司的过错造成了张红萍的信赖利益损失。本案中，张红萍接受录用通知后，使其产生了将与雅当贸易公司签订劳动合同的合理信赖，因而放弃了正奇公司以每月11000元薪金的聘用。雅当公司取消录用张红萍，导致其丧失了被正奇公司录用的机会。张红萍所遭受的损失并非因订立合同而发生的费用，而是因合同不成立造成的应得机会的损失，属于缔约过失责任所救济的信赖利益损失的范围。

其五，雅当贸易公司的过错行为与张红萍的信赖利益损失之间有因果关系。

综上所述，本案情形符合缔约过失责任的构成要件，因而法院判决雅当贸易公司赔偿张红萍经济损失，以此承担缔约过失责任。

（二）雅当贸易公司是否应承担解除劳动关系的经济补偿金

张红萍认为，在其回复雅当公司法定代表人的电子邮件，确认接受该公司的聘用条件时，双方形成劳动合同关系。这一理解缺乏法律依据。《劳动合同法》第 7 条规定；“用人单位自用工之日起即与劳动者建立劳动关系。……”同时，该法第 10 条第 3 款规定，用人单位与劳动者在用工前订立劳动合同的，劳动关系自用工之日起建立。可见，用人单位对劳动者的用工行为是判断双方是否建立劳动关系的依据。张红萍实际上并未到雅当公司入职工作，该公司对其无用工行为，因而双方并未建立劳动关系，也未成立任何形式的劳动合同，因而无需承担解除劳动关系的经济补偿金。

本案判决书中，法院使用了“本案双方当事人通过电子邮件以要约、承诺的方式确定了聘用事项”的说法。依据一般的合同原理，可以将录用通知理解为用人单位发出的要约，而接受录用通知的意思表示理解为求职者的承诺，但双方之间成立的并非劳动合同，而只是劳动合同的预约合同。预约合同的目的是为了未来签订本约（劳动合同）；对预约合同的违反致使本约不成立的，并不构成对本约的违反。如果将录用通知发出与接受这一环节放在订立劳动合同的整个过程中来看，那么它只是缔约的一个阶段，对录用通知的违反应承担的是缔约过失责任。

需要注意的是，由于劳动合同的实践性特点，即便双方已经签订书面劳动合同，在用工之前，如果用人单位拒绝为劳动者提供工作岗位，劳动者只能要求用人单位承担缔约过失责任，而不能要求其承担违约责任或违法解除劳动合同的责任；如果劳动者拒绝为用人单位工作，用人单位也只能要求劳动者承担缔约过失责任，而不能要求劳动者继续履行劳动合同或承担违法解除劳动合同的责任。

（撰稿人：李凌云）

6. 外国人在中国就业法律问题

——王复明诉圣戈班（中国）投资有限公司劳动合同纠纷案

案件索引：上海市劳动人事争议仲裁委员会沪劳仲（2010）办字第389号，2010年9月9日裁决；上海市黄浦区人民法院（2010）黄民一（民）初字第3498号，2011年8月12日判决；上海市第二中级人民法院（2011）沪二中民三（民）终字第1119号，2012年10月25日判决；上海市高级人民法院（2012）沪高民一（民）申字1579号，2013年1月10日裁定。

基本案情

王复明系美籍华人，1950年4月14日出生，2002年11月应圣戈班（中国）投资有限公司（以下简称圣戈班）邀请赴中国工作。2008年10月27日，王复明与圣戈班签订最后一份劳动合同，双方约定：劳动合同期限自2008年11月11日起至2011年11月10日止；王复明的岗位是供应链总监；基本工资为每月人民币49491元；若王复明达到法定退休年龄，则劳动合同终止。此后，王复明的基本工资调整为每月人民币52460元。2009年6月9日，王复明与圣戈班签订了期限自2009年6月9日至2014年6月8日止的雇佣合同，雇佣合同约定：双方可随时终止本合同，但需提前三个月以书面形式通知对方。2009 年 6 月 16 日，圣戈班依据该雇佣合同为王复明办理了有效期至 2012 年 10 月 29 日的《外国人就业证》。2010 年 1 月 19 日，圣戈班书面告知王复明，因其已达到法定退休年龄，双方的劳动关系于 2010 年 4 月 14 日依法终止。2010 年 4 月 19 日，圣戈班申请注销了王复明的《外国人就业证》。

2010 年 7 月 14 日，王复明向上海市劳动人事争议仲裁委员会申请仲裁，要求与圣戈班恢复劳动关系，并按每月 83754 元的标准支付 2010 年 4 月 14 日至恢复履行之日的工资。仲裁委员会经审理后，支持恢复 2014 年 4 月 14 日至 2014 年 4 月 19 日期间的劳动关系及支付 2010 年 4 月 14 日至 2010 年 4 月 19 日工资 9647.81 元的请求，其他请求不予支持。王复明不服该裁决，向上海市黄浦区人民法院提起诉讼，继续要求恢复劳动关系，并按每月 83754 元的标准支付 2010 年 4 月 14 日至恢复履行之日的工资。黄浦区法院经审理后，支持了王复明与圣戈班恢复劳动关系的诉请。圣戈班不服该判决，向上海第二中级人民法院提起上诉，请求撤销原判，依法改判并驳回王复明一审时的全部诉讼请求。上海市第二中级人民法院经审理后，同意黄浦区法院作出的关于圣戈班以王复明达到法定退休年龄而解除劳动合同没有法律依据的观点，但认为黄浦区法院判决恢复履行劳动合同不当，应当予以撤销，另判决圣戈班支付王复明 2010 年 4 月 14 日至 2014 年 4 月 19 日的工资 9647.81 元，对王复明一审时的其他诉请不予支持。后王复明又向上海市高级人民法院申请再审，要求圣戈班恢复劳动关系，并按每月 83754 元的标准支付 2010 年 4 月 4 日至恢复履行之日的工资。上海市高级人民法院于 2013 年 1 月 10 日裁定驳回王复明的再审申请。

判决与理由

本案从仲裁到再审，各级司法机关均对圣戈班解除与王复明的劳动合同是否符合法律规定、在《外国人就业证》已被注销的情况下王复明与圣戈班签订的劳动合同能否继续履行这两个争议焦点进行了分析，并作出不同裁判。

一、关于圣戈班解除与王复明的劳动合同是否符合法律规定的问题

上海市劳动人事争议仲裁委员会认为：双方办理了有效期自2009年6月16日至2012年10月29日的《外国人就业证》，因此双方的劳动关系于2009年6月16日建立；王复明《外国人就业证》的办理备案合同为双方签订的雇佣合同，该合同中并未有“员工退休，合同终止”的约定条款，圣戈班亦未向本会提交充分证据证明其与王复明有“员工退休，合同终止”的约定，且王复明就业证的有效期至2012年10月29日，故圣戈班以王复明达到法定退休年龄为由，终止与王复明的劳动合同的行为缺乏依据，本会不予认可。

上海市黄浦区人民法院认为：双方于2008年10月27日签订的劳动合同系双方真实意思表示，合法有效。该劳动合同已实际由双方履行，对双方当事人均具有法律约束力。劳动合同签订时，圣戈班已明确知晓王复明于2010年4月13日将年满60周岁达到法定退休年龄，但仍然与王复明签订了期限超过王复明退休年龄的劳动合同，说明双方对建立三年劳动合同关系合意一致。而根据上海市劳动局“关于印发《关于贯彻〈外国人在中国就业管理规定〉的若干意见》（沪劳外发［1998］25号）的通知”中第6条第（六）项规定：外

国人在本市就业男性一般在十八岁以上，六十周岁以下。双方约定王复明 60 周岁后仍继续履行劳动合同并不违反规定，合法有效。圣戈班称雇佣合同中约定双方可以随时终止合同，故圣戈班作出解除决定符合双方约定。但依据圣戈班在庭审中的陈述，可以看出该雇佣合同是为了办理王复明就业证而签订的，其作出的解除通知也明确载明是基于“2008 年 10 月 27 日签订的劳动合同”约定及相关法律法规而解除劳动合同，故应认为双方在劳动关系存续期间履行的是 2008 年 10 月 27 日签订的劳动合同，而并非雇佣合同。圣戈班在解除通知中的解除理由明确表述为“王复明达到法定退休年龄而终止”，现圣戈班称基于雇佣合同的条款行使解除权，与事实不符。故圣戈班以王复明达到法定退休年龄为由，终止双方的劳动合同无合同和法律依据。

上海市第二中级人民法院认为：依据我国相关劳动法律法规规定，除最低工资、工作时间、休息休假、劳动安全卫生、社会保险等方面的劳动基准之外，外国人与用人单位可以在劳动合同或单项协议中约定或履行其他劳动权利义务，包括有关聘雇期限、解除聘雇关系条件、违约责任等内容。本案中，圣戈班与王复明于 2008 年 10 月 27 日签订期限自 2008 年 11 月 11 日至 2011 年 11 月 10 日止的劳动合同，系双方的真实意思表示，合法有效。因我国现行法律并未明文禁止年满 60 周岁的外国人在我国境内就业，且圣戈班为王复明办理的有效期至 2012 年 10 月 29 日的《外国人就业证》亦表明，王复明可以在上述期限内在我国合法就业，故圣戈班以王复明于 2010 年 4 月 13 日达到法定退休年龄为由解除劳动合同，并无依据，原审法院对该节的处理意见本院认可。现圣戈班上诉称其解除劳动合同另一依据为《雇佣合同》中“任何一方随时可提出终止此合同，但需提前三个月以书面通知形式通知对方”的约定，然从圣戈班在

2010年1月19日发给王复明的书面通知内容来看，圣戈班系以王复明即将达到法定退休年龄为由终止劳动关系，而非按双方在《雇佣合同》中约定的条件终止劳动合同，即提前三个月以书面形式通知对方终止劳动合同，故圣戈班以该理由于2010年4月13日终止双方劳动合同缺乏依据，本院难以支持。上海市高级人民法院认可了二审法院的上述观点。

二、关于在就业证已经被注销的情况下劳动合同能否继续履行的问题

上海市劳动人事争议仲裁委员会认为：因王复明的《外国人就业证》于2010年4月19日被注销，故王复明要求恢复2010年4与14日至2010年4月19日与圣戈班的劳动关系，支付2010年4月14日至2010年4月19日之间的工资的请求，本会予以支持；对于王复明要求恢复2010年4月20日起与圣戈班的劳动关系，支付2010年4月20日起工资的请求，因不属于本会处理的范围，本会不予处理。

上海市黄浦区人民法院认为：王复明要求恢复劳动关系，应予支持。圣戈班还应按双方劳动合同中约定的工资数额支付原告2010年4月13日起至劳动合同实际履行之日止的工资。

上海市第二中级人民法院认为：根据相关规定，外国人在我国境内就业需办理就业证，且就业的用人单位及从事的职业应与就业证一致，可见办理就业证是涉外劳动合同得以履行的法定条件，未取得就业证的外国人不具有我国涉外劳动合同的主体资格。然就业证的审批属行政管理之范畴，需由行政机关对劳动者的工作能力等各方面进行综合审查。基于圣戈班于2010年4月19日申请注销了王复明的《外国人就业证》的实际情况，王复明已经丧失在我国合法就业的资格，劳动合同实际不能继续履行，原审法院判决恢复履

行劳动合同不当，本院依法纠正，对王复明要求圣戈班恢复履行期限为 2008 年 11 月 11 日至 2011 年 11 月 10 日止的劳动合同之请求，不予支持。

上海市高级人民法院认为：二审法院根据外国人在我国境内就业需要办理就业证的相关规定，作出办理就业证是履行涉外劳动合同的法定前提条件，未取得就业证的外国人不具有我国涉外劳动合同的主体资格的认定意见，于法有据。基于王复明的《外国人就业证》已被注销的客观事实，二审法院判定王复明已经丧失在我国合法就业的资格及劳动合同实际不能继续履行，并无不当。

评　析

随着外国人在中国劳务活动的急剧增加，外国人就业引发的争议呈逐年上升趋势。本案就是一起典型的外国人就业过程中引发的纠纷，其争议焦点为在就业证已被注销的情况下劳动合同能否继续履行，及圣戈班解除与王复明的劳动合同是否符合法律规定，而这两项焦点背后的核心问题则在于外国人就业准入制度及外国人在中国就业的法律适用两大问题。

一、外国人就业准入制度

与本国公民相比，中国通过更为严格的手段对外国人的劳动关系进行管理和控制。根据《外国人在中国就业管理规定》（1996 年 1 月 22 日劳动部、公安部、外交部、外经贸部发布；根据 2010 年 11 月 12 日中华人民共和国人力资源和社会保障部令第 7 号修正），外国人除需具有本国劳动者应具有的资格外，还必须取得《外国人就业证》方可就业。《外国人就业证》是外国人在中国就业的前置条件，这种对身份的审批程序视为劳动者“适格”的要件。

实体上，根据《外国人在中国就业管理规定》第7条，外国人在中国就业还须具备下列条件：（1）外国人从事的岗位应该是有特殊需要，国内暂缺适当人选，且不违反国家有关规定的岗位；（2）年满18周岁，身体健康；（3）具有从事其工作所必需的专业技能和相应的工作经历；（4）无犯罪记录；（5）有确定的聘用单位；（6）持有有效护照或能代替护照的其他国际旅行证件。程序上，外国人在中国就业需要履行一定的法律手续，根据《外国人在中国就业管理规定》第8条，外国人在中国就业时要办理三个证件，分别是就业许可证、就业证和居留证，缺一不可。《外国人在中国就业管理规定》严格规定了这几个证件的有效时间和办理期限，具体流程如下：

首先，根据《外国人在中国就业管理规定》第11条，用人单位需要向其与劳动行政主管部门同级的行业主管部门提出申请，填写《聘用外国人就业申请表》，并提交以下有效文件：拟聘用外国人的履历证明、聘用意向书、拟聘用外国人原因的报告、拟聘用外国人从事该项工作的资格证明、拟聘用外国人健康状况证明和法律法规规定的其他文件。

其次，根据《外国人在中国就业管理规定》第12条，经行业主管部门批准后，用人单位应持申请表到本单位所在地区的省、自治区、直辖市劳动行政部门或其授权的地市级劳动行政部门办理核准手续。省、自治区、直辖市劳动行政部门或授权的地市级劳动行政部门应指定专门机构（以下简称发证机关）具体负责签发许可证书工作。发证机关应根据行业主管部门的意见和劳动力市场的需求状况进行核准，并在核准后向用人单位签发许可证书。但是，根据《外国人在中国就业管理规定》第13条，外商投资企业聘雇外国人，无须行业主管部门审批，可凭合同、章程、批准证书、营业执照和本规定第 11 条所规定的文件直接到劳动行政部门发证机关申领许可证书。

最后，根据《外国人在中国就业管理规定》第 15—17 条，获准来中国就业的外国人，应凭劳动部签发的许可证书、被授权单位的通知函电及本国有效护照或能代替护照的证件，到中国驻外使、领馆处申请职业签证。之后，用人单位应在被聘用的外国人入境后 15 日内，持许可证书、与被聘用的外国人签订的劳动合同及其有效护照或能代替护照的证件到原发证机关为外国人办理就业证，并填写《外国人就业登记表》。外国人应在入境 30 日内持就业证到公安机关办理居留证，只有同时持有就业证和居留证的外国人才能在中国境内合法就业。

如果外国人没有取得《外国人就业证》，就不满足作为“劳动者”的适格性，属非法就业，根据《中华人民共和国外国人入境出境管理法实施细则》（国发［2010］575 号）第 44 条规定，对未经中华人民共和国劳动部或者其授权的部门批准私自谋职的外国人，在终止其任职或者就业的同时，可以处以 1000 元以下的罚款，情节严重的，并限期出境。对私自雇用外国人的单位和个人，在终止其雇用行为的同时，可以处 5000 元以上、50000 元以下的罚款，并责令其承担移送私自雇用的外国人的全部费用。如未办理就业证的外国人发生劳动争议的，中国司法实践中通常把这类案件作为一般民事案件处理，排除适用劳动法。

二、外国人在中国就业之法律适用

从冲突法或国际私法的角度，外国人在中国就业适用中国法律是有法律依据的。最高人民法院关于适用《中华人民共和国涉外民事关系法律适用法》若干问题的解释（一）（法释［2012］24 号）第 1 条第（一）项规定：“民事关系具有下列情形之一的，人民法院可以认定为涉外民事关系：（一）当事人一方或双方是外国公民、外国法人或者其他组织、无国籍人”，已取得《外国人就业证》的外国人在中国就业属于涉外劳动法律关系。根据法理，涉外劳动法律关系应适用冲突规则。《涉外民事关系法律适用法》第 43 条规定：“劳动合同，适用劳动者工作地法律；难以确定劳动者工作地的，适用用人单位主营业地法律。劳务派遣，可以适用劳务派出地法律。”因此，外国人在中国就业应适用中国法律。

目前比较权威的法律是《外国人在中国就业管理规定》，其第 23 条规定：“在中国就业的外国人的工作时间、休息休假、劳动安全卫生以及社会保险按国家有关规定执行。”第 26 条规定：“用人单位与被聘用的外国人发生劳动争议，应按照《中华人民共和国劳动法》和《中华人民共和国劳动争议调解仲裁法》处理。”

此外，中国部分省市也专门出台了地方法规及解释，例如：上海市劳动局关于印发《关于贯彻〈外国人在中国就业管理规定〉的若干意见》的通知（沪劳外发［1998］25 号）第 16 条规定：“用人单位与获准聘雇的外国人之间有关聘雇期限、岗位、报酬、保险、工作时间、解除聘雇关系条件、违约责任等双方的权利义务，通过劳动合同约定。”上海市劳动和社会保障局关于实施《上海市劳动合同条例》若干问题的通知（沪劳关发［1998］16 号）第 26 条规定：“获准在本市行政区域内就业的外籍人员和台湾、香港、澳门人员的劳动权利义务，由用人单位的董事会或者管理机构确定后，在劳动合同中加以约定。”另外，上海市高级人民法院关于审理劳动争议案件若干问题的解答（沪高法民一［2006］17 号）第 2 条规定：“在国内就业的外国人适用中国劳动标准的问题：（一）原劳动部、公安部、外交部、原对外贸易经济合作部等四部门颁布的外国人在中国就业管理规定（劳部发［1996］29 号）第二十二条、第二十三条规定的最低工资、工作时间、休息休假、劳动安全卫生、社会保险等方面的劳动标准，当事人要求适用的，劳动争议处理机构可予支持；（二）当事人之间在上述规定之外约定或履行的其他劳动权利义务，劳动争议处理机构可按当事人的书面劳动合同、单项协议、其他协议形式以及实际履行的内容予以确定；（三）当事人在上述（一）、（二）所列的依据之外，提出适用有关劳动标准和劳动待遇要求的，劳动争议处理机构不予支持。”

2011 年，上海市第二中级人民法院发布的《2010 年劳动争议案件审判白皮书》规定 ：“按照《外国人在中国就业管理规定》的规定，用人单位可以就最低工资、工作时间、休息休假、劳动安全卫生、社会保险等方面的劳动标准，与外籍劳动者自行约定。但是，按照《劳动合同法》第 26 条规定，劳动合同条款违反法律、行政法规强制性规定的无效。”根据“上位法优先于下位法”、“新法优先于旧法”的法律适用原则，用人单位根据《外国人在中国就业管理规定》与外籍劳动者自行约定的劳动标准条款如果有违反法律强制性规定的情形，则会被认定为无效。为避免发生纠纷，有外籍劳动者的用人单位应当对照《劳动合同法》相关规定，及时对劳动合同中的失效、无效条款进行修正。①

根据上述规定，在依法就业的外国人的法律适用问题上，最低工资、工作时间、休息休假、社会保险等底线性标准应统一适用中国劳动法，其他方面当事人可以遵循意思自治原则，即按照“有约定从约定”的精神予以处理，如果没有约定，可以参照中国劳动法予以执行。

① 上海市第二中级人民法院网站，参见：http://www.shezfy.com/book/bps/2010/p06.html，访问时间：2014 年 12 月 2 日。

三、有关本案的裁判思路

本案中，由于圣戈班于2010年4月19日申请注销了王复明的《外国人就业证》，根据《外国人在中国就业管理规定》，王复明显然已不具备我国劳动法意义上劳动者的主体资格，其与圣戈班之间的劳动关系不能再继续履行，故法院最终判决不支持恢复劳动关系是正确的。

关于劳动合同的解除条件，双方既在《劳动合同》中约定："员工达到法定退休年龄，劳动合同终止"，又在《雇佣合同》中约定"任何一方随时可以提出终止此合同，但需提前三个月以书面形式通知对方"，根据《劳动合同法》《外国人在中国就业管理规定》及相关法律法规，上述约定并不违反我国法律法规的强制性规定，合法有效，对双方当事人均具有法律约束力。而且我们认为，这两个约定并不存在冲突，可以相互独立适用。

关于在中国就业的外国人法定退休年龄的认定，根据上海市劳动局关于印发《关于贯彻〈外国人在中国就业管理规定〉的若干意见》的通知中第6条第（六）项规定："外国人在本市就业男性一般在十六岁以上，六十周岁以下"，该条款并未明文禁止年满60周岁的外国人在我国境内就业。圣戈班在明确知晓王复明于2010年4月13日将年满60周岁达到法定退休年龄，仍与王复明签订期限至2011年11月10日止的劳动合同，该劳动合同系双方真实意思表示，合法有效。且圣戈班为王复明办理的《外国人就业证》有效期至2012年10月29日，王复明可以在上述期限内在我国合法就业，故圣戈班以王复明达到法定退休年龄为由解除劳动合同，没有法律依据。

圣戈班在诉讼过程中主张解除劳动合同的另一依据为《雇佣合

同》中约定的“任何一方随时可提出终止此合同，但需提前三个月以书面通知形式通知对方”亦不被法院接受，原因在于圣戈班在解除通知中的理由明确表述为“王复明达到法定退休年龄”，若圣戈班称其基于雇佣合同的条款行使解除权，与事实不符，故圣戈班终止双方劳动合同的理由无合同和法律依据。

（撰稿人：周开畅）

7. 精神损害赔偿在就业歧视领域的适用

——谌某斌诉标某汽车公司侵犯其隐私权、人格尊严及平等就业权案

案件索引：深圳市宝安区人民法院（2011）深宝法民一初字第2828号，2011年5月9日判决。

基本案情

2010年6月10日，谌某斌入职标某汽车公司，任职汽车维修师傅。2010年6月13日，谌某斌经标某汽车公司的安排至宝安中医院进行入职体检，该体检项目中包含了对乙肝病毒血清指标的检验。经检查，谌某斌的乙肝表面抗原、乙肝e抗原以及乙肝核心抗体IgG呈阳性，属于乙肝表面抗原携带者。2010年6月23日，标某汽车公司解除了与谌某斌之间的劳动合同，虽然公司没有明确告知其解除理由，但是根据谌某斌的后续了解，公司是因其携带乙肝病毒而解除双方劳动关系的。

谌某斌认为标某汽车公司不但要求其检测了乙肝项目，而且获取并复制了其乙肝项目检测报告，并以乙肝表面抗原携带者为由拒绝其继续上班。标某汽车公司的一系列行为严重违反了国家法律法规，侵犯了其作为劳动者的隐私权、人格尊严和平等就业权，不仅

造成了经济损失，而且给其造成了严重的精神损害。为了维护自身的合法权益，谌某斌向法院起诉，请求依法判令：1. 确认被告获取并保留原告的乙肝携带体检信息的行为侵犯了原告的隐私权；2. 确认被告以乙肝携带为由拒绝原告工作侵犯了原告的人格尊严和平等就业权；3. 被告向原告公开书面道歉；4. 被告赔偿原告的经济损失5000元；5. 被告赔偿原告精神损害抚慰金4.5万元；6. 本案诉讼费用由被告承担。

标某汽车公司辩称其解除谌某斌的劳动关系并非因为其携带乙肝表面抗原，而是因为谌某斌在试用期内不符合录用条件，并且其为应聘职位所提供的学历证明和工作经历存在造假的情况，根据《劳动合同法》的相关规定，以欺诈手段使对方在违背真实意思的情况下订立的劳动合同当属无效或部分无效。

在庭审过程中，谌某斌向法庭提交了包括体检结论、录音资料以及电话通讯记录清单等在内的多份证据用以证明其主张的案件事实，而标某汽车公司则向法庭提交了员工信息登记表以及个人简历作为证据。在上述证据中，谌某斌提供的录音资料对于案件事实的认定尤为重要，其中记录了谌某斌与其车间主管、分公司站长以及人事部门主管的谈话内容，一定程度上明确了公司是因其携带乙肝病毒而解除双方劳动关系的。

深圳市宝安区人民法院最终通过对双方证据的审查以及庭审中举证质证情况的分析，做出事实认定，其采纳了谌某斌的主张，认定被告公司系因谌某斌属于乙肝表面抗原携带者而将其开除，认定被告的行为侵犯了原告的人格尊严和平等就业权，最终判令被告向原告赔礼道歉并支付原告精神损害抚慰金共计人民币4000元，原告的其他诉请不予支持。

判决与理由

深圳市宝安区人民法院认为，本案争议的焦点是双方解除劳动关系的原因。谌某斌提交的录音资料经标某汽车公司证实确实是发生在与该公司的车间主管以及人事等管理工作人员之间，其中的内容清晰可辨，无论从谈话内容还是谈话方式上看，均在客观上反映了当时的事实，车间主管在谈话中明确表示经向公司领导侧面了解，解除劳动关系的原因是由于谌某斌经体检是乙肝病原携带者。故本院认为，应当采信上述录音资料的证明力。另一方面，对于标某汽车公司所主张的解除劳动关系的原因，本院认为，其并未提交证据证明曾向谌某斌提出过其入职资料中存在造假的情形，也没有证据证明因此向谌某斌送达了辞退书，因此，本院对标某汽车公司的主张不予采信。本案应当认定为标某汽车公司因为乙肝病毒携带就业歧视而解除了与谌某斌的劳动关系。

劳动和社会保障部作出的《关于维护乙肝表面抗原携带者就业权利的意见》中明确规定用人单位在招、用工的过程中，除国家法律、行政法规和卫生部规定禁止从事的工作外，不得强行将乙肝病毒血清指标作为体检标准；用人单位不得以劳动者携带乙肝表面抗原为由拒绝招用或者辞退乙肝表面抗原携带者。标某汽车公司为谌某斌提供的汽车维修师傅岗位并不属于上述意见规定的“除外”工作范围，故该公司以谌某斌体检项目不合格为由解除与之建立的劳动关系违反了该意见的相关规定，谌某斌据此主张标某汽车公司赔偿其精神损害抚慰金，合法合理，本院酌定该项损失数额为人民币 4000 元。关于原告提出的第一项诉讼请求，因其未有证据证明被告存在侵犯其隐私权的事实，故本院不予支持。关于原告提出的第二项诉讼请求，因本院已经认定被告的行为侵犯了原告的人格尊严和平等就业权，并据此酌定了精神损害抚慰金，故无需再进行判决。关于原告提出的第三项诉讼请求，根据民法通则的有关规定，侵犯他人人格权的，被侵权人有权要求侵权人赔礼道歉，但并未有法律规定必须采取公开书面道歉的形式，故本院仅支持原告该项的部分请求。关于原告提出的第四项诉讼请求，其在庭审中明确表示经济损失包括工资、体检费以及交通费、餐饮费等，但首先，工资应当通过劳动争议途径予以解决，该项请求与本案不属于同一法律关系，本院在本案中不予处理；其次，原告既未提交体检费、交通费、餐饮费等费用的明细，亦未提交相应的票据予以证实，故对该项请求，本院不予支持。

综上，依照《中华人民共和国民法通则》第106条的规定，判决如下：一、被告深圳市标某汽车有限公司应在本判决生效之日起三日内向原告谌某斌支付精神损害抚慰金人民币4000元；二、被告深圳市标某汽车有限公司应在本判决生效之日起三日内向原告谌某斌赔礼道歉；三、驳回原告的其他诉讼请求。

评　析

本案中法院对于案件事实的认定合情合理，双方当事人在判决作出后也没有提出任何异议，但是，该案件却引起了法律界专家学者的激烈争论，其中争论的主要焦点是：在目前的法律体系下能否将精神损害赔偿适用于就业歧视领域。

一、精神损害赔偿与就业歧视

（一）就业歧视的界定及现状

根据国际劳工组织（ILO）在1958年国际劳工大会上通过的《消

除就业和职业歧视公约》，结合就业歧视在我国发展及蔓延的具体情况，所谓就业歧视，可以概括为用人单位基于劳动者的性别、户籍、身份、健康、地域、年龄、外貌、民族、种族、宗教等所采取的任何区别、排斥、限制或者优惠，其目的和结果在于取消或损害劳动者在就业和职业上的机会和待遇上的平等。①

针对日趋严重的就业歧视现象，我国已经出台了包括《劳动法》《就业促进法》《妇女权益保障法》以及《残疾人保障法》在内的多部法律对其进行规制，从这些法规中我们可以看出我国在反就业歧视和促进平等就业方面已经确立了一些基本原则，但是这仅仅是一个开端，我国还没有完善的反就业歧视法律体系，上述原则在立法中缺少细化，对于就业歧视的罚则没有明确；而在执法中缺少执法机关的参与和监督，执法机关缺位现象严重；在司法中，由于立法上没有对就业歧视的罚则进行明确，所以法院很难依据现有的就业歧视法律法规作出判决，直接导致就业歧视案件立案难。

（二）精神损害赔偿的概念及法律规定

所谓精神损害赔偿，系指自然人在人身权或者是某些财产权利受到不法侵害，致使其人身利益或者财产利益受到损害并遭到精神痛苦时，受害人本人、本人死亡后其近亲属有权要求侵权人给予损害赔偿的民事法律制度。一般而言这样的精神损害通常包括两个方面的情况，一种是因遭受有形人身损害或者财产损害而导致的精神损害；另一种是未遭受有形人身损害或者财产损害而直接导致的精神损害。②

实践中关于精神损害赔偿的主要参考法律规范文件为《最高人

---

① 李雄、吴晓静："我国反就业歧视法律规控研究"，载《河北法学》2010年第12期。

② 江苏法院网，参见：http://www.jsfy.gov.cn/llyj/xslw/2013/06/03162943801.html，访问时间：2014年12月6日。

民法院关于确定民事侵权精神损害赔偿责任若干问题的解释》，其中第1条规定："自然人因下列人格权利遭受非法侵害，向人民法院起诉请求赔偿精神损害的，人民法院应当依法予以受理：（一）生命权、健康权、身体权；（二）姓名权、肖像权、名誉权、荣誉权；（三）人格尊严权、人身自由权。"上述规定基本囊括了如今司法实践中自然人因人格受到侵犯而主张精神损害赔偿的所有情形，而该司法解释却并未对每一种人格权益进行详尽的解读。其中部分人格权益从字面意思便可知晓其含义，如生命权、健康权、姓名权等，但诸如人格尊严权这样的概念无法简单从字面上进行解读，法院可根据实际情况进行相应的法律解释。

二、精神损害赔偿在就业歧视领域适用的积极意义及影响

我国虽然是典型的大陆法系国家，但是近几年来随着最高人民法院指导案例的不断发布，判例对我国司法体系的影响愈发明显，尤其是在公民法律意识不断提高的大背景下，媒体对热点案件的报道也会在一定程度上扩大判例的影响。不论是谌某斌诉标某汽车公司侵犯其隐私权、人格尊严及平等就业权案，还是浙江性别歧视第一案[①]，媒体都对其进行了大量的报道，引起了公众对于就业歧视的关注，产生了积极的社会影响。

笔者认为精神损害赔偿在就业歧视领域的适用具有以下积极的意义及影响：

第一，深圳市宝安区人民法院将精神损害赔偿适用于就业歧视领域，是一种在现有法律体系内的司法创新，这一大胆尝试对于那些受就业歧视的劳动者起到了切实的保障作用。

---

① 参见（2014）杭西民初字第1848号。该案件涉及就业性别歧视，法院最后支持劳动者的主张，认定用人单位构成就业歧视，判决用人单位向劳动者支付精神损害抚慰金2000元。

针对就业歧视，我国已经存在多部法律法规对其进行规制，立法部门希望通过这些法律法规减少就业歧视现象的发生，实现保护劳动者平等就业权的目的。但是，这些法律法规中针对就业歧视的规定多为原则性的，既没有明确对就业歧视进行监管的执法机关，也没有制定针对就业歧视的罚则，直接导致在现实生活中劳动者遭遇就业歧视后孤立无援的窘境。以《就业促进法》为例，里面涉及就业歧视的条款很多，但是实际操作性较差，与健康歧视（或疾病歧视）相关的主要有以下规定："劳动者依法享有平等就业和自主择业的权利。劳动者就业，不因民族、种族、性别、宗教信仰等不同而受歧视"；"用人单位招用人员、职业中介机构从事职业中介活动，应当向劳动者提供平等的就业机会和公平的就业条件，不得实施就业歧视"；"用人单位招用人员，不得以是传染病病原携带者为由拒绝录用"；"违反本法规定，实施就业歧视的，劳动者可以向人民法院提起诉讼"。细观这些规定，可操作性较低，没有明确监督处理就业歧视事项的政府部门，也没有界定实施就业歧视的法律责任，而仅仅赋予劳动者起诉的权利。所以在谌某斌诉标某汽车公司侵犯其隐私权、人格尊严及平等就业权案以及浙江性别歧视第一案之前，虽然有很多劳动者选择使用法律武器来维护自己平等就业的权利，但是，绝大多数法院对待这类案件的态度是不予立案，没有足够的法律依据，法院难以作出让人信服的判决，所以，面对现实中时有发生的就业歧视，法院有时显得非常无奈。

但是，以上情况只发生在本案以前，2011年深圳市宝安区人民法院面对铁证如山的就业歧视，并没有采取回避的态度，其认为就业歧视行为在侵害劳动者平等就业权的同时，侵害了劳动者的人格尊严，给劳动者造成了精神损害，所以用人单位应当进行赔偿并赔礼道歉。深圳市宝安区人民法院的判决绝非是法官自由裁量权的体现，也并不是真正意义上的法官"造法"，而是一次勇敢的尝试。将侵权法体系中的精神损害赔偿引入到就业歧视领域中，将案件关注的焦点从就业歧视行为本身转移到就业歧视受害者的精神损害之上，将平等就业权与人格尊严相联系，无不体现出负责审理该案件的法官在认定法律事实、进行法律解释过程中的严谨与灵活。劳动者的平等就业权得到了切实的维护，实施就业歧视的用人单位不再像以前一样有恃无恐。

第二，深圳市宝安区人民法院将精神损害赔偿适用于就业歧视领域，对以后发生的类似案件具有一定的参考价值。其在一定程度上给予就业歧视受害者使用法律武器维护平等就业权的信心与勇气，也给之前无视就业歧视法律法规的用人单位敲响了警钟，而最重要的是为其他法院处理同类型案件提供了可参考样本。

不论是在大陆法系国家还是在英美法系国家，司法判例的作用都不容小觑。就本案而言，法院不但受理了该起针对乙肝的就业歧视案件，而且最终判决用人单位赔偿劳动者精神损害抚慰金人民币4000元并赔礼道歉。在该案件被报道和公开后，绝大部分民众对于法院的判决表示支持，在普通劳动者心中，法院对于就业歧视的态度在逐渐发生改变，从开始的不予受理，到现在的判决劳动者胜诉，一些受到就业歧视的劳动者重拾对法院的信心，开始寻求法律途径来维护自己的就业权利。而用人单位方面也开始重视起就业歧视相关问题，违法无成本的时代已经结束，就业歧视的法律风险已经成为用人单位在处理劳动关系过程中的一大考量因素。

第三，法院将精神损害赔偿适用于就业歧视领域，对于我国就业歧视法律体系的建构具有一定的推动作用。

法院为何要将精神损害赔偿适用于就业歧视领域，究其原因，主要还是我国就业歧视领域的法律法规没有形成体系，导致法院无法从就业歧视领域内找到合适的法律依据去支持就业歧视受害者，去严惩用人单位的就业歧视行为。将精神损害赔偿引入就业歧视领域，在一定程度上缓解了上述问题，同时也让就业歧视相关法律法规不再是空头支票。但是，这绝非长久之计，在谌某斌诉标某汽车公司侵犯其隐私权、人格尊严及平等就业权案以及浙江性别歧视第一案等就业歧视案件被公开之后，社会舆论选择支持法院的判决，普通民众开始关注就业歧视，相关法律体系不健全的问题逐渐凸显出来，要求予以完善的呼声越来越高；而在学者看来，法院的判决还是存在一定问题的，将精神损害赔偿直接适用于就业歧视领域，未免有些牵强，尤其是对于精神损害赔偿的认定，法律上的标准非常高，需要侵权行为造成"严重后果"①，所以在这些案件发生后，学者更多地还是希望立法机关能够完善相关立法，从而让法院在今后处理类似案件的过程中能够得心应手，同时没有漏洞。正是因为这些案件，让越来越多的民众开始关注就业歧视，无论是普通民众，还是专家学者，越来越多的人开始发出声音呼吁完善立法。法院将精神损害赔偿适用于就业歧视领域，对于我国就业歧视法律体系建构所起到的作用并不是直接的立竿见影的，但是其作用绝不可无视之，民众心态的改变和法律意识的增强对于新法的推出与执行会起到巨大的推动作用。

三、精神损害赔偿在就业歧视领域适用存在的问题

虽然法院将精神损害赔偿适用于就业歧视领域具有以上积极的意义和影响，但是从法理学角度分析不难发现，法院实则是对精神

---

①《最高人民法院关于确定民事侵权精神损害赔偿责任若干问题的解释》（法释［2001］7号）第8条：因侵权致人精神损害，但未造成严重后果，受害人请求赔偿精神损害的，一般不予支持，人民法院可以根据情形判令侵权人停止侵害、恢复名誉、消除影响、赔礼道歉。因侵权致人精神损害，造成严重后果的，人民法院除判令侵权人承担停止侵害、恢复名誉、消除影响、赔礼道歉等民事责任外，可以根据受害人一方的请求判令其赔偿相应的精神损害抚慰金。

损害赔偿的法律规定进行了扩大解释，在案件中对一些问题的处理不够严谨，存在一定的瑕疵。

上述案件中法院认定雇主方所实施的歧视行为侵害了劳动者的人格尊严权，从而酌情支持了劳动者对于精神损害赔偿的主张。但纵观判决书，法院并未明确论述如何得出的“雇主侵害人格尊严权”这一认定。在笔者读来，法院的认定更像是将“雇主实施歧视行为”等同于“侵害劳动者人格尊严权”并进而等同于“造成精神损害”，从而判令雇主支付精神损害的赔偿。该种判定显得跳跃性过大，而且过于武断。

（一）关于人格尊严认定

人格尊严权在法学上的界定非常模糊，实践中也没有具体规定来定义其内涵与外延。有的学者认为：“人格尊严是公民基于自己所处的社会环境、地位、声望、工作环境、家系等各种客观条件而对自己或他人的人格价值或社会价值的认识和尊重。”[①]所谓人格，是指一个人在法律上作为独立的权利与义务主体的资格，即做人的资格。[②]虽然在定义上非常模糊，但不可否认的是人格尊严权强调的是一个自然人作为一个具有独立人格的个体来到这个世上，应当受到他人的尊重的权利。

一般而言，对于人格尊严权内涵的解读大体分为三种，最广义说、广义说及狭义说。最广义的人格尊严等同于人的尊严，认为法律对主体所有权利的保护都是出于对其人格尊严的尊重和爱护；广义的人格尊严等同于人格权，认为法律对所有具体人格权如生命、健康、姓名、肖像、名誉等的保护都是对人格尊严的维护；狭义的人格尊

① 王利明等：《人格权法》，法律出版社1997年版，第26—29页。

② 李炳安：“劳动者的人格尊严权及其宪法救济”，载《广西社会科学》2003年第7期。

严就是将其等同于人格尊严权，认为它如同名誉权、隐私权等一样是主体的一种具体人格权，只不过带有兜底性。[①]从《最高人民法院关于确定民事侵权精神损害赔偿责任若干问题的解释》（以下简称《若干问题的解释》）第1条规定的格式来看，人格尊严权与人身自由权并列被排在该条文第三项，与之前所提及的生命权、姓名权等相比，既可以单独理解成一类独立的人格权益，也可以理解成广义的人格权。

然而从司法实践中的成文规定中推导，笔者认为人格尊严权在实践中只可能被解读为广义上的人格权。在2010年实施的《侵权责任法》第2条中列举了各类可能被侵害的民事权益，而其中并未包含最高人民法院在规定中所列举的“人格尊严权与人身自由权”。[②]《侵权责任法》作为人大常委会通过的规范性文件，无论从立法机构的级别还是从时间效力上而言均高于《若干问题的解释》，而《侵权责任法》第2条采用了列举的方式列举了各类民事权益，但并未具体提及“人格尊严权”，显然这说明实践侵权的处理过程中“人格尊严权与人身自由权”不可能再被视作为一类独立的人身权益适用，而最多只可能被认定为是广义上的人格权，并起到“兜底”的作用。

结合上述案例，案件中的劳动者谌某作为具有独立人格的自然人，在劳动与择业的过程中其人格应当受到尊重，雇主以其身体健康因素为由将其拒之门外，按照当前司法实践中对于人格尊严权的宽泛解读，法院认定雇主的做法侵犯了谌某的人格尊严，笔者认为这样的认定并没有超出当前理论界对于人格尊严权的解读。但笔者

---

① 刘娟：“人格尊严权的内涵剖析”，载《江西社会科学》2014年第2期。

② 《侵权责任法》第2条：侵害民事权益，应当依照本法承担侵权责任。本法所称民事权益，包括生命权、健康权、姓名权、名誉权、荣誉权、肖像权、隐私权、婚姻自主权、监护权、所有权、用益物权、担保物权、著作权、专利权、商标专用权、发现权、股权、继承权等人身、财产权益。

同时认为人格尊严权作为具有兜底性质的人格权益，其内涵十分宽广，故在实践中的适用必须受到限制，并且法院在认定精神损害及赔偿时也必须慎重，不然则可能出现“滥用兜底条款”的情形。

（二）精神损害赔偿的门槛

如果雇主侵犯了他人的人格尊严，是否就等同于给对方精神造成损害并进而需要进行精神损害赔偿？笔者认为精神损害赔偿不能简单地与侵犯人格尊严画等号，因为这既不符合立法原则，也不符合最高人民法院的相关司法解释。根据上文提到的《若干问题的解释》第8条之规定，在认定精神损害赔偿时法院必须以“造成严重后果”为前提。若侵权人虽有侵犯他人权利的行为，但该行为本身未对他人心理造成严重创伤或未遗留下精神损害，则被侵权人本身也无需精神抚慰，精神抚慰金的适用前提即不存在。尤其上述两案件中法院均以侵犯“人格尊严权”为由判令雇主方支付精神抚慰金，考虑到“人格尊严权”在《侵权责任法》实施之后其自身的概念已经高度模糊化，法院在研讨基于此类较为模糊的概念而衍生的精神损害赔偿时恰恰应当对于案件的事实以及损害结果给予更高的关注，不然如果仅仅简单将“侵犯人格尊严权”等同于“需要支付精神损害赔偿”，那么基于“人格尊严权”宽广的内涵，则会出现实践中各类侵犯人身权益的行为，由于在某种程度上都可能被解读为侵犯“人格尊严权”，进而被认定为需要支付精神损害赔偿。此类乱象在司法审判实践中应当着重避免。

然而上述案例中的法院在认定是否需要支付精神损害赔偿的问题上并没有给予损害结果多少关注，判决主文中也未详细论述，同时法院也并未考虑到“人格尊严权”的概念模糊化的问题，所以从判决主文中让读者得出了法院将“雇主实施歧视行为”等同于“侵害劳动者人格尊严权”并进而等同于“造成精神损害”，从而判令雇主支付精神损害的赔偿。这样的判罚表面上系维护劳动者权益，然而在司法案例逐步公开化的今天，实则在给司法实践制造不确定因素，众多的人可能因为法院过于简单的逻辑将歧视行为、人格尊严权以及精神损害等概念进行混淆。

四、浅议就业歧视案件中认定精神损害赔偿的标准制定

据笔者观察，法院在就业歧视案件中判罚雇主承担精神损害赔偿的依据多建立在“侵害人格尊严权”的基础上，但由于“人格尊严权”本身过于模糊化的概念以及法律性质上的不确定性，显然在就业歧视案件中认定是否造成“严重精神损害结果”当为重中之重。笔者所见大多数案例中就“精神损害结果”这点不是一笔带过就是根本不加论述，笔者判断，现实的问题可能是法院找不到在就业歧视类案件中认定精神损害结果的具体标准。

认定是否导致“严重精神损害”的传统方法为由劳动者举证雇主的歧视行为导致其精神受到严重创伤，如医学诊断记录以及雇主歧视行为与精神创伤间的因果关系，如雇主的某个歧视行为导致劳动者患上抑郁症等精神类疾病等。笔者认为若劳动者能够证明自身的精神状况由于雇主的歧视行为而受到异乎寻常的打击并进而发生病理性变化的，则法院认定雇主进行精神损害赔偿的依据较为充分。

当然，由于就业歧视行为不同于侵犯生命权、健康权或名誉权等行为，对于劳动者的身心打击显得较为间接，故劳动者遭受巨大打击从而发生病理性变化的案例非常少，但若仅以未发生病理性变化而否认精神损害赔偿的适用似也太过武断，故需要一套能够通过其他事实来推定损害结果的标准。

笔者认为，在司法实践中法院可以以“雇主的行为是否违反侵犯了劳动者的信赖利益”为判罚标准，从而决定是否推定雇主的行为给劳动者的心理造成了严重的损害结果。“信赖”与“信赖利益”

在学理上争论较多，有学者认为："信赖是指当事人相信要约或合同而为准备签订合同、签订合同、准备履行合同或履行合同的行为（包括作为和不作为）所导致的财产减少和与他人订约机会的丧失。可见，信赖首先是一种善良的心理状态，其次是受该善良的心理状态驱使为一定行为或不为一定行为，以致造成损先，包括财产损失和机会损失。信赖利益，是指对合同或要约赋予了信赖的一方当事人所故有的，因信赖可能或已经受到损失的利益，包财产利益和机会利益。"[①]放在反歧视法律的语境中，可以理解为所谓信赖利益，即劳动者通过与雇主的沟通或交流，有充分的理由对于劳动合同的签订或者履行抱以期待，并进而为合同的订立作出了充分的准备或实际参与了合同的履行。在准备及参与履行的过程中，劳动者由于其自身的付出不可避免地会丧失其他机会。

笔者认为在反歧视法律的语境中，所谓侵害劳动者的信赖利益，指雇主在明知受到劳动者信赖并进而产生信赖利益的基础上，未能履行自身的先合同义务或者附随义务，而导致劳动合同无法订立或者已经订立的劳动合同解除或终止的情形。先合同义务与附随义务在学理上并不相同，但学理上一般认为其包含相互协助、通知、说明、照顾、保护、保密等内容。换句话说，笔者认为，若雇主将其带有歧视性的要求在双方建立信赖关系之前就已经通过通知、说明等方式传达给劳动者，则即使该信息本身带有不合理性或甚至是违法的，依然不能视为雇主侵犯了劳动者的信赖利益；反之若信赖关系建立后，劳动者必然为此付出了机会成本，此时雇主再将带有歧视性的要求告知劳动者或将带有歧视性的标准作为考核依据或者终止/解除劳动合同的理由，则必然枉费了劳动者此前基于信赖关系所作出

① 马新彦："信赖与信赖利益考"，载《法律科学》2000年第3期。

的努力，构成侵害劳动者的信赖利益，在此基础上推定劳动者为此精神必然遭到损害才较为合理。

在上述案例中，谌某已经实际入职雇主公司，其完全有理由相信其自身的条件已经符合雇主的要求，并且在自身工作不犯错误且雇主的运营状况没有重大改变的情况下能够长期地履行双方签订的劳动合同，其与雇主间有建立了明显的信赖关系。然而此时雇主以其“身为传染病原携带者”为由将其解雇，无疑破坏了双方间的信赖关系，也枉费了谌某为订立及履行劳动合同所付出的努力，侵犯了谌某的信赖利益。即使在谌某未能证明其自身心理状况由于雇主的歧视行为而发生病理性变化或者损害的情况下，依然可以推定雇主的行为造成了其精神损害，并进而酌情判定精神抚慰金。

综上，深圳市宝安区人民法院将精神损害赔偿适用于就业歧视领域，是一种在现有法律体系内的司法创新，这一大胆尝试对于那些受就业歧视的劳动者起到了切实的保障作用，对于以后发生的类似案件具有一定的参考价值，并对我国就业歧视法律体系的构建起到了推动作用。但是同时我们也应当看到，将精神损害赔偿适用于就业歧视领域的做法并不成熟，“严重精神损害结果”的认定标准很难予以确立，故笔者提出可以引入信赖利益的概念，将精神损害赔偿在就业歧视领域的应用予以完善，切实维护劳动者的平等就业权和人格尊严。当然，要想直接有效地解决就业歧视问题，必须完善就业歧视法律体系，充分发挥立法、执法、司法机关在防范就业歧视中应有的作用，相互配合，从而遏制就业歧视在我国的发展势头，维护劳动者合法权益，实现就业领域健康良性发展。

（撰稿人：董润青、李白）

劳动合同的履行与变更

8. 包月工资约定之效力判定

——刘爱华诉深圳市宝安区万丰利得五金厂和利得（香港）五金制品厂有限公司“加班工资”案

案件索引：深圳市宝安区法院（2005）深宝法民一初字第3345号判决书，2005年9月1日判决；深圳市中级人民法院（2005）深中法民六终字第2006号判决书，2006年2月23日判决。

基本案情

刘爱华于2004年10月6日入职深圳市宝安区万丰利得五金厂，同日双方签订《利得五金厂工作守则》（以下简称《工作守则》）。该《工作守则》约定：本案劳动者任职生产总监督，实行月薪制，月薪为6000元，每周6天工作制，每天工作9小时。而本案劳动者提供的员工薪金记录则显示2005年2月和3月的加班时间为零。2005年3月1日，本案劳动者以另有发展为由提出离职申请，经深圳市宝安区万丰利得五金厂同意，同月15日离职。后双方因加班工资等问题发生争议，刘爱华遂诉至深圳市宝安区劳动争议仲裁委员会。另深圳市宝安区万丰利得五金厂是“三来一补”企业，不能单独承担法律责任，故以利得（香港）五金制品厂有限公司为共同被申请人。

深宝劳沙井庭（案）字［2005］第219号劳动仲裁裁决书裁

决驳回刘爱华的加班工资申诉请求。刘爱华不服仲裁裁决结果，于2005年7月18日诉至宝安区人民法院。宝安区人民法院于2005年9月1日作出一审判决，被告深圳市宝安区万丰利得五金厂和利得（香港）五金制品厂有限公司应于本判决生效之日起三日内支付原告加班工资差额2578.95元及经济补偿金644.74元。被告深圳市宝安区万丰利得五金厂和利得（香港）五金制品厂有限公司不服，上诉至深圳市中级人民法院，2006年2月23日二审判决维持一审判决。

判决与理由

双方当事人争议的焦点是被上诉人是否存在加班，以及加班工资应该如何计算。一审判决书认为，原、被告双方通过签订《工作守则》的方式建立了劳动关系，应受劳动法规的调整。被告认为原告在实际工作中没有完全按照《工作守则》履行，但未提交充分证据予以证实，应承担举证不能的不利后果，故本院推定原告已按《工作守则》的约定履行，即每天工作9小时、每周工作6天。由此计算出原告离职前60天的加班时间为123小时，其中平时加班时间为42小时，休息日加班时间为81小时。原告的工资实行月薪制，依据员工手册约定，其工资里已经包括了加班工资，然法律规定的每个月加班时间不得超过36小时，故前述约定只在该范围部分有效，超出部分则无效。但原告已经付出劳务，被告仍应补足该加班工资差额。原告超出法定范围的加班时间为51小时，依公平原则，本院推定其中平时加班时间为6小时（42小时－36小时），休息日加班时间为45小时（81小时－36小时），由此计算原告的时薪6000元／月×2个月÷（20.92天／月×8小时／天×2个月+36小时×150%+36小时×200%）=26.05元/小时。故被告还应支付原告加班工资26.05元/小时×（6小时×150%+45小时×200%）=2578.95元，因被告无故拖欠此款，故另应支付该款25%的经济补偿金644.74元，至于原告还要求被告支付该经济补偿金50%的额外经济补偿金的诉讼请求，缺乏法律依据，本院不予支持。……另被告深圳市宝安区万丰利得五金厂是“三来一补”企业，不能单独承担法律责任，其本案中的法律责任应与被告利得（香港）五金制品厂有限公司共同承担。综上，依照《中华人民共和国劳动法》（1994年）（以下简称《劳动法》）第41条、第44条，《违反和解除劳动合同的经济补偿办法》第3条，《中华人民共和国民事诉讼法》（以下简称《民事诉讼法》）第64条，《最高人民法院关于民事诉讼证据的若干规定》第2条、第6条的规定，判决如下：一、被告深圳市宝安区万丰利得五金厂、利得（香港）五金制品厂有限公司应于本判决生效之日起三日内支付原告加班工资差额2578.95元及经济补偿金644.74元。二、驳回原告的其他诉讼请求。

二审判决书认为，本案双方当事人通过签订《工作守则》的方式建立了劳动关系，应视同双方签订了劳动合同。《工作守则》中约定每周工作6天，每天工作9小时，由此计算出被上诉人离职前60天的加班时间为123小时，其中平时加班时间为42小时（1小时/天×5天/星期×9星期－3天×1小时/天），休息日加班时间为81小时（9小时/星期×9星期）。上诉人主张被上诉人没有加班，但没有提供足够证据证明其主张，故上诉人此点上诉理由不能成立，本院不予支持。被上诉人的工资实行月薪制，虽然双方在《工作守则》中约定月薪已经包括加班工资，但根据《劳动法》第41条的规定，每月加班不得超过36个小时，故《工作守则》中加班时间超过36小时的约定部分应认定为无效。由此推定被上诉人平时加班时间为6

小时，休息日加班时间为45小时。原审法院关于加班工资的计算思路和方法已在认定部分详细列明，本院对此予以确认，上诉人上诉理由不能成立。据此，依照《民事诉讼法》第153条第1款第1项判决如下：驳回上诉，维持原判。

评　析

一、本案判决的意义

加班工资争议裁判法律依据主要是《劳动法》第44条规定。该条规定，加班工资是按照加班时间、加班工资计算基数以及计算比例计算。法律上对包月工资制度并没有明确规定。所谓的包月工资是指，用人单位与劳动者约定每月工资额中包含了加班工资，用人单位无需另行支付。包月工资制约定主要有两种：（1）约定固定月工资额和固定工作时间（包括固定加班时间），包月工资制约定中包括了加班工资，用人单位无需另行支付。例如，用人单位与劳动者约定，劳动者每周工作6天，每天工作9小时，月工资为2000元。（2）约定固定月工资额，但加班时间不固定，固定月工资额包括了加班工资。例如，用人单位与劳动者约定，劳动者每月工资为3000元，包括正常工作时间工资和加班工资。包月工资制中，劳动者即使没有加班，用人单位一般也会支付所约定的每月工资额，并不扣除工资。实践中，包月制工资容易发生加班工资争议。劳动者认为，用人单位并未支付加班工资，所约定的每月固定月工资额是正常工作时间工资，应作为加班工资的计算基数。用人单位则认为，已经支付了加班工资，所约定的包月工资额包括正常工作时间工资和加班工资。

本案的意义在于，劳动仲裁裁决书、一审判决书和二审判决书在包月工资制约定的有效性上达成了一个基本共识：目前我国法律并未禁止双方约定包月工资。裁定或判决包月制工资约定违法并无法律依据。只要包月制工资约定没有违反法律法规，即为有效。在包月工资约定的效力判断标准上存在分歧，主要有两种不同观点：（1）以加班工资计算基数是否低于法定最低工资标准作为包月工资约定是否有效的判断标准。劳动仲裁委员会以计算加班工资时薪是否低于法定最低工资标准来判断约定是否有效。即无论实际加班时间为多少，均按照公式 A=G÷（8×21.75+S×150%+S×200%）计算员工的基本时薪，如基本时薪不低于法定最低工资，则认定双方约定有效，劳动者要求用人单位另行支付加班工资的，不予支持。如计算出的基本时薪低于法定最低工资，则以法定最低工资为基数，重新计算劳动者应得的工资数额，减去双方约定的包月工资，所得的数额为用人单位应当再支付给劳动者的加班工资。（2）以约定的加班时间是否超过 36 小时和加班计算基数是否低于法定最低工资标准作为包月工资约定是否有效的判断标准。深圳两级法院认为，《劳动法》第 41 条规定，延长工作时间每月不得超过 36 小时。那么，对每月加班时间（即超过法定工作时间）在 36 小时以内的，基本时薪计算公式可设计为：A=G÷（8×21.75+S1×150%+S2×200%）（说明：此为公式 1，公式中 A 指基本时薪，G 指双方约定的包月工资数，S1 指工作日延长工作时间，S2 指休息日加班时间，下同）。如计算出的基本时薪不低于当地最低工资标准，则认定双方约定有效，即认定双方约定的包月工资已包含全部加班工资，不再另外计算加班工资，劳动者另外再要求加班工资的，不予支持；如计算出的基本时薪低于法定最低工资标准，则应当以法定最低工资标准为基数，按照加班时间重新计算劳动者应得的总工资数，减去双方约定的包月工资，所得的数字为用人单位应当另行支付的加班工资。对每月加班时间（即超过法定工作时间）超过36小时的，基本时薪计算公式为：A=G÷［8×21.75+S3×150%+（36–S3）×200%］（说明：此为公式2，公式中S3指员工每月36小时加班时间中的工作日所延长的工作时间）。如计算出的基本时薪不低于当地最低工资标准，则认定双方约定的包月工资已包含36小时的加班工资，对超出36小时的加班工资另外计算，公式为：A×S4×150%+A×（S–36–S4）×200%（说明：此为公式3，公式中的S4指总加班时间去掉36小时后的加班时间中的工作日所延长的工作时间，S指总的加班时间）；如计算出的基本时薪低于法定最低工资标准，则应当以法定最低工资为基数，按照实际加班时间重新计算应得的总工资数，减去双方约定的包月工资，所得的数字为用人单位应当另行支付的加班工资。以上两种情形均存在一个问题：36小时以内的加班时间中的平时加班时间和休息日加班时间难以区分甚至无法区分，对此种情况，统一明确为各半计算，则公式2中的S3即是18。

2008年《广东省高级人民法院、广东省劳动争议仲裁委员会关于适用〈劳动争议调解仲裁法〉〈劳动合同法〉若干问题的指导意见》、2009年《深圳市中级人民法院关于审理劳动争议案件若干问题的指导意见（试行）》相继以公开文件的方式正式确认了包月工资的合法性，即用人单位可以与劳动者约定每月工资额包含了加班工资，无需另行支付加班工资。依照加班时间折算出的加班工资计算基数不低于最低工资标准，约定即为有效。没有书面约定实际支付的工资是否包含加班工资，但用人单位有证据证明已支付的工资包含正常工作时间工资和加班工资的，可以认定用人单位已经支付的工资包含加班工资。加班时间约定是否超过36小时不再成为包月工资约定是否有效的判断标准。就目前各地审判实践看，北京、南京、江苏、山东等地司法审判指导意见对包月工资制合法性亦进行了确认，旨在统一地方上用人单位实际支付的工资未明确正常工作时间工资和加班工资的司法处理。

二、“加班工资”的法律界定及其性质

本案争议焦点在于包月工资是否包含了加班工资。《劳动法》第44条规定，用人单位超过法定工作时间安排劳动者延长工作时间的，有支付加班工资的法定义务。但我国劳动法没有进一步对加班工资概念予以界定。依据《劳动法》第44条可解释出加班工资定义为：用人单位支付的劳动者延长工作时间工作的工资报酬。加班工资按法定标准支付，高于劳动者正常工作时间的工资报酬。

《劳动法》第44条规定了加班工资支付的法定基准，即不低于加班工资计算基数的一定比例支付。加班工资支付的最低标准为：加班工资计算基数×加班时间×计算比例。计算比例规定得非常明确：正常工作日加班、休息日加班和法定节假日加班工资计算比例分别是150%、200%、300%。而加班工资计算基数规定相对模糊。《劳动法》第44条规定加班工资计算基数为“工资”。同年，原劳动部办公厅颁布《关于〈中华人民共和国劳动法〉若干条文的说明》（劳办发［1994］289号，以下简称《若干条文的说明》）作为各级劳动部门学习、理解和贯彻《劳动法》的内部参考。《若干条文的说明》第44条定义《劳动法》第44条的“工资”为：“本条的‘工资’，实行计时工资的用人单位，指的是用人单位规定的其本人的基本工资，其计算方法是：用月基本工资除以月法定工作天数即得日工资，用日工资除以日工作时间即得小时工资；实行计件工资的用人单位，指的是劳动者在加班加点的工作时间内应得的计件工资。”基本工资等同于标准工资。其依据为1990年1月1日国家统计局发布的《〈关于工资总额组成的规定〉若干具体范围的解释》第5条规定。[①]原劳动部《工资支付暂行规定》（1994 年 12 月）第 13 条规定，加班工资计算基数为“劳动合同规定的劳动者本人小时工资标准”。《对〈工资支付暂行规定〉有关问题的补充规定》（1995 年 5 月）第 2 条第 1 款进一步明确加班工资计算基数为“劳动合同确定的正常工作时间工资标准”。而原劳动部《关于贯彻执行〈中华人民共和国劳动法〉若干问题的意见》（1995 年 8 月）（以下简称《若干问题的意见》）第 55 条定义《劳动法》上“劳动者正常工作时间工资”为“劳动合同规定的本人所在工作岗位（职位）相对应的工资”。

从以上文献梳理可知，《劳动法》第 44 条中的加班工资计算基数——“工资”的行政性解释应为：“劳动合同规定的正常工作时间工资标准，包括计时工资标准和计件工资标准。正常工作时间工资是劳动合同规定的劳动者个人所在工作岗位（职位）相对应的工资。”简言之，加班工资计算基数应是劳动合同所约定的劳动者个人所在工作岗位（职位）相对应的工资，只要劳动者在正常工作时间内依照劳动合同约定提供了正常劳动就应获得的工资。

工作时间是劳动者为了工资而必须付出劳动的时间范围。工作时间越长，休息时间越短。工作时间作为劳动条件原本属于契约自由范畴，但工作日有一个最高界限，这个最高界限取决于劳动力身体界限和道德界限。前者是满足生理需要，后者是满足精神和社会需要。[②]法律强制限制最长劳动时间的目的在于明确区分开属于劳动者自己的时间和属于用人单位的工作时间。我国实行每日工作不超过 8 小时、平均每周工作不超过 40 小时的工时制度。这就是用人单

① 《〈关于工资总额组成的规定〉若干具体范围的解释》第 5 条规定，工资分为标准工资（基本工资）和非标准工资（辅助工资）。标准工资是指按照规定的工资标准计算的工资（包括结构工资中的基础工资、职务工资和工龄津贴）。

② 马克思：《资本论》，中国社会科学出版社 1984 年版，第 223 页。

位与劳动者各自所属时间的法定界限。在法律规定的最长工作时间内，用人单位可以与劳动者自由约定工作时间，即为正常工作时间。在正常工作时间内，劳动者必须服从用人单位安排提供劳动。超出法定工作时间的工作则是占用了劳动者所属的法定休息时间，属于法定工作时间的延长。正常工作时间内给付的工资为正常工作时间工资，延长工作时间所依法定标准支付的工资为加班工资。《劳动法》第44条明确规定，加班工资要高于正常工作时间工资。既然要高于正常工作时间工资，那么正常工作时间工资与加班工资应该能明确区分，方能比较。

而本案中劳动合同当事人约定的月薪为6000元，每周6天工作制，每天工作9小时。这种工资约定包括了正常工作时间工资和加班工资，即6000元既包括每周5天、每天工作8小时制的正常工作时间工资，也包括每周休息日加班1天，每天延长工作时间1小时的加班工资。这样一来，正常工作时间工资和加班工资无法区分。该约定的效力自然存在争议。本案在二审期间法官之间的争议非常激烈。有观点认为，应尊重用人单位与劳动者的意思表示，即从契约自由角度，只要法律没有禁止，就应当承认这种工资约定的有效性；也有观点认为，包月工资制约定无效。二审法院最终采纳了前者观点。它凸显了契约自由原则在加班工资争议中的适用，直至延伸至加班工资计算基数的约定。此种裁判原则逐渐被其他地方所借鉴和使用。

三、包月工资约定的效力审查

最高人民法院《关于审理劳动争议案件适用法律若干问题的解释（四）草案（10稿）》曾经将广东地区的包月工资制条款包含进去了，最终因为争议较大而未通过。然而，越来越多的地方司法指导意见采纳了包月工资约定自由之观点，只要工资约定不违反强制性法律法规即为有效逐渐成为司法共性规则。本案劳动仲裁裁决书与法院判决书都存在对包月工资约定有效性的判断。包月工资制的实质是突破劳动法规定的法定工时制，通过契约方式，将工作时间延长至劳动者休息时间，并将延长工作时间应依法支付的加班工资通过约定含括在每月固定给付的工资中。这种对包月工资约定效力的承认不宜从宽而应从严，否则不仅使得工时基准立法目的落空，也对工资基准法影响较大，正常工作时间工资变为法定最低工资，正常工作时间工资过低，劳动者不得不通过延长工作时间来维持一定的工资收入水平，也就出现了用人单位以不安排加班作为对劳动者惩戒的手段，以及因加班减少而引发罢工等诸多奇怪现象。

劳动法对工时限制旨在保障劳动者休息权。在劳动基准法规定的底线之上才是契约自由领域。有必要对包月工资约定的真实性和合法性进行全面判断。

（一）包月工资约定的意思真实判断

现有地方对包月工资制的承认有两种情形：一种是书面劳动合同明确约定的包月工资制。如书面劳动合同明确约定月薪为6000元，每周6天工作制，每天工作9小时。另一种是没有书面约定，但另有证据证明，也可以认定用人单位已经支付的工资包含加班工资。例如，没有书面约定包月工资制，但有证据效力的工资单、考勤表或其他证据表明实行工资包月制，只要折算的加班工资计算基数不低于法定最低工资标准，即可认定用人单位已经支付的工资包含了加班工资。“深圳市星某商务宾馆有限公司诉赵某劳动争议纠纷案”①中双方没有签订书面劳动合同，法院认为，原告深圳市星某商务宾馆有限公司向法庭提交的工资表及考勤卡均没有员工的签名确认，在被告赵某不予认可的情况下不能作为认定案件事实的依据，故不

① （2011）深宝法劳初字第3963号。

支持原告主张的包薪制，判决原告没有证据证明已经支付了被告加班时间的劳动报酬，依法应当如数补足。一般情况下，只要有劳动者签署的工资条、考勤表等，依照每月实际加班时间，折算后的加班工资基数以及正常工作时间工资不低于当地法定最低工资标准，都会支持用人单位的包月工资制的合法有效性。

笔者认为，合意真实性是判断包月工资制约定是否有效的第一要素。依照《中华人民共和国劳动合同法》（以下简称《劳动合同法》）第8条的规定，用人单位就劳动报酬、工作时间等重要劳动条件有主动告知的义务，并且规定，工作时间和休息休假、劳动报酬是劳动合同的法定必备条款。用人单位必须以明示方式向劳动者提出包月工资制的要约，并向劳动者说明包月工资制的具体内容，劳动者知悉包月工资制内容，且以明示方式作出承诺，方可认为包月工资制约定是真实合意的结果。下列情况下可认定包月工资制约定合意的真实性：（1）用人单位与劳动者在书面劳动合同中明确约定包月工资制条款。例如，明确约定每月固定工资额和工作时间数（包括正常工作时间数和固定加班时间数，如每周工作6天），或明确约定每月固定工资额和工作时间上限数（包括正常工作时间数和加班时间上限，如每月加班工作时间不超过36小时）。（2）用人单位与劳动者未书面约定包月工资制，但以明示方式向劳动者提出包月工资制的要约，劳动者也通过明示意思表示承诺。例如，用人单位在规章制度中写明包月工资制内容，劳动者签收并未提出异议；用人单位在工资表中列明每月固定工资结构为基本工资和固定加班工资，劳动者签收并未提出异议；用人单位以书面通知方式告知劳动者适用包月工资制，其每月固定工资额包含正常工作时间工资和加班工资，等等。归纳言之，包月工资制约定中，用人单位应当以明示方式如实告知劳动者包月工资制的具体内容，劳动者也应当以明示方式对包月工资制作出同意的意思表示。笔者认为，在劳动争议双方当事人没有约定包月工资制的情形下，劳动仲裁员和法官不能径直以法定最低工资标准作为正常工作时间工资及加班工资计算基数来判断用人单位所支付的工资是否包含了加班工资，即不能代替当事人变更劳动合同条款，要尊重当事人真实意思表示。

加班工资争议中，用人单位主张包月工资制的，应就包月工资制约定的合意真实性负有举证责任，假如用人单位没有证据证明包月工资约定的合意真实性，则承担举证不能的不利后果，包月工资制的主张不能得到支持。

（二）包月工资制约定的合法性判断

《劳动合同法》第26条第2款第（三）项规定，违反法律、行政法规强制性规定的，劳动合同无效或部分无效。包月工资制约定是对包括延长工作时间以及延长工作时间工资在内的工作时间和工资的约定。该约定不得违反《劳动法》关于工作时间和工资的强制性规定。

1. 工作时间约定的合法性判断

《劳动法》第41条规定了延长工作时间的限制性条件：（1）由于用人单位生产经营的需要；（2）经与工会和劳动者协商同意；（3）一般每日不超过1小时，因特殊原因需要延长工作时间的，在保障劳动者身体健康的条件下延长工作时间每日不得超过3小时，但是每月不得超过36小时。

笔者认为，在判断包月工资制约定是用人单位和劳动者真实意思表示后，应依据《劳动法》第41条对包月工资制中工作时间约定的合法性予以判断。依据该条规定，包月工资制关于延长工作时间约定有效性的审查标准为：①延长工作时间约定是否是基于用人单位生产经营需要。本案中，用人单位应举证证明，包月工资制中劳动者每周延长工作时间1天，每天延长工作时间1小时是基于生产经营需要而约定的。②延长工作时间约定是否超过法定的延长工作时间最高限制。即包月工资制约定的工作时间延长，每日不得超过3小时，每月不得超过36小时。本案中，包月工资制所约定的每月延长的工作时间已经远远超过36小时，超出部分约定无效。③延长工作时间约定是否影响到劳动者身体健康。限制最长工作时间旨在确保劳动者休息的时间，劳动力不同于一般的财产，需要通过必要的休息恢复体力，确保身体健康；同时，劳动者作为社会的人需要家庭生活、参与社会活动等的时间，确保心理健康。生命健康权作为人权是不可以通过契约约定而放弃的。因此，是否影响到劳动者身体健康应是延长工作时间约定是否有效的重要审查标准。

2. 工资约定的合法性判断

《劳动法》第48条规定，用人单位支付劳动者的工资不得低于当地最低工资标准。原劳动部《关于贯彻执行〈中华人民共和国劳动法〉若干问题的意见》（1995年）第54条规定，《劳动法》第48条中的“最低工资”是指劳动者在法定工作时间内履行了正常劳动义务的前提下，由其所在单位支付的最低劳动报酬。劳动者在法定工作时间内提供了正常劳动义务所获得的劳动报酬为正常工作时间工资。《劳动法》第48条的“工资”仅是指正常工作时间工资，与第44条作为加班工资计算基数的“工资”概念相同。

法定最低工资标准是包月工资制中工资约定合法性的判断标准，即包月工资制中正常工作时间工资和计算加班工资基数不得低于法定最低工资标准，否则无效。然而，如何区分正常工作时间工资和延长工作时间工资是包月工资制中最大的问题。本案确立了正常工作时间工资标准（小时工资标准）的计算方法。2009年《深圳市中级人民法院关于审理劳动争议案件若干问题的指导意见（试行）》第74条正式明确了深圳市包月工资制中小时工资标准的计算公式为：约定工资 ÷（21.75 天 ×8 小时 + 约定包含在工资中的平时加班时间小时数 ×150%+ 约定包含在工资中的休息日加班时间小时数 ×200%+ 约定包含在工资中的法定节假日加班时间小时数 ×300%），如果按照上述办法计算出的劳动者的时薪低于法定最低工资标准的，则包月工资制约定无效。笔者认为，此种计算方法仅是便于司法审查，但包月工资制争议案件审查中应查清包月工资制中正常工作时间工资与延长工作时间工资区分之事实。用人单位应就包月工资中正常工作时间工资及加班工资计算方式作出具体说明，例如，用人单位与劳动者书面劳动合同约定每周工作时间 6 天，每月休息 4 天，每天 8 小时；每月工资 3500 元。用人单位可主张，基本工资 2500 元 / 月，固定加班工资 1000 元 / 月。固定加班工资计算是以基本工资 2500 元 / 月作为计算基数，每月固定加班工资计算方式为：2500÷21.75×4×200%=919.54 元，以区分正常工作时间工资和加班工资。否则，应认定包月工资约定无效。

归纳言之，笔者认为包月工资制约定效力应按下列步骤予以审查：第一阶段审查包月工资制约定是否是真实意思表示的结果。第二阶段审查包月工资制约定中包含的加班时间是否合法。第三阶段审查包月工资制约定中加班工资计算基数是否低于最低工资标准。用人单位应就包月工资约定中，正常工作时间工资和加班工资区分以及加班工资计算依据作出具体说明。

（三）包月工资制约定无效之后果

包月工资制约定无效属于劳动合同的部分无效，依据《劳动合同法》第 27 条规定，不影响其他部分效力，其他部分依然有效。本案凸显了包月工资制约定无效后果争议的两大焦点：

（1）约定包含的加班时间超出了法定最长限制，超出部分加班工资计算法定比例的适用。本案中，法官判定用人单位应依法支付超过 36 小时的加班时间的工资。我国对工作日延长工作时间、周休日延长工作时间以及法定节假日延长工作时间的加班工资计算比例并不相同，而本案只能计算出超出 36 小时加班时限的小时数，没办法再具体区分这些小时数哪些是平时工作日加班数和周休日加班数，本案法官最终采取公平分配的办法，将超过法定最长时限的加班时间按照平时加班时间总数和休息日加班时间总数均减去 36 小时，分别适用 150% 和 200% 的计算比例。

《劳动法》规定，关于加班工资计算法定比例分为 150%、200%、300%，分别适用于平时工作日加班工资、休息日加班工资和法定假日加班工资的计算，但关于加班最长时间限制则仅规定每日加班不超过 3 小时和每月不超过 36 小时，其中，每月不超过 36 小时包括平时工作日加班时数、周休日加班时数和法定节假日加班时数的总和。当包月工资约定包含的加班时间仅是平时工作日加班时间，例如，每日工作时间为 4 小时，每周工作 5 天，则超出法定时限约定无效，用人单位还需支付每日 1 小时的加班时间工资，其法定计算比例为 150%。或约定包含的加班时间仅是周休日加班时间，例如，每天工作 8 小时，每周工作 6 天，则每月加班时间为周休日加班时间，有的月份是周休日加班 4 天，共计加班时间 32 小时，未超出法定最长时限；有的月份是周休日加班 5 天，共计加班时间 40 小时，超过法定最长时限 4 小时，超出部分约定无效，用人单位还需支付周休日 4 小时的加班工资，法定计算比例为 200%。然而当约定包含的加班工作时间非单一，而是有平时加班、周休日加班，甚至法定节假日加班，法定计算比例适用则无法确定。本案法官以公平分配方式来确定法定计算比例在当时不失为一种妥当的处理方法，受原来的劳动仲裁时效规定所限，本案只支持劳动者 2 个月的加班工资请求。现在加班工资仲裁时效大大延长，这样计算不再适宜，且无法律依据，例如，劳动者请求1年的加班工资，而36小时仅是法定每月加班时间最长限制。

笔者认为，对于包含了不同加班工资计算比例的加班时间的约定，可以计算出平均计算比例，适用于超出法定加班工作时间最长时限部分的加班工作时间。例如本案超出法定时限的加班时间为51小时，包含了平时加班时间和周休日加班时间，可以选择适用的法定加班计算比例为：（150%+200%）÷2=175%。

（2）正常工作时间工资低于最低工资标准，包月工资制约定无效后，正常工作时间工资及加班工资的确定。当包月工资约定确实是双方真实意思表示的结果，包月加班工作时间合乎法律规定，接着就须依据约定的工作时间和加班时间判断加班工资计算基数是否合法，也即正常工作时间工资是否合法。此种无效情形下，争议焦点实际上是加班工资计算基数的确定。司法意见大致有两种：①以最低工资标准为基本工资，超过法定工作时间的为加班时间，加班工资以最低工资标准按法律规定比例计算。目前这是大多数地方法院的观点，如深圳市、北京市等。②以包月工资额作为基本工资，超过法定工作时间的为加班时间，加班工资以基本工资按照法律规定计算。

简单适用法定最低工资标准作为正常工作时间工资，可能产生与立法目的相悖之效果。对用人单位而言，预期违法成本过低，无法抑制其加班安排；对劳动者而言，则可能是正常工作时间工资的打折，进而变相降低其工资水平。然而，直接认定包月工资为正常工作时间工资，可能导致正常工作时间工资畸高，与该岗位价值难以匹配，亦不符合原本事实。法律解释不是拘泥于文字，而是要实现其意义和目的。[①]首先，我国劳动法上正常工作时间工资具有固定

---

① 〔德〕伯恩·魏德士：《法理学》，丁小春等译，法律出版社2003年版，第286页。

支付和按月支付的特点。应对劳动者实际所得工资进行判断，哪些项目符合正常工作时间工资的特质，排除不属于正常工作时间工资项目，如：（1）支付周期超过一个月的劳动报酬，如季度奖、半年奖、年终奖、年底双薪以及按照季度、半年、年结算的业务提成等；（2）无确定支付周期的劳动报酬，如一次性的奖金、津贴、补贴等。其次，对于月工资额明显高于同行业相同或相近岗位工资水平的，应参照行业或相近岗位工资水平，判断劳动者所在行业或岗位正常工作时间工资行情，以此确定加班工资计算基数。

总之，本案判决较早地承认了加班工资案件中包月工资约定的合法性，确定了包月工资约定有效性司法审查标准，即是否违反加班时间及加班工资计算基数的法定强制性标准，以及加班时间约定无效部分的处理规则。笔者对本案的判决总体上赞同，仅在效力判断的具体步骤、标准和无效处理上略有不同之见解。

（撰稿人：侯玲玲）

9. 特殊疾病医疗期确定

——梁介树诉南京乐府餐饮管理有限公司劳动争议案[①]

案件索引：南京市江宁区劳动争议仲裁院宁劳仲案字（2011）第1247号，2011年7月11日裁决；南京市江宁区法院（2011）江宁民初字第3632号，2011年11月30日判决；南京市中级法院（2012）宁民终字第37号，2012年2月20日判决。

基本案情

梁介树于2009年11月18日进入南京乐府餐饮管理有限公司（以下简称乐府餐饮公司）从事餐饮服务工作，双方签订了劳动合同，合同期限自2009年12月1日起至2011年11月30日止，但梁介树本人没有劳动合同文本。梁介树于2010年5月初生病，经南京军区南京总医院诊断为足细胞病，其后一直休病假，乐府餐饮公司向梁介树支付病假工资至2011年2月。2011年3月7日，乐府餐饮公司以其已经将劳动合同期限顺延至医疗期满为由，通知梁介树终止双方的劳动合同关系。2011年6月，梁介树向南京市江宁区劳动争议仲裁委员会(以下简称江宁区仲裁委)申请仲裁。2011年7月11日，

① 《最高人民法院公报》2013年第6期。

江宁区仲裁委作出宁劳仲案字（2011）第1247号仲裁裁决。后梁介树不服前述裁决于法定期限内向南京市江宁区人民法院提起诉讼。梁介树认为其所患疾病应当是大病，依法应当享受24个月的医疗期。在医疗期内，公司终止双方的劳动合同属终止不当，请求判令撤销被告2011年3月7日作出的劳动合同终止告知书，保持与被告的劳动合同关系；同时支付病假津贴及医疗期工资。2011年11月30日，南京市江宁区法院作出一审判决。乐府餐饮公司不服一审判决，向南京市中级人民法院上诉，请求确认梁介树与乐府餐饮公司之间劳动合同的期限是2009年12月1日至2010年11月30日；梁介树所患疾病不属于尿毒症，不能享受24个月医疗期，其医疗期应为3个月，相关待遇支付到该医疗期满。南京市中级人民法院作出裁判，驳回上诉，维持原判。

判决与理由

一、二审法院在查明事实的基础上确认梁介树与乐府餐饮公司劳动合同的到期日为2011年11月30日。南京市江宁区人民法院一审认为：劳动者患病或者非因工负伤，在规定的医疗期内劳动合同期满，劳动合同应当延续至医疗期满时终止。关于原告梁介树应当享受的医疗期问题，因其所患疾病病情严重，难以治疗，随时可能出现生命危险，应属特殊疾病，不受实际工作年限的限制，故梁介树应当享受的医疗期为24个月。符合原劳动部《关于贯彻〈企业职工患病或非因工负伤医疗期规定〉的通知》（劳部发［1995］236号，以下简称《〈医疗期规定〉的通知》）的内容。梁介树患病尚在规定的医疗期内，劳动合同的期限应自动延续至医疗期届满为止。乐府餐饮公司于2011年3月7日通知梁介树劳动合同终止，违反《中华人民共和国劳动合同法》第45条的规定，应予撤销。劳动者患病或者非因工负伤停止劳动，且在国家规定医疗期内的，用人单位应当按照工资分配制度的规定，按不低于当地最低工资标准的80%向劳动者支付病假工资。二审法院驳回乐府餐饮公司上诉，维持原判。

评　析

本案争议的焦点是梁介树应当享受的医疗期期限。从案情来看，本案首先涉及梁介树所患疾病的定性：一般疾病还是特殊疾病？疾病的定性影响医疗期期限的确定；其次，医疗期期限长短又影响到患病劳动者解雇保护期的确定。根据我国现行劳动立法规定，在劳动合同有效期内，劳动者如果患病并在规定的医疗期内的，用人单位不得终止劳动合同；[①]医疗期满后只有不能从事原工作也不能从事单位另行安排的工作的，用人单位才可以解除劳动合同，但依法还必须提前30天书面通知或支付代通知金及经济补偿金。[②]此外，劳动合同即使到期，但医疗期未届满的，劳动关系不得终止，必须延续到医疗期满。[③]此乃劳动法上医疗期法律意义、医疗期解雇[④]禁止规制的立法价值所在。

① 参见《劳动合同法》第42条。

② 参见《劳动合同法》第40条。

③ 参见《劳动合同法》第45条。

④ “解雇”概念使用说明：我国现行立法没有使用“解雇”概念，而是使用“解除劳动合同”，但理论上及西方国家立法多使用“解雇”一词，为表述方便，本文一般阐述也表述为“解雇”，引用立法条文及其他学者观点，则尊重法条及作者原文。

一、医疗期法律意义

（一）医疗期概念、特点

我国《劳动法》《劳动合同法》虽然使用了医疗期概念，但并未明确医疗期涵义。目前，理论及实务界通常援引原劳动部发布的《企业职工患病或非因工负伤医疗期规定》（劳部发［1994］479号，以下简称《医疗期规定》）第2条关于医疗期的涵义，即医疗期是指企业职工因患病或非因工负伤停止工作治病休息不得解除劳动合同的时限。

根据劳动立法的精神及劳动部文件对医疗期的解释，可将医疗期的特点归纳如下：

1. 医疗期适用对象：职工

关于职工的概念，我国现行劳动立法没有明文定义，但是根据《劳动法》《劳动合同法》关于适用范围的规定，享受“医疗期”的“职工”应当是指劳动关系中的劳动者。具体包括：①与中华人民共和国境内的企业、个体经济组织、民办非企业单位等组织（以下称用人单位）建立劳动关系的劳动者；②与国家机关、事业单位、社会团体建立劳动关系的劳动者；[①]③事业单位与实行聘用制的工作人员订立、履行、变更、解除或者终止劳动合同，法律、行政法规或者国务院另有规定的，依照其规定；未作规定的，依照劳动合同法有关规定执行。[②]

另外，根据《〈医疗期规定〉的通知》对医疗期的解释，医疗期只适用患病或非因工负伤的劳动者，故因工负伤或患职业病情形下享受工伤医疗期的劳动者及处于观察期的疑似职业病患者，均不属于这里所说的医疗期适用对象。

---

① 参见《劳动法》及《劳动合同法》第2条。

② 参见《劳动合同法》第96条。

2. 医疗期适用条件：患病或非因工负伤并需要停止工作治病休息

“病”是指生理或心理上发生的不正常状态。[①]但依法享有医疗期的“病”，并非泛指一切疾病，而是需要达到“停止工作治病休息”的程度。换言之，一般性无需停止工作的“普通疾病”，原则上不享受医疗期。“非因工负伤”是与“因工负伤”相对应的概念，凡不符合“因工负伤”条件的，则为“非因工负伤”。劳动者“非因工负伤”的，如果需要停止工作治疗休息的，也适用现行医疗期的规定。

至于对职工患病或非因工负伤“停止工作治病休息”如何判定的问题，目前立法未作明文规定。从各地操作实务看，广州市劳动局发布的《广州市劳动局关于解答〈广州市职工患病或非因工负伤医疗期管理实施办法〉有关问题的通知》（穗劳福［1999］3号）第1条解释为：职工患病或非因工负伤，必须是由于病情较严重，处于发展或不稳定状态，确需停止工作治疗且连续时间超过3天时才给予计算医疗期，并从停工治疗的第一天起开始累计。

该解释提供了一个可供参照的标准。就用人单位内部解决方案而言，可以由企业集体合同、内部劳动规则予以明确。

3. 医疗期劳动关系状态：不得解除或终止劳动关系

患病或非因工负伤并需要停止工作治病休息的劳动者，在法定的医疗期内，免于劳动，但保留劳动关系，用人单位不得解除劳动合同。对于定期劳动合同而言，即使劳动合同期限届满，但医疗期未满的，用人单位也不得终止劳动关系，必须延续到医疗期满。当然，劳动者主观有过错的例外。在医疗期内的劳动者，依法或依集体合同、劳动合同的约定享受相关医疗期的待遇。该制度设计，是对处于医

---

① 《现代汉语词典》（修订本），商务印书馆1996年版，第92页。

疗期内的劳动者工作权、生存权的基本保障，也是医疗期制度的价值所在。

最后，关于停止工作治病或接受医疗的准假依据，目前立法没有明确，但实务操作中通常以所患疾病或者非因工负伤在依法注册的医疗机构的诊断为依据，即职工凭借依法注册的医疗机构诊断病历及医生开具的治疗建议等医事证明，向用人单位申请并办理医疗期休息准假手续。

（二）“医疗期”法律意义：解雇禁止

“医疗期”法律意义，根植于医疗期的性质。从劳动立法精神看，医疗期实质上是职工的解雇保护期，是用人单位不得在此期限内解除劳动合同的禁止性规则。即在医疗期内，职工免于劳动，但用人单位不得以未给付劳务、旷工违纪等事由解雇职工。定期劳动合同的职工，即使劳动合同到期，但医疗期未届满的，用人单位不得解雇，必须顺延至医疗期满。这是医疗期法律意义之最大价值。当然，职工本人有过错的，不在解雇保护范围内。

1. 劳动法上解雇禁止的原因

我国劳动立法语境下的解雇，为用人单位与劳动者解除劳动合同所为之意思表示的单方法律行为，其在本质上等同于大陆法系劳动契约中的“终止”，不发生溯及既往的法律效力。在市场经济前提下，用人单位为因应市场变化的必要，有调整人事之必要，但如果强令用人单位继续雇佣多余劳动者，将会增加成本。但是在用人单位终止劳动契约时，则可能牵涉到劳动者经济生活基础的丧失，或即使在有失业救济制度下劳动者的经济生活水准亦会降低；在劳动者尚能另觅新职的情形下，则会变更劳动者向来所熟悉的工作环境、条件（以及住家）；若导致失业或提前退休，则对劳动者人格利益（藉工作以发展其人格）有明显影响。就社会而言，失业除了引起社会不安、社会救济支出之负担外，也可能导致相关企业结构有调整的必要。因此，对雇主的解雇权限，自有加以限制之必要。而解雇法的功能，即在上述不同利益间，取得适当的平衡。①

2. 劳动法上解雇规制基本规则一：解雇最后手段原则

基于解雇对劳工、对社会的影响，也同时基于法律的根本属性与功能，劳动法确立了一项解雇基本规则——解雇的最后手段原则，即解雇应为雇主终极、无法回避、不得已的手段。②该项规则功能的实现明显需要雇主的承担，由此产生了对雇主解雇权限制的必要性和相应的解雇保护法律制度。

从各国解雇保护立法理论来看，存在着“解雇自由”与“解雇保护”之争，前者源于民法的契约自由原则，后者源于社会法中的生存权保障原则。各国解雇立法的法理基础不尽相同，但解雇立法体现了大致相同的立法价值取向——解雇保护。在解雇制度设计上，一方面赋予雇主有即时解雇、预告解雇或经济性裁减员工的权利，但同时又设计了解雇的法定条件、法定程序以及经济补偿制度，彰显解雇的倾斜保护理念，平衡劳资双方利益及维护劳动关系的稳定性和灵活性，实现劳动力资源优化配置的基本价值。③解雇需要符合法定条件、法定程序并支付经济补偿金的制度设计，充分体现了解雇的最后手段原则。

---

① 林更盛：《劳动法案例研究》(一)，（台湾地区）翰卢图书出版有限公司 2002 年版，第 260 页。

② 同上书，第 261 页。

③ 关于解雇立法的三个价值取向，参见董保华、刘海燕：“解雇保护制度研究”，载董保华主编：《劳动合同研究》，中国劳动社会保障出版社 2005 年版，第 231—253 页；郑尚元：《劳动合同法的制度与理念》，中国政法大学出版社 2008 年版，第 285—297 页。

3. 劳动法上解雇规制基本规则二：医疗期内等弱势劳动者禁止解雇

在各国解雇保护立法中，除了设计解雇的法定条件、法定程序以及经济补偿制度，从正面直接规定解雇只能作为最后手段加以使用外，为了加强对弱势中的劳动者群体的保护，解雇保护制度还设计了反向立法规制规则，进一步限制用人单位解雇权，此即解雇禁止，以保障诸如在医疗期内患病或非因工负伤的劳动者，孕、产、哺乳期内的女性劳动者等。目的是保障这部分更加弱势的劳动者群体得以免除被解雇的恐惧，安心地疗养。这也是保障劳动者生存权、工作权的进步性立法。①

（三）我国医疗期内解雇禁止立法规定

我国《劳动法》第29条第2款、《劳动合同法》第42条第3款规定了劳动者患病或非因工负伤，在规定的医疗期内用人单位不得解除劳动合同，但劳动者有过错的例外。原劳动部1995年8月4日发布的《关于贯彻执行〈中华人民共和国劳动法〉若干问题的意见》（劳部发［1995］309号，以下简称《意见》）第34条进一步规定，除《劳动法》第25条规定的情形外，劳动者在医疗期、孕期、产期和哺乳期内，劳动合同期限届满时，用人单位不得终止劳动合同。劳动合同的期限应自动延续至医疗期、孕期、产期和哺乳期期满为止。

对于请长病假的职工，则规定："在医疗期满后，能从事原工作的，可以继续履行劳动合同；医疗期满后仍不能从事原工作也不能从事由单位另行安排的工作的，由劳动鉴定委员会参照工伤与职业病致残程度鉴定标准进行劳动能力鉴定。被鉴定为一至四级的，应当退

① 刘志鹏：《劳动法理论与判决研究》，（台湾地区）元照出版有限公司2000年版，第119页。

出劳动岗位，解除劳动关系，办理因病或非因工负伤退休退职手续，享受相应的退休退职待遇；被鉴定为五至十级的，用人单位可以解除劳动合同，并按规定支付经济补偿金和医疗补助费。”①《意见》将医疗期内解雇禁止与医疗期满病假予以区分，既照顾了劳动者工作权、生存权保障，也照顾了用人单位利益。

我国《劳动法》《劳动合同法》在解雇制度设计上遵循了解雇的最后手段原则，对医疗期内等弱势劳动者则设计了禁止解雇规则，彰显了劳动立法保护劳动者的基本价值理念。但是，对于何谓医疗期、何谓享受医疗期的患病及医疗期如何确定等问题没有作出明确规定。目前的依据是原劳动部发布的《医疗期规定》。时至今日，该规定实施已经20余年，显然不能满足司法实务的需求。

二、特殊疾病医疗期限确定

（一）特殊疾病医疗期确定的立法

我国现行的《劳动法》《劳动合同法》未对医疗期如何确定作出规定，目前，医疗期确定的规范依据主要是原劳动部发布的《医疗期规定》和《〈医疗期规定〉的通知》两个文件。从这两个文件看，医疗期限确定的依据，采用了两种不同的方法。

1. 以“劳动贡献”为依据

《医疗期规定》第3条规定，企业职工因患病或非因工负伤，需要停止工作医疗时，根据本人实际参加工作年限和在本单位工作年限，给予三个月到二十四个月的医疗期。该规定对于“患病”没有区分一般疾病还是特殊疾病，医疗期限长短只与劳动者过去的劳动贡献年限有关系。具体期限的计算方法，如下表：

① 参见劳部发［1995］309号第35条。

表 1　医疗期计算表[①]

总工作年限	本单位工作年限	医疗期	计算周期
10年以下	5年以下	3个月	6个月
	5年以上	6个月	12个月
10年以上	5年以下	6个月	12个月
	5年以上10年以下	9个月	15个月
	10年以上15年以下	12个月	18个月
	15年以上20年以下	18个月	24个月
	20年以上	24个月	30个月

对于劳动者患有难以治疗的疾病，《医疗期规定》只是对劳动关系处理作了不同的规定。一是经医生或医疗机构认定患有难以治疗的疾病，在医疗期内医疗终结，不能从事原工作，也不能从事用人单位另行安排的工作的，由劳动鉴定委员会参照工伤与职业病致残程度鉴定标准进行劳动能力的鉴定。被鉴定为一至四级的，应当退出劳动岗位，终止劳动关系，办理退休、退职手续，享受退休、退职待遇；被鉴定为五至十级的，医疗期内不得解除劳动合同。[②]二是经医生或医疗机构认定患有难以治疗的疾病，医疗期满，应当由劳动鉴定委员会参照工伤与职业病致残程度鉴定标准进行劳动能力的鉴定。被鉴定为一至四级的，应当退出劳动岗位，解除劳动关系，并办理退休、退职手续，享受退休、退职待遇。[③]

根据劳动贡献确定医疗期期限长短，虽然平衡了企业承担的医疗期解雇禁止之义务，将长期疾病照料从企业义务转为社会保障福

① 参见《企业职工患病或非因工负伤医疗期规定》（劳部发［1994］479 号）第 3 条、第 4 条。

② 参见《企业职工患病或非因工负伤医疗期规定》（劳部发［1994］479 号）第 6 条。

③ 参见《企业职工患病或非因工负伤医疗期规定》（劳部发［1994］479 号）第 7 条。

利，但没有考虑疾病医疗的需要。

2. 以“疾病治疗需要”为依据

《医疗期规定》实施后，一些企业和地方的劳动部门反映，医疗期最长为24个月，时间过短，限制较死，特别是该规定第6条、第7条使用的“难以治疗的疾病”并不明确，也没有说明哪些疾病属于难以治疗，造成实际执行中遇到一定的困难，要求适当延长医疗期。为此，1995年5月原劳动部发布了《〈医疗期规定〉的通知》。该通知规定，对某些患特殊疾病（如癌症、精神病、瘫痪等）的职工，在24个月内尚不能痊愈的，经企业和劳动主管部门批准，可以适当延长医疗期。原劳动部《意见》第76条亦作出了同样的规定。

这里的“经企业和劳动主管部门批准，可以适当延长医疗期”的规定，将医疗期确定的依据扩充到“疾病治疗需要”的期限。从疾病的范围来说，则只限于病情比较严重、治愈较难、治疗时间较长的特殊疾病，如癌症、精神病、瘫痪等。

（二）特殊疾病医疗期限确定的司法实践

《医疗期规定》和《〈医疗期规定〉的通知》规定，享受医疗期的“患病”类别被区分为一般疾病和癌症、精神病、瘫痪等特殊疾病。在司法实践中，特殊疾病医疗期争议主要涉及：（1）特殊疾病范围问题。现行规定采用“列举加‘等’”模式。换言之，该特殊疾病应不限于癌症、精神病及瘫痪。那么“等”外的特殊疾病包括哪些类型？如何确定？如果劳动者所患疾病不能被确定为特殊疾病，就不能以“疾病治疗需要”为依据确定医疗期，也谈不上延长医疗期问题。（2）“二十四个月”医疗期如何理解？有的裁判采用从严原则，不区分疾病类型，一律按照患病劳动者工作年限确定医疗期；如有必要，经申请批准后，可以延长。有的裁判采用从宽原则，如果确定为癌症、精神病、瘫痪等特殊疾病，即不考虑工作年限，最少为二十四个月。

从司法实践看，不仅是不同地区法院，即使是同一地区的法院，对疾病的定性及医疗期如何确定亦有不同的裁判。笔者在“北大法宝”、“北大法意”数据库中，检索2008年至2014年年底与本文研究案例有关的特殊疾病医疗期案例30例。根据医疗期确定依据，这些案例可以分成两类：

1. 以“工作年限”为依据：医疗期为3—24个月

在检索的30例中，此类案例有7例，占比不大。其中：精神类疾病1例，癌症类5例，重病1例。在这些案例裁判中，对患有癌症、精神病、瘫痪等特殊疾病的劳动者，法院没有考虑疾病的类型，仍然按照《医疗期规定》确定医疗期，即以劳动贡献为依据，按照劳动者实际工作年限与在本单位工作年限，确定劳动者应享有的医疗期。

表2　以“工作年限”确定特殊疾病医疗期

序号	审理法院	案件字号	疾病类型	法院裁判
1	河南省高级人民法院	（2014）豫法立二民申字第00187号	精神类疾病	患特殊疾病的医疗期仍应是在职工实际参加工作年限和在本单位工作年限基础上确定，如果享受到24个月的医疗期尚不能痊愈的，可以申请延长，并不意味着患X病的医疗期都规定最少为24个月。
2	上海市徐汇区人民法院	（2014）徐民五（民）初字第129号	癌症	医疗期按劳动者在用人单位的工作年限设置，被告给予原告王某6个月的医疗期并无不当。原告主张其医疗期应延长至24个月，但未提供相应依据，本院对该主张不予采信。
3	广西壮族自治区灌阳县人民法院	（2013）灌民初字第180号	癌症	被告孙某的工作年限为10年以下，应享受的医疗期为6个月。
4	广东省深圳市宝安区人民法院	（2012）深宝法劳初字第3880号	癌症	原告所主张的情况属于须经企业和劳动主管部门批准的特殊情况，不适用于原告。因此，原告虽为肺癌晚期，但工作年限不足5年，故医疗期为3个月。

（续表）

序号	审理法院	案件字号	疾病类型	法院裁判
5	浙江省绍兴市柯桥区人民法院	（2011）绍民初字第2205号	癌症	张某患胃癌系特殊疾病，但其未经企业和劳动主管部门批准，不得延长医疗期。因此根据工作年限，享受3个月医疗期。
6	山东省滨州市中级人民法院	（2014）滨中民四终字第18-19号	癌症	上诉人李某的医疗期按照工作年限计算，应为18个月。
7	河南省新野县人民法院	（2011）新民一初字第245号	急性主动脉夹层、高血压病	被告熊某患重病，结合被告的实际情况和病情给予其医疗期应最短为12个月，累计计算病休时间最短应为18个月。

关于“精神类疾病”医疗期期限确定：法院认为原劳动部《〈医疗期规定〉的通知》中关于某些特殊疾病（如癌症、精神病、瘫痪等）医疗期的规定，仍应该是在职工实际参加工作年限和在本单位工作年限基础上确定，如果享受到 24 个月的医疗期尚不能痊愈的，可以申请延长，并不意味着患 X 病的医疗期都规定最少为 24 个月，如河南省高级人民法院裁判的（2014）豫法立二民申字第 00187 号案。

关于“癌症”类医疗期期限确定：法院认为一般按照工作年限确定医疗期，但需要延长医疗期的，必须提供证据，未经企业和劳动主管部门批准，不得延长医疗期。如上海市徐汇区人民法院裁判的（2014）徐民五（民）初字第 129 号案、广东省深圳市宝安区人民法院（2012）深宝法劳初字第 3880 号案、浙江省绍兴市柯桥区人民法院裁判的（2011）绍民初字第 2205 号案。

这类案例中的特例是河南省新野县人民法院裁判的“急性主动脉夹层、高血压病”案，法院认为被告熊某患重病，但医疗期确定依据是结合被告的实际情况和病情，最短应为 12 个月，累计计算病休时间最短应为 18 个月。

2. 以“疾病治疗需要”为依据：医疗期最少为 24 个月

在检索的 30 例中，此类案例有 23 例，占比 76.67%。其中：癌症类 14 例，精神类疾病 7 例，难以治愈的特殊疾病 2 例。在这些案例裁判中，对患有癌症、精神病及难以治愈等特殊疾病的，法院的裁判不考虑工作年限长短，有的是直接表述为“应当享受 24 个月医疗期”或“医疗期可确定为 24 个月”或“法定医疗期为 24 个月”等；有的裁判，对医疗期期限的表述，采用劳动基准式表述方法，即“不低于 24 个月”或“最少 24 个月”；有的裁判，在确定 24 个月医疗期后，予以进一步说明，如果“24 个月内尚不能痊愈的，可以适当延长医疗期”。

这些案例裁判，详见表 3：

表 3　以“疾病治疗需要”确定特殊疾病医疗期

序号	审理法院	案件字号	疾病类型	法院裁判
1	上海市浦东新区人民法院	（2014）浦民一（民）初字第6130号	癌症	原告患乳腺癌，可享受不低于24个月的医疗期。
2	河南省鹤壁市中级人民法院	（2014）鹤民终字第379号	癌症	根据《关于贯彻〈企业职工患病或非因工负伤医疗期规定〉的通知》第2条规定，上诉人病情严重，难以治疗，应属特殊疾病，不受实际工作年限的限制，应当享受的医疗期为24个月。
3	山东省泰安市中级人民法院	（2014）泰民四终字第36号	癌症	原告患有转移性颈部淋巴癌，医疗期并非绝对依照工作年限来确定，因此原审确认24个月医疗期并无不当。
4	山东省青岛市中级人民法院	（2014）青民一终字第254号	癌症	被上诉人患乳腺癌，且不能在24个月内痊愈，应至少享受24个月的医疗期。
5	陕西省安康市中级人民法院	（2014）淮中民终字第0059号	癌症	被上诉人经诊断患小肠低度恶性间质瘤，属特殊疾病，医疗期可确定为24个月。

（续表）

序号	审理法院	案件字号	疾病类型	法院裁判
6	新疆维吾尔自治区喀什地区中级人民法院	（2014）喀民终字第496号	癌症	对患特殊疾病的职工，24个月内尚不能痊愈的，可以适当延长医疗期。
7	江苏省南京市中级人民法院	（2014）宁民仲审字第93号	癌症	被申请人被诊断为胃癌，依法应当享受24个月医疗期。
8	河南省郑州市中级人民法院	（2014）郑民二终字第689号	癌症	被告患左上肺鳞癌，法定医疗期为24个月。
9	上海市黄浦区人民法院	（2013）黄浦民一（民）初字第1679号	癌症	被告所患癌症属于特殊疾病，虽然工作仅一年，但是其医疗期应当较一般人员更长，为24个月。
10	上海市浦东新区人民法院	（2012）浦民一（民）初字第27713号	癌症	原告患肺癌属特殊疾病，被告应当给予原告不少于24个月的医疗期。
11	江苏省徐州市中级人民法院	（2012）徐民终字第1329号	癌症	被上诉人患有肝癌，病情确诊后仍在继续治疗，应享有24个月医疗期。
12	山东省青岛市中级人民法院	（2010）青民一终字第266号	癌症	被上诉人被确诊为乳腺癌，根据有关法律规定，患特殊疾病职工的医疗期应为24个月。
13	上海市第一中级人民法院	（2009）沪一中民一（民）终字第1448号	癌症	上诉人经诊断患X症并至今未愈，故其法定医疗期应为24个月。
14	北京市第三中级人民法院	（2014）三中民终字第1537号	精神类疾病	被上诉人患精神类疾病，在未经企业和劳动主管部门批准前亦可最长享受医疗期24个月。
15	广西壮族自治区桂林市叠彩区人民法院	（2013）叠民初字第1018号	精神疾病	原告所患疾病属特殊疾病，故原告应当享受的医疗期为24个月。
16	山东省济南市中级人民法院	（2013）济民一终字第1050号	精神分裂症	上诉人被确诊为精神分裂症偏执型，属于特殊疾病，应认定医疗期为24个月。
17	上海市浦东新区人民法院	（2012）浦民一（民）初字第9908号	精神分裂症	原告已确诊为精神分裂症，且目前尚在治疗中，原告依法可享受的医疗期不低于24个月。

（续表）

序号	审理法院	案件字号	疾病类型	法院裁判
18	上海市第一中级人民法院	（2011）沪一中民三（民）终字第145号	精神病	上诉人患有精神病，可享有不低于24个月的医疗期。
19	上海市浦东新区人民法院	（2010）浦民一（民）初字第1373号	精神分裂症	被告被确诊为偏执型精神分裂症，因此，依法可享受的医疗期不低于24个月。
20	海南省海口市中级人民法院	（2012）海中法民一终字第159号	精神病性障碍	被上诉人白某2007年9月27日被确诊为分裂性精神病性障碍，经县级以上医院确认需要住院治疗，确定医疗期至2014年1月。
21	江苏省丹阳市人民法院	（2014）丹民初字第0450号	白血病	被告患白血病系特殊疾病，医疗期至少为24个月。
22	江苏省常州市中级人民法院	（2013）常民终字第1121号	红斑狼疮	被上诉人所患疾病为红斑狼疮等，属于难以治愈的特殊疾病，可享受24个月的医疗期。
23	江苏省淮安市中级人民法院	（2014）淮中民终字第0059号	小肠低度恶性间质瘤	被告患X病，医疗期可确定为24个月（在24个月内尚不能痊愈的，经企业和劳动主管部门批准，可适当延长医疗期）。

三、针对本案的具体分析

本案争议的焦点问题是梁介树所患疾病是否属于特殊疾病？其医疗期如何确定？

（一）梁介树所患疾病定性——特殊疾病

法院查明本案当事人梁介树患足细胞病，此病是肾病综合征的一种，是肾脏足细胞病变，足细胞病是导致慢性肾功能不全的病因之一。尿毒症是慢性肾功能不全（又称慢性肾功能衰竭）第四期（也即最后阶段），慢性肾功能不全是各种进展性肾病的最终结局。2011年11月，梁介树因病情复发至南京军区南京总医院治疗，南京军区南京总医院向梁介树出具病重通知单。治疗中，病程记录亦多次提及梁介树病情严重，随时可能出现猝死，危及生命。

从法院的裁判看，法院以医疗机构诊断治疗结论作为证据，认为梁介树所患疾病病情严重，难以治疗，随时可能出现生命危险，应当属于特殊疾病范围。故，不支持用人单位的一般疾病定性，也否定了单位的只能享有 3 个月医疗期的抗辩。

就特殊疾病判定技术而言，法院采用医疗机构诊断结论，具有科学性。

（二）梁介树所患特殊疾病的医疗期期限——不少于 24 个月

本案当事人梁介树 2009 年 11 月 18 日进入南京乐府餐饮管理有限公司从事餐饮服务工作，双方签订了劳动合同，合同期限 2 年，自 2009 年 12 月 1 日起至 2011 年 11 月 30 日止。但梁介树于 2010 年 5 月初生病，后被诊断为尿毒症。单位按照《医疗期规定》确定医疗期的一般方法——工作年限，确定梁介树应享有的医疗期为 3 个月。如果按照这样的逻辑，梁介树在 2010 年 8 月初医疗期满。根据《劳动法》《劳动合同法》规定①，劳动者患病或者非因工负伤，医疗期满后，不能从事原工作也不能从事由用人单位另行安排的工作的，用人单位可以预告解雇，也就是说，当事人梁介树将面临被解雇的风险。

本案的一审、二审法院在审案的过程中，首先定性了梁介树所患疾病尿毒症为特殊疾病，在此前提下，又摒弃了以“劳动贡献”为依据确定特殊疾病医疗期的做法，代之以“疾病治疗需要”为依据，确定了梁介树的医疗期为 24 个月。即从梁介树 2010 年 5 月初生病起计算，医疗期应于 2012 年 5 月初结束。

① 参见《劳动法》第 26 条、《劳动合同法》第 40 条。

此外，法院还查明了梁介树与乐府餐饮公司劳动合同的到期日为2011年11月30日。梁介树因所患疾病属于特殊疾病，其医疗期不受实际工作年限限制，为24个月。故，梁介树与乐府餐饮公司劳动合同虽然在2011年11月30日期满，但该日期仍在梁介树享有的医疗期内，所以，劳动合同应当延续至医疗期满。

结语：该案在审理中，围绕医疗期这一焦点问题，查明事实，并根据医疗机构治疗结论定性劳动者疾病是否属于特殊疾病，对劳动者医疗期限确定以及医疗期未届满、劳动合同到期后劳动关系处理有重要意义。此外，劳动者患病或者非因工负伤停止劳动，且在国家规定医疗期内的，用人单位还应当按照工资分配制度的规定，按不低于当地最低工资标准的80%向劳动者支付病假工资。这就为梁介树的疾病治疗、基本生活提供了保障，符合劳动法上医疗期职工禁止解雇的立法精神。

（撰稿人：黄秀梅）

10. 带薪年休假制度的司法实践解析

——孙某诉上海淀山湖新城有限公司支付未休年休假折算工资报酬案

案件索引：上海市青浦区劳动人事争议仲裁委员会青劳人仲（2013）办字第 48 号；上海市青浦区人民法院（2013）青民四（民）初字第 989 号；上海市第二中级人民法院（2013）沪二中民三（民）终字第 955 号，2013 年 10 月 31 日判决。

基本案情

孙某于 2010 年 8 月 12 日进入上海淀山湖新城有限公司（以下简称新城公司）担任合同管理员，双方签订了一份期限为 2010 年 8 月 12 日至 2012 年 12 月 31 日的劳动合同。孙某在劳动合同条款中确认其在签署劳动合同时已阅看并了解新城公司的规章制度且同意接受各项规章制度。新城公司《员工手册》规定："员工在公司连续工作满一年以上者可享受带薪年休假；员工带薪年休假必须服从公司统一安排，休假前必须由部门经理签署意见并经人力资源部审核，报分管领导同意后方可休假；员工带薪年休假应在当年使用，不得跨年度累积。员工在当年 12 月 31 日前未休完的年休假，作自愿放弃。" 2012 年 12 月 31 日，双方劳动合同期满终止，孙某即离开新城公司。2012 年 12 月 28 日，孙某向上海市青浦区劳动人事争议仲裁委员会（以下简称仲裁委）申请仲裁，要求新城公司向其支付 2010 年度至 2012 年度的未休年休假折算工资报酬共计约 3.4 万元等仲裁请求。之后，孙某因不服劳动仲裁裁决结果，向上海市青浦区人民法院（以下简称法院）提起诉讼，法院在审理中另查明：截至 2012 年年末，孙某累计缴纳社会保险费共计 77 个月；孙某的公积金账户开户时间为 1999 年 9 月 21 日。

孙某认为：从 1999 年 7 月参加工作起算，其工龄已满 10 年，应享受 2010 年度年休假 5 天，自 2011 年起可以享受每年 10 天的年休假。[①]审理期间，孙某提供了一份"上海新思维进出口有限公司"加盖公章的在职证明，以证明孙某在 2002 年 5 月至 2006 年 12 月期间担任该公司办公室法务专员；孙某另提供一份"上海三立汇众汽车零部件有限公司"加盖公章的在职证明，以证明孙某在 2007 年 7 月至 2008 年 7 月期间担任该公司法务专员。孙某还指出新城公司从未安排其休年休假，孙某曾向新城公司申请休年休假，但新城公司告知其须在新城公司工作满 1 年才能享受年休假；孙某在 2011 年 8 月申请连续休年休假，但新城公司只同意休 2 天，双方未达成一致；新城公司在 2012 年 6 月安排旅游，冲抵了孙某 2 天年休假，但孙某认为旅游属于员工福利，不应冲抵。孙某否认见过《员工手册》，不清楚当年度年休假过期作废的规定，并认为该规定违反法律。

新城公司认为：孙某分别出具"上海新思维进出口有限公司"和"上海三立汇众汽车零部件有限公司"两份在职证明的真实性难以确认，新城公司也不清楚孙某之前的工作情况，孙某不应享受

① 《职工带薪年休假条例》第 3 条规定，职工累计工作已满 1 年不满 10 年的，年休假 5 天；已满 10 年不满 20 年的，年休假 10 天；已满 20 年的，年休假 15 天。

每年10天的带薪年休假。新城公司确认未安排过孙某2010年度、2011年度的年休假，但新城公司认为孙某关于2010年度未休年休假折算工资报酬的仲裁请求已超过申诉时效，且双方在劳动合同中明确约定当年度未休年休假过期作废。新城公司还指出该公司每年都在内网发布相关带薪年休假信息，要求没有用完年休假的员工在年内休完，未休完视为放弃休假；员工应先申请年休假，再由公司安排。新城公司确认在2012年内组织过孙某旅游，并冲抵2天年休假，但未安排剩余的年休假。

判决与理由

仲裁委认为：从《员工手册》的规定来看，孙某应在当年度享受年休假，但孙某未提供证据证明其在2011年12月31日之前和2012年12月31日之前曾向新城公司提出过申请享受年休假的事实，故应视作孙某自愿放弃2011年度和2012年度的年休假；关于2010年度的未休年休假事宜，仲裁委认为孙某应于知道或应当知道其权益受侵害之日起一年内申请仲裁[①]。据此，仲裁委对孙某主张的2010年度至2012年度的未休年休假折算工资报酬的请求均不予支持。

孙某不服，提起诉讼。法院认为：根据相关法规规定，只有在用人单位安排职工休年休假，而职工因本人原因且书面提出不休年休假的情况下，用人单位才可以不支付劳动者应休未休年休假工

① 《劳动争议调解仲裁法》第27条规定，劳动争议申请仲裁的时效期间为一年。仲裁时效期间从当事人知道或者应当知道其权利被侵害之日起计算。

资。[①]从该规定可见，只有在劳动者以积极的明示的方式表示其不休年休假的情况下，才能判定劳动者作出了放弃年休假权利的意思表示。而新城公司的规章制度实质是将劳动者消极的默示行为（即不申请年休假）作为放弃年休假权利的意思表示，显与相关规定不相符。所以，法院认为不能依据公司员工手册的规定推定孙某不申请年休假即视为其放弃年休假权利。孙某的公积金账户显示开户时间为 1999 年 9 月 21 日，但公积金账户开户信息不能证明孙某在开户后必然存在相应的工作年限；孙某提供的两份在职证明无其他证据印证，证明内容本身仅能证明孙某入职前有 7 年的工作经历，故法院根据孙某提供的养老保险缴费情况表确定截至 2012 年 12 月，孙某累计工作年限已满 1 年未满 10 年。法院还认为，职工连续工作满 12 个月以上的，享受带薪年休假，[②]因孙某未提供证据证明其在进入公司前已经连续工作满 12 个月，故认定孙某自 2011 年 8 月 12 日起可享受年休假。据此计算，孙某在 2011 年可享受年休假 1 天，2012 年可享受年休假 5 天。至于新城公司在 2012 年安排的旅游是否包括 2 天年休假的问题，法院认为用人单位组织旅游应属员工的一种福利待遇，用人单位给予员工约定外的福利待遇系用人单位的自主权，用人单位可以自主决定福利待遇的享受条件。新城公司安排孙某旅游期间占用的工作日抵扣年休假的做法并不违反法律的强制性规定，员工认为不应折抵年休假，可以选择放弃旅游；新城公司将旅游作为年休假安排的做法并不会导致孙某年休假权利遭到侵害，故孙某

---

① 《企业职工带薪年休假实施办法》第 10 条规定，用人单位安排职工休年休假，但是职工因本人原因且书面提出不休年休假的，用人单位可以只支付其正常工作期间的工资收入。

② 《企业职工带薪年休假实施办法》第 3 条规定，职工连续工作满 12 个月以上的，享受带薪年休假。

参加旅游应可认定孙某同意新城公司的年休假安排。综上，法院判决新城公司支付孙某2011年度1天、2012年度3天的未休年休假工资报酬差额。青浦区人民法院判决后，孙某不服，向上海市第二中级人民法院（以下简称中院）提起上诉。

中院二审认为原审法院判决正确，驳回上诉，维持原判。

评　析

一、关于年休假的享受条件

《职工带薪年休假条例》（以下简称《条例》）规定“职工连续工作1年以上的，享受带薪年休假（以下简称年休假）”。《企业职工带薪年休假实施办法》（以下简称《实施办法》）规定“职工连续工作满12个月以上的，享受带薪年休假”。上述规定未明确连续工作1年（12个月）是否限定在同一用人单位，实践中出现了两种不同意见。

第一种意见认为，用人单位可以统筹安排职工年休假，[①]用人单位对于在本单位工作时间较长，且做出一定贡献的员工，才可能考虑其带薪休假的权利，用人单位在安排带薪年休假时一般不会考虑员工之前在其他单位工作的时间长短情况。还有，如果用人单位在安排年休假时需要考虑劳动者之前工作的连续情况，则用人单位无疑要增大招聘成本，即在招聘时核实劳动者之前的工作经历和连续工作情况，实难以操作。所以，劳动者享受带薪年休假的条件为在

---

① 《职工带薪年休假条例》第5条规定，单位根据生产、工作的具体情况，并考虑职工本人意愿，统筹安排职工年休假。

同一用人单位连续工作 12 个月以上。自 2008 年实施《条例》以来，各地持上述意见者不在少数。例如，《关于广东省企业贯彻实施职工带薪年休假制度的若干意见》（粤劳社发［2009］7 号）第 2 条第 1 款规定："职工连续工作时间满 12 个月以上，是指职工在同一个用人单位连续工作满 12 个月以上。"（该规定已于 2012 年废止）

第二种意见认为，年休假的享受条件是"职工连续工作 1 年（12 个月）以上"，不限定在同一用人单位。国家保护劳动者的休息休假权利，不因劳动关系变更或岗位变更发生变化，应当享受的年休假天数不能被剥夺或减损。之后，人社部《关于〈企业职工带薪年休假实施办法〉有关问题的复函》（人社厅函［2009］149 号）明确，关于带薪年休假的享受条件"职工连续工作时间满 12 个月以上"，既包括职工在同一用人单位连续工作满 12 个月以上的情形，也包括职工在不同用人单位连续工作满 12 个月以上的情形。事实上，《实施办法》第 5 条明确规定："职工新进用人单位且符合本办法第三条规定的（即连续工作满 12 个月以上），当年度年休假天数，按照在本单位剩余日历天数折算确定，折算后不足 1 整天的部分不享受年休假。"如果我们将年休假的享受条件限定为同一用人单位连续工作满 12 个月，那么新进职工在当年度根本不可能满足连续工作满 12 个月的条件，也根本无法享受当年度年休假，更谈不上折算问题。因此，我们从《实施办法》第 5 条的规定也可以推断，劳动者"连续工作 1 年（12 个月）以上"并不限定为在同一用人单位工作。

目前，上述两种意见也已经趋于一致，多数人已经认可第二种意见。笔者在分析上述两种意见的过程中发现，正是《条例》实施后，带薪年休假制度逐步被社会大众理解并接受。笔者通过以下几方面来分析理解带薪年休假有别于其他休息休假的一些特点：

首先，休假权属于休息权的一种，[①]休息权一般包括休整权、休假权、休养权和安宁权。休息权属于我国宪法规定的公民基本权利。[②]休息权属于劳动者为保护身体健康和提高劳动效率而休息和休养的权利。其目的是保证劳动者的疲劳得以解除，体力和精神得以恢复和发展；保证劳动者有条件进行业余进修，不断提高自己的业务水平和文化水平；保证劳动者有一定的时间料理家庭和个人的事务，丰富自己的家庭生活。[③]国家为保障劳动者享有休息的权利，除制定严格的工作时间和休息休假制度（包括平日休息和法定节假日休息）外，立法设置带薪年休假制度，[④]目的不仅仅在于保护劳动者解除疲劳，更在于保护劳动者在长期劳动的情况下，获得较长时间的闲暇调整期，以保证劳动者实现进修、提升、处理个人家庭事务等目的。一般来说，实行带薪年休假制度旨在弥补通过平日休息难以实现的个人生活目标。据此，年休假享受条件与其他休息有所区别也顺乎情理。从这个意义上来讲，享受年休假的条件与实际工作单位发生变化没有关系，而与劳动者长期劳动存在联系。

其次，从文义解释来看，“连续工作”应指劳动者劳动时间的持续性判断，也可以说是指劳动者在劳动关系存续期间的承续性判断。如果将“连续工作”解释为“连续在同一用人单位工作”，属于限缩解释的文义错误。

可见，国家赋予长时间正常工作的员工（除平时正常休息休整

① 即《世界人权宣言》所述的“人人有享有休息和闲暇的权利，包括工作时间有合理限制和定期给薪休假的权利”。

②《宪法》第 43 条：劳动者有休息的权利。

③《法学词典》，上海辞书出版社 1989 年版，第 343 页。

④《劳动法》第 45 条：国家实行带薪年休假制度。劳动者连续工作一年以上的，享受带薪年休假。

之外）享受较长时段休假的权利。[①]劳动者经过较长期间的劳动，均可以获得休假的权利，享受的条件为“连接工作1年（12个月）以上”。如果新进员工连续工作未到1年(12个月)的,不能享受年休假;如果员工之前连续工作达到过1年（12个月）以上，可以享受当年度年休假；长时间非正常工作则不能享受当年度的年休假。[②]同理，针对新进员工满足连续工作1年（12个月）以上的情况，当年度的年休假天数在前后两家用人单位可以分别折算享受。[③]

关于年休假的享受条件，如果劳动者从上家单位离职后进入下家单位，势必存在劳动关系结束与新建立劳动关系的环节，此时存在另外一种争议，即如果劳动者从未在同一用人单位连续工作满1年，其从上家单位离职后进入下家用人单位，如何才能算“连续”的问题。显然，不能因为换工作而简单认为不连续，否则又回到同一单位连续工作的讨论中去了。实践中，多数意见认为需要对劳动关系结束与新建立劳动关系之间的期间长短进行合理性判断。那么，如何看待因劳动关系变动产生的“连续工作”问题？实践中出现多

---

① 王林清:《劳动争议裁诉标准与规范》,人民法院出版社2014年版,第268页。年休假是劳动者每年享有的保留原职和工资的连续休假。

② 《职工带薪年休假条例》第4条：职工有下列情形之一的，不享受当年的年休假：（一）职工依法享受寒暑假，其休假天数多于年休假天数的；（二）职工请事假累计20天以上且单位按照规定不扣工资的；（三）累计工作满1年不满10年的职工，请病假累计2个月以上的；（四）累计工作满10年不满20年的职工，请病假累计3个月以上的;（五）累计工作满20年以上的职工,请病假累计4个月以上的。《职工带薪年休假条例》第14条：被派遣职工在劳动合同期限内无工作期间由劳务派遣单位依法支付劳动报酬的天数多于其全年应当享受的年休假天数的，不享受当年的年休假；少于其全年应当享受的年休假天数的，劳务派遣单位、用工单位应当协商安排补足被派遣职工年休假天数。

③ 《企业职工带薪年休假实施办法》第5条：职工新进用人单位且符合本办法第三条规定的，当年度年休假天数，按照在本单位剩余日历天数折算确定，折算后不足1整天的部分不享受年休假。

种看法：一种意见是参照《劳动合同法》的规定，“用人单位应当在解除或者终止劳动合同时出具解除或者终止劳动合同的证明，并在十五日内为劳动者办理档案和社会保险关系转移手续”，上家单位一般情况下不会影响劳动者在15天内到新用人单位工作，故离职后15日内建立劳动关系的，可以视为连续工作；第二种意见是参照《职工带薪年休假条例》中关于年度内不享受年休假情形的规定，“职工请事假累计20天以上且单位按照规定不扣工资的”，故离职后超过20天尚未建立劳动关系的，不能视为连续工作；第三种意见，即多数人意见，认为1个月较为合理。笔者认同第三种意见，用人单位基于对劳动者的管理职责，用人单位在与劳动者建立劳动关系前后，均应当主动了解劳动者的劳动关系状况。一方面，根据《劳动合同法》的规定，用人单位在招用劳动者时，有权了解劳动者与劳动合同直接相关的基本情况（包括之前的工作年限问题），劳动者应当如实说明，用人单位也应当如实告知劳动者工作内容、工作条件、工作地点、职业危害、安全生产状况、劳动报酬，以及劳动者要求了解的其他情况；①另一方面，假使用人单位与劳动者建立劳动关系在先，应当自用工之日起1个月内订立书面劳动合同，②用人单位与劳动者也可以在1个月内就关于年休假的享受条件或每年度的年休假天数问题进一步磋商，以解决分歧并达成建立长期劳动关系之合意。如果劳动者与用人单位已经建立劳动关系，但未就年休假享受条件及天数予以明确的，用人单位与劳动者均应当全面履行各自的义务。③用人单位应当积极统筹安排年休假，若劳动者对其享受的年休假条件及天数存有异议的，应当向用人单位提供充分有效的证明材料，双方

① 参见《劳动合同法》第8条。
② 参见《劳动合同法》第10条。
③ 参见《劳动合同法》第29条。

应就相关年休假问题进一步协商以达成合意。据此，参照签订书面劳动合同的宽限期，[①]1 个月应视为用人单位可以与劳动者就劳动合同达成一致合意的合理期限，所以，若劳动者从上家单位离职后连续就业，则下家单位与其达成建立劳动关系的合意，也应当以 1 个月时间为限较为合理；超过 1 个月未就业的，视为劳动者未能连续工作。

下家单位与劳动者应当就以下三块内容进行充分沟通与了解：1. 劳动者之前的工作经历属于连续工作满 12 个月；2. 不满足第 1 项的情况，劳动者上家单位的工作时间与拟建立劳动关系的下家单位将合并计算至连续工作满 12 个月，以确定劳动者可以享受年休假的具体时间；3. 不满足第 1、2 项的情况，且上家单位离职日期与下家单位拟建立劳动关系的日期间隔较长（超过 1 个月），不适宜合并计算连续工作时间。

回顾本文案例，新城公司在《员工手册》中规定“员工在公司连续工作满一年以上者可享受带薪年休假”，该规定显然提高了新城公司所有员工享受年休假的门槛，剥夺了之前已连续工作满 1 年（12 个月）的新进员工享受入职当年度年休假的权利。所以，法院未认可新城公司《员工手册》的上述规定。但是，孙某提供的证据并不能证明其在进入新城公司前曾连续工作 1 年（12 个月）以上，也不能证明其进入新城公司前后属于连续工作，故法院根据孙某在新城公司的连续工作情况，认定孙某自 2011 年 8 月 12 日起可享受年休假。

笔者需要指出一个例外情况，根据《机关事业单位工作人员带薪年休假实施办法》（人事部令第 9 号）的规定，《条例》第 2 条中

---

① 《劳动合同法》第 82 条：用人单位自用工之日起超过一个月不满一年未与劳动者订立书面劳动合同的，应当向劳动者每月支付二倍的工资。

所称“连续工作”的时间和第 3 条、第 4 条中所称“累计工作”的时间，机关、事业单位工作人员均按工作年限计算。机关、事业单位工作人员工作年限满 1 年、满 10 年、满 20 年后，从下月起享受相应的年休假天数。可见，我国机关事业单位工作人员年休假的享受条件不需要考虑上述连续工作的问题，只要符合工作年限满 1 年的条件即可。

二、关于法定年休假的天数计算

（一）法定年休假天数分别为 5 天、10 天、15 天

《条例》第 3 条规定 ：“职工累计工作已满 1 年不满 10 年的，年休假 5 天 ；已满 10 年不满 20 年的，年休假 10 天 ；已满 20 年的，年休假 15 天。”《实施办法》第 4 条规定 ：“年休假天数根据职工累计工作时间确定。职工在同一或者不同用人单位工作期间，以及依照法律、行政法规或者国务院规定视同工作期间，应当计为累计工作时间。”

回顾本文案例，孙某自述 1999 年 7 月参加工作，而孙某的公积金账户开户时间为 1999 年 9 月 21 日，但公积金账户开户时间、两份在职证明，以及养老保险缴费情况表并不能完整证明其入职新城公司之前已满 10 年，故法院只能依据其养老保险缴费情况表确定孙某截至 2012 年 12 月的累计工作年限属于已满 1 年未满 10 年。假使孙某在新城公司一直工作至 2012 年年底，其累计缴费月数为 77 个月，孙某尚需再工作 43 个月，才能达到享受每年 10 天带薪年休假的条件。

（二）法定年休假天数折算

1. 新进职工的年休假天数折算

根据《实施办法》第 5 条规定，职工新进用人单位且符合本办法第 3 条规定的，当年度年休假天数，按照在本单位剩余日历天数折算确定，折算后不足一整天的部分不享受年休假。前款规定的折

算方法为：（当年度在本单位剩余日历天数 ÷365 天）× 职工本人全年应当享受的年休假天数。

2. 劳动者解除或终止劳动合同时应休未休年休假天数折算

根据《实施办法》第 12 条规定，用人单位与职工解除或者终止劳动合同时，当年度未安排职工休满应休年休假的，应当按照职工当年已工作时间折算应休未休年休假天数并支付未休年休假工资报酬，但折算后不足一整天的部分不支付未休年休假工资报酬。前款规定的折算方法为：（当年度在本单位已过日历天数 ÷365 天）× 职工本人全年应当享受的年休假天数 – 当年度已安排年休假天数。用人单位当年已安排职工年休假的，多于折算应休年休假的天数不再扣回。规定比较明确，不再赘述。

3. 自然年度内恰逢满 10 年、满 20 年的情况分析

关于出现自然年度内达到满 10 年（或 20 年）的情况，《条例》与《实施办法》均未有明确条款规定，实践中产生三种意见。第一种意见认为，当年度不变更天数，下一年度予以计算；第二种意见认为，参照《机关事业单位工作人员带薪年休假实施办法》的相关规定“工作人员工作年限满 1 年、满 10 年、满 20 年后，从下月起享受相应的年休假天数”予以操作；第三种意见认为，应当分段计算，在本年度内分两次折算天数，但折算后少于 5 天的按 5 天计算。

笔者同意第三种意见，分析如下。

第一种意见对于自然年度内达到满 10 年（或 20 年）的情况视而不见，犹如做了限缩解释，不能使人信服。第二种意见参照机关事业单位工作人员带薪年休假处理的做法，是第一种意见的相对意见，即只要当年度内任何一天达到满 10 年（或 20 年）的情况，当年度年休假天数即为 10 天（或 15 天）。但目前而言，企业职工与机关事业单位工作人员在制度设置和规定设置上均有所不同，直接参照执行的说法缺乏说服力。上述两种意见在实践操作中相当方便，但也仅此而已。

至于第三种意见，笔者认为比较公平合理，因为折算天数既没有侵害劳动者的合法休假权，也没有增加用人单位的负担。事实上，折算上述满 10 年（20 年）的年度内年休假天数的方法与计算新进员工年休假或者折算应休未休年休假工资报酬时所采用的方法本质相同。比如计算劳动者当年度工作年限满 10 年的年休假天数 = 当年度内不满 10 年的日历天数 ÷365 天 ×5+ 当年度满 10 年后的日历天数 ÷365 天 ×10；计算劳动者当年度工作年限满 20 年的年休假天数 = 当年度内不满 20 年的日历天数 ÷365 天 ×10+ 当年度满 20 年后的日历天数 ÷365 天 ×15。

上述三种算法通过图表方式进行比较更加清楚（以满 10 年为例）：

满10年时间	1月5日	6月15日	12月25日
第一种意见	5天	5天	5天
第二种意见	10天	10天	10天
第三种意见	9天	7天	5天

从上述图表比较可以看出，第三种意见更合理。

三、未休年休假的工资报酬折算

（一）带薪年休假制度的根本是落实休息权

带薪年休假制度从其字面含义来看包含两部分：带薪和休假。在我国，完整意义上的带薪年休假，意味着用人单位既要安排给予劳动者相应的年休假期，也要支付休假期间 100% 的工资报酬。我国宪法保障公民的休息权，劳动者享受带薪年休假不仅仅是民法意义上的私权利，更具有广泛的社会意义，抑或说休息权更接近于人格权。因此，广义劳动法在原则上不允许劳动者自行放弃休息权。笔者也是从该角度来看待带薪休假权利的。

比照《条例》[①]和《实施办法》[②]的相关规定，可知用人单位不可随意安排或随意不安排年休假，具体为：

1. 安排年休假：必须“根据生产、工作的具体情况，并考虑职工本人意愿，统筹安排职工年休假”[③]。用人单位安排劳动者享受年休假时应当考虑本人意愿，所以，很多用人单位在实践中通过在规章制度中设置劳动者可以申请年休假制度的做法值得肯定，体现了用人单位从中考虑到劳动者休年休假的意愿。当然，劳动者在提出休年休假时亦要考虑用人单位实际的生产、工作情况，强行休假可能涉及严重违纪。

2. 安排跨 1 个年度年休假需要满足两个条件：（1）职工本人同

---

① 《条例》第 5 条：单位根据生产、工作的具体情况，并考虑职工本人意愿，统筹安排职工年休假。年休假在 1 个年度内可以集中安排，也可以分段安排，一般不跨年度安排。单位因生产、工作特点确有必要跨年度安排职工年休假的，可以跨 1 个年度安排。单位确因工作需要不能安排职工休年休假的，经职工本人同意，可以不安排职工休年休假。对职工应休未休的年休假天数，单位应当按照该职工日工资收入的 300% 支付年休假工资报酬。

② 《实施办法》第 9 条：用人单位根据生产、工作的具体情况，并考虑职工本人意愿，统筹安排年休假。用人单位确因工作需要不能安排职工年休假或者跨 1 个年度安排年休假的，应征得职工本人同意。第 10 条：用人单位经职工同意不安排年休假或者安排职工年休假天数少于应休年休假天数，应当在本年度内对职工应休未休年休假天数，按照其日工资收入的 300% 支付未休年休假工资报酬，其中包含用人单位支付职工正常工作期间的工资收入。用人单位安排职工休年休假，但是职工因本人原因且书面提出不休年休假的，用人单位可以只支付其正常工作期间的工资收入。

③ 参见《条例》第 5 条，《实施办法》第 9 条。

意[①]；（2）因生产、工作特点确有必要[②]（确因工作需要[③]）。

3. 不安排年休假需要满足两个条件：（1）职工本人同意[④]；（2）确因工作需要。

（二）职工应休未休的年休假天数折算成工资报酬予以补偿

满足前述条件下，用人单位无法安排年休假的，应当按照该职工日工资收入的 300% 支付未休年休假天数的工资报酬[⑤]，其中包含用人单位支付职工正常工作期间的工资收入[⑥]。可见，带薪年休假本身分两部分：一是相应天数的连续休假，二是假期内 100% 的工资报酬。所以，用人单位在支付劳动者未休年休假折算工资报酬时应当扣除 100% 的工资报酬收入，实际未休年休假的支付对价为额外 200% 的日工资收入。

（三）用人单位无须支付未休年休假工资报酬的情形

用人单位安排职工休年休假，但是职工因本人原因且书面提出不休年休假的，用人单位可以只支付其正常工作期间的工资收入。[⑦]

回顾本文案例，新城公司的《员工手册》规定："员工带薪年休假必须服从公司统一安排，休假前必须由部门经理签署意见并经人力资源部审核，报分管领导同意后方可休假；员工带薪年休假必须服从公司统一安排，休假前必须由部门经理签署意见并报人力资源部审核，报分管领导同意后方可休假；员工带薪年休假应在当年使用，不得跨年度累积。员工在当年 12 月 31 日前未休完的年休假，作自

---

① 参见《条例》第 5 条，《实施办法》第 9 条。
② 参见《条例》第 5 条。
③ 参见《实施办法》第 9 条。
④ 参见《条例》第 5 条，《实施办法》第 6 条。
⑤ 参见《条例》第 5 条，《实施办法》第 10 条。
⑥ 参见《实施办法》第 10 条。
⑦ 参见《实施办法》第 10 条。

愿放弃。”法院审理后认为，只有在用人单位安排职工休年休假，而职工因本人原因且书面提出不休年休假的情况下，用人单位才可以不支付劳动者应休未休年休假工资，法院还认为：“只有在劳动者以积极的明示的方式表示其不休年休假的情况下，才能判定劳动者作出了放弃年休假权利的意思表示。而新城公司的规章制度实质是将劳动者消极的默示行为（即不申请年休假）作为放弃年休假权利的意思表示，显与相关的规定不相符。”所以，新城公司通过员工手册推定孙某不申请年休假即视为其放弃年休假权利的做法不符合法律规定。

（四）计算标准

关于日工资标准，《实施办法》的规定①较为具体，不再赘述。

四、解除或终止劳动合同情况下是否需要支付未休年休假折算工资报酬的问题

《实施办法》第12条规定：“用人单位与职工解除或者终止劳动合同时，当年度未安排职工休满应休年休假的，应当按照职工当年已工作时间折算应休未休年休假天数并支付未休年休假工资报酬，但折算后不足1整天的部分不支付未休年休假工资报酬。”各地实践中，对“用人单位与职工解除或者终止劳动合同”的理解不同。第一种意见认为“用人单位与职工解除或者终止劳动合同”只包含用人单位主动提出与职工解除或者终止劳动合同的情形；第二种意见则认为“用人单位与职工解除或者终止劳动合同”既包括用人单位主动与劳动者解除或者终止劳动合同的情况，也包括劳动者主动与

① 《实施办法》第11条：计算未休年休假工资报酬的日工资收入按照职工本人的月工资除以月计薪天数（21.75天）进行折算。前款所称月工资是指职工在用人单位支付其未休年休假工资报酬前12个月剔除加班工资后的月平均工资。在本用人单位工作时间不满12个月的，按实际月份计算月平均工资。职工在年休假期间享受与正常工作期间相同的工资收入。实行计件工资、提成工资或者其他绩效工资制的职工，日工资收入的计发办法按照本条第一款、第二款的规定执行。

用人单位解除或者终止劳动合同的情况[①]。笔者赞同第二种意见。理由如下，“用人单位与职工解除或者终止劳动合同”就其字面含义而言，并不能得出谁主动谁被动的判断，仅是对于劳动合同解除或者终止的一种状态描述。“与”是并列连词，表示并列的逻辑关系。在《劳动法》和《劳动合同法》等法律条文中多有相似表述，比如《劳动法》第16条规定“劳动合同是劳动者与用人单位确立劳动关系、明确双方权利和义务的协议”，再比如《劳动合同法》第13条规定“固定期限劳动合同，是指用人单位与劳动者约定合同终止时间的劳动合同”。显然，立法者将“用人单位”置于连词“与”的前面并不意味着前者的主动行为，从上述两例法条可见一斑。所以，无论立法还是理论中，对于劳动合同，无论表述为“用人单位与劳动者”还是“劳动者与用人单位”，都没有主动和被动的区分。更何况，《劳动法》和《劳动合同法》对于主动解除劳动合同的情形有专门的表述方式，如《劳动法》第31条的“劳动者解除劳动合同”、第30条的“用人单位解除劳动合同”、《劳动合同法》第43条的“用人单位单方解除劳动合同”等。

我们作进一步分析：

（一）用人单位单方与劳动者解除劳动合同的情形

《实施办法》第12条明确规定：“用人单位与职工解除或者终止劳动合同时，当年度未安排职工休满应休年休假天数的，应当按照职工当年已工作时间折算应休未休年休假天数并支付未休年休假工资报酬，但折算后不足1整天的部分不支付未休年休假工资报酬。”

上述“用人单位与职工解除或者终止劳动合同”的情形包括以

---

① 周国良、李红、王建：“劳动合同解除能否享受年休假”，载《中国劳动》2011年第12期。

下两种情况：第一种情况是指用人单位依据《劳动合同法》第39条[①]、第40条[②]、第41条[③]单方解除劳动合同的情形，或依据第44条第（一）、（二）、（四）、（五）项[④]终止劳动合同的情形；第二种情况是指用人单位未依据上述条文解除或终止劳动合同的情形（即违法解除劳动合同）。用人单位在决定解除劳动合同之前，无论属于何种情况，均可以"根据生产、工作的具体情况，并考虑到职工本人意愿，统筹安排职工年休假"，一般不存在无法安排年休假的情况，故只要用人单位在"当年度未安排职工休满应休年休假的"，用人单

① 《劳动合同法》第39条：劳动者有下列情形之一的，用人单位可以解除劳动合同：（一）在试用期间被证明不符合录用条件的；（二）严重违反用人单位的规章制度的；（三）严重失职，营私舞弊，给用人单位造成重大损害的；（四）劳动者同时与其他用人单位建立劳动关系，对完成本单位的工作任务造成严重影响，或者经用人单位提出，拒不改正的；（五）因本法第二十六条第一款第一项规定的情形致使劳动合同无效的；（六）被依法追究刑事责任的。

② 《劳动合同法》第40条：有下列情形之一的，用人单位提前三十日以书面形式通知劳动者本人或者额外支付劳动者一个月工资后，可以解除劳动合同：（一）劳动者患病或者非因工负伤，在规定的医疗期满后不能从事原工作，也不能从事由用人单位另行安排的工作的；（二）劳动者不能胜任工作，经过培训或者调整工作岗位，仍不能胜任工作的；（三）劳动合同订立时所依据的客观情况发生重大变化，致使劳动合同无法履行，经用人单位与劳动者协商，未能就变更劳动合同内容达成协议的。

③ 《劳动合同法》第41条：有下列情形之一，需要裁减人员二十人以上或者裁减不足二十人但占企业职工总数百分之十以上的，用人单位提前三十日向工会或者全体职工说明情况，听取工会或者职工的意见后，裁减人员方案经向劳动行政部门报告，可以裁减人员：（一）依照企业破产法规定进行重整的；（二）生产经营发生严重困难的；（三）企业转产、重大技术革新或者经营方式调整，经变更劳动合同后，仍需裁减人员的；（四）其他因劳动合同订立时所依据的客观经济情况发生重大变化，致使劳动合同无法履行的。

④ 《劳动合同法》第44条：有下列情形之一的，劳动合同终止：（一）劳动合同期满的；（二）劳动者开始依法享受基本养老保险待遇的；（三）劳动者死亡，或者被人民法院宣告死亡或者宣告失踪的；（四）用人单位被依法宣告破产的；（五）用人单位被吊销营业执照、责令关闭、撤销或者用人单位决定提前解散的；（六）法律、行政法规规定的其他情形。

位均需要向劳动者支付剩余未休年休假的工资报酬。

（二）劳动者单方与用人单位解除劳动合同的情形

同理，劳动者主动提出辞职的情形，也包括三种情况，第一种情况是指劳动者依据《劳动合同法》第37条[①]的规定提前30日书面形式通知用人单位解除劳动合同，在此情况下，用人单位可以在提前通知期内安排职工休假，用人单位可以安排而不安排的，用人单位应当支付劳动者当年度应休未休年休假的工资报酬。第二种情况是指劳动者依据《劳动合同法》第38条[②]的规定单方即时解除劳动合同，劳动者无需提前通知，用人单位在此情况下因自身原因造成劳动者不能享受年休假，用人单位应当支付劳动者当年度应休未休年休假的工资报酬。第三种情况是劳动者未提前30天通知而行使即时解除权，也不存在《劳动合同法》第38条规定的当即解除事由，属于劳动者违法解除劳动合同。此时，如果劳动者违法解除劳动合同的行为造成用人单位无法安排年休假，参考《劳动合同法》第90条的法律精神[③]，则用人单位无须承担因劳动者违法解除劳动合同行为所造成的损失，即用人单位可以不再支付劳动者当年度应休未休

① 《劳动合同法》第37条：劳动者提前三十日以书面形式通知用人单位，可以解除劳动合同。劳动者在试用期内提前三日通知用人单位，可以解除劳动合同。

② 《劳动合同法》第38条：用人单位有下列情形之一的，劳动者可以解除劳动合同：（一）未按照劳动合同约定提供劳动保护或者劳动条件的；（二）未及时足额支付劳动报酬的；（三）未依法为劳动者缴纳社会保险费的；（四）用人单位的规章制度违反法律、法规的规定，损害劳动者权益的；（五）因本法第二十六条第一款规定的情形致使劳动合同无效的；（六）法律、行政法规规定劳动者可以解除劳动合同的其他情形。用人单位以暴力、威胁或者非法限制人身自由的手段强迫劳动者劳动的，或者用人单位违章指挥、强令冒险作业危及劳动者人身安全的，劳动者可以立即解除劳动合同，不需事先告知用人单位。

③ 《劳动合同法》第90条：劳动者违反本法规定解除劳动合同，或者违反劳动合同中约定的保密义务或者竞业限制，给用人单位造成损失的，应当承担赔偿责任。

年休假的工资报酬。

综上所述，无论是用人单位主动提出与劳动者解除或者终止劳动合同，还是劳动者主动且合法提出与用人单位解除或者终止劳动合同，用人单位都应当向劳动者支付应休未休年休假的折算工资报酬予以补偿。但是，若劳动者违法解除劳动合同，且确实导致用人单位无法安排年休假的，用人单位无须支付对应补偿。

五、年休假的时效适用

《劳动争议调解仲裁法》第 27 条第 1 款规定："劳动争议申请仲裁的时效期间为一年。仲裁时效期间从当事人知道或者应当知道其权利被侵害之日起计算。"该规定即通常所谓的"劳动争议的一般仲裁时效"。该条第 4 款规定："劳动关系存续期间因拖欠劳动报酬发生争议的，劳动者申请仲裁不受本条第一款规定的仲裁时效期间的限制；但是，劳动关系终止的，应当自劳动关系终止之日起一年内提出。"该规定即通常所谓的"追索劳动报酬的特殊仲裁时效"。那么，带薪年休假工资报酬的申请仲裁时效适用属于上述"一般仲裁"还是"特殊时效"？实践中存在三种意见：第一种意见认为，带薪年休假的工资报酬属于劳动报酬，适用特殊仲裁时效，理由是《实施办法》第 10 条所述 300% 工资报酬是劳动者工资的一部分[①]，"未休年假工资报酬"归属为劳动报酬的范畴，追索未休年假工资报酬的劳动争议案件在目前适用特殊时效制度，也就是在职期间的所有未休年假工资报酬都可以在离职后一年内主张[②]；第二种意见认为带薪年休假的工资报酬属于赔偿金范畴，应适用一般仲裁时效；第三种意见认为带薪年休假的工资报酬属于福利待遇范畴，适用一般仲裁时效。

① 宫秀美，钱静："职工带薪年休假的仲裁时效从何时算起"，载《中国劳动》2011 年第 8 期。

② 胡高崇："带薪年假，该怎么享受？"，载《人民法院报》2013 年 01 月 13 日。

上述三种观点区别的关键在于带薪年休假的工资报酬是否属于劳动报酬。从上文分析可知，带薪年休假包含两部分内容，一是相应天数的连续休假，二是假期内100%的工资报酬。用人单位按照其日工资收入的300%支付未休年休假工资报酬，并不等同于所有300%未休年休假工资报酬均等同于劳动报酬。实际上，300%未休年休假工资报酬包含用人单位支付职工正常工作期间的工资收入，而用人单位不安排相应休假需要支付的对价是相当于200%工资报酬的补偿。

实践中，关于100%工资报酬适用“特殊时效”并无异议，争议焦点即在于用人单位应当向劳动者支付的应休未休年休假补偿所涉及的额外200%工资报酬是适用“特殊时效”还是“一般时效”。

笔者赞同按“一般时效”来处理用人单位向劳动者支付应休未休年休假的额外200%工资报酬争议。主要理由为：首先，国家实施带薪年休假的目的在于让长时间正常工作的员工享受连续数日的休假权利，国家要求用人单位按照其日工资收入的标准支付相应未休年休假补偿的目的是为了保障带薪年休假制度的实施，不在于提高劳动者的劳动报酬标准。如前文所述，年休假本身分两部分内容：一是相应天数连续休假，二是假期内100%的工资报酬，而相应天数的连续休假或不能连续休假所取得的工资补偿不等同于劳动报酬。假如允许用人单位通过不安排年休假来变相提高劳动者的劳动报酬，那么劳动者也可以基于劳动报酬的请求权来要求用人单位不安排年休假。其次，用人单位与劳动者解除或者终止劳动合同时，应当按照劳动者当年已工作时间折算应休未休年休假天数并支付未休年休假工资报酬，①而计算年休假工资报酬的日工资收入按照职工本人的

① 参见《实施办法》第12条。

月工资除以月计薪天数进行折算，月工资是指劳动者前12个月剔除加班工资后的月平均工资，[①]倘若将未休年休假天数的折算补偿简单视为其前12个月的劳动报酬的一部分，则在计算未休年休假的200%工资时会重复计算，陷入逻辑错误。第三，劳动报酬概念至今在劳动法领域尚未明晰，而诸如经济补偿、赔偿金、工伤待遇、女职工待遇、社会保险等均与之存在关联，一旦将未休年休假的补偿视同劳动报酬，将在处理上述其他劳动争议时产生连锁反应，不利于劳动争议的及时快速处理。

六、目前年休假制度的立法空间

（一）落实年休假请求权

在我国，用人单位根据生产、工作的具体情况统筹安排年休假，需要考虑职工的本人意愿。进一步说，用人单位不可随意安排或随意不安排年休假；劳动者也不可仅凭个人意愿随意支配年休假。多数情况下，用人单位通过民主程序在规章制度中单独设立年休假的规定。所以，关于年休假制度的原则需要进一步明确，以防止用人单位制定的规章制度违反现有的法律法规。比如，本文案例中，法院在判决中确定“只有在劳动者以积极的明示的方式表示其不休年休假的情况下，才能判定劳动者作出了放弃年休假权利的意思表示”，若用人单位在规章制度中设定“劳动者不申请年休假即视为放弃年休假权利”等类似条款，应当被判定为违反年休假制度的基本原则。再比如，应休未休年休假的折算工资报酬的性质问题，应当明确该折算工资报酬属于经济补偿性质，其设置补偿的目的是刺激用人单位积极统筹安排劳动者的年休假，以保障和落实劳动者享受年休假，因此，享受年休假应当优先于补偿年休假，该原则在今后的制度设

① 参见《实施办法》第11条。

计中可予以考虑。

（二）通过立法防止年休假的“碎片化”问题

总体而言，自国家施行《职工带薪年休假条例》以来，劳动者的休息休假权利得到了社会的较大重视，年休假制度也在实践中取得较大进展。国家为保障劳动者享受年休假，在年休假制度中引入未休年休假高额补偿的方法，使得不少用人单位望而生畏，越来越重视年休假制度的落实问题。但是，仍有不少用人单位既不愿意安排劳动者年休假，也不愿意支付高额补偿。现实中，为规避法律风险，有这样的极端案例，某单位强行要求劳动者将当年度年休假分散在每个工作日，以每天少工作半小时替代法定年休假，令人咋舌。另一方面，现实中的带薪年休假还演变成事假的“替代品”，比如，劳动者碍于企业文化或就业环境的压力，不敢直接向用人单位提出事假或年休假申请，在遇上紧急情况时便通过申请年假来替代事假，而用人单位则顺势而为；更有甚者，不少用人单位在规章制度中直接要求劳动者在使用事假前先使用年休假等。上述种种情况导致带薪年休假在具体实施过程中的“碎片化”现象严重。

从制度上分析，我国的年休假制度产生“碎片化”问题，确实也有其本身存在的导向作用。通过下表分析，可以看出劳动者享受年休假天数与工作天数的关系。

（例：劳动者在该年度1月1日入职，当年度法定年休假5天，入职前连续工作满12个月）

年休假天数	1	2	3	4	5
工作天数	73	146	219	292	365（较少）
具体日期	3月14日	5月26日	8月7日	10月29日	12月31日

分析可知，假如劳动者在当年度 1 月 1 日入职，则其可以享受 1 天年休假的条件是其工作 73 天，其在 3 月 14 日才可以享受 1 天的年休假；若劳动者希望连续休 2 天，则其需要在 5 月 26 日以后申请……以此类推，劳动者享受 5 天年休假需要向用人单位提前预支；假如劳动者不在当年度 1 月 1 日入职，则劳动者在当年度最多享受 4 天年休假；假如用人单位还要“根据生产、工作的具体情况，并考虑职工本人意愿，统筹安排职工年休假”，那么，劳动者申请享受年休假会受到更多限制。所以，除非用人单位在当年度为劳动者预支年休假天数，否则劳动者难以享受连续休假。

（三）**完善跨年度休年假制度**

建立跨年度休年休假的制度，主要有两方面的好处：一方面，从我国实际情况出发，春节一般都在次年 2 月前后，很大一部分劳动者（尤其是异地工作者）希望在春节前后享受年休假的愿望比较强烈。但是，按照目前规定，当年度在春节期间经折算后的年休假天数往往不足 1 天，即使是累计工作满 20 年的老员工，在春节期间经折算后的法定年休假也往往不足 2 天。另一方面，实施跨年度休年休假制度，可以为解决“碎片化”的年休假问题提供途径，劳动者不需要担心年休假在自然年度内过期作废的问题，用人单位也可以有更多的时间来安排上年度的年休假，为更好实现“连续休假”创造更大的时段空间和法律空间。

（撰稿人：韩琰）

11. 劳动合同单方变更

——周某诉常熟市白雪电冰箱配件有限公司劳动争议案

案件索引：江苏省常熟市人民法院（2013）熟民初字第0132号，江苏省苏州市中级人民法院（2013）苏中民终字第2635号。

基本案情

周某于2007年12月4日进入常熟市白雪电冰箱配件有限公司（以下简称公司）工作，入职时登记的住址为常熟市虞山镇吉家桥。2011年1月1日起签订无固定期限劳动合同。2012年7月，公司为响应市政府“退二进三”号召开始陆续整体搬迁，具体由虞山镇工业园联丰路雪龙生产区搬迁至沙家浜镇常昆工业园，员工亦将全部安置到新厂区上班。公司就搬迁事宜征求员工意见后，周某等员工表示“孩子上学、路太远、晕车”，不同意至新厂址上班。2012年7月26日，公司向周某等员工发出《报到上班通知》，通知他们8月3日前至公司报到，否则按旷工处理。周某等员工回函表示公司迁厂属于《劳动合同法》规定的客观情况发生重大变化，公司可以解除劳动合同，但应支付经济补偿金，故其于8月3日不到公司上班是有原因的，不属于无故旷工，公司无权按员工手册处理。8

月15日，公司对周某等员工作出了按旷工处理的决定，该决定张贴于常昆工业园内。8月18日，公司报工会同意后作出解除劳动关系决定。8月21日，公司将两份决定向周某等员工邮寄送达。周某诉至法院，请求判令公司撤销辞退决定，并支付违法解除劳动合同赔偿金等。一审法院经审理后认为本案符合《劳动合同法》第40条第（三）项规定的情形，公司应向周某支付解除劳动合同的经济补偿金，而非赔偿金。周某不服，上诉至中级法院。在中级法院主持下，双方达成调解协议。调解协议的履行内容与一审判决一致。

判决与理由

企业应政府产业结构调整的要求实行整体搬迁，由城区搬迁至郊区，客观上造成了劳动者在途时间延长、照顾家庭不方便，与劳动合同订立时所依据的客观情况相比发生了重大变化，员工亦书面明确表示不愿意至新厂区工作，此后，双方未能就变更劳动合同内容达成协议。根据《劳动合同法》第40条第（三）项的规定，劳动合同订立时所依据的客观情况发生重大变化，致使劳动合同无法履行，经用人单位与劳动者协商，未能就变更劳动合同内容达成协议的，用人单位提前三十日以书面形式通知劳动者本人或者额外支付劳动者一个月工资后，可以解除劳动合同。故公司在厂址搬迁后，就新的工作地点与员工达不成一致意见的情况下，可以解除与周某的劳动关系，但应当额外支付一个月工资，并且应按周某的工作年限，每满一年支付一个月的经济补偿金。

评　析

一、本判决的意义

虽然我国《劳动合同法》第35条规定，用人单位变更劳动合同，须与劳动者协商一致，且须采书面形式。但劳动合同系继续性合同，劳资双方之间的关系实际处于不断变化的状态。企业基于生产经营的需要，甚或非由于其本身的原因，难免会发生搬迁、合并、分立、业务调整等变化，故对员工进行调职、变更工作地点实乃经常发生之事。调职、变更工作地点固然会变更劳动者既有的权益，但变更的动机千差万别，有的是为晋升劳动者职务，有的是为提升劳动者综合职业能力，未必全然不利于劳动者。故而从防范的角度过分强调企业任何变动均须与劳动者协商一致，似乎以偏概全，亦脱离了企业经营的现实。正因为如此，《劳动合同法》第40条赋予了用人单位在劳动者医疗期满后不能从事原工作、不能胜任及因客观情况发生重大变化导致劳动合同不能履行的情形下，可以单方变更劳动合同的权利。也正是基于此，本案判决在确认企业享有单方变更劳动合同权利的情形下，认为双方就变更达不成一致意见的，企业可以解除劳动合同，这种解除并非违法解除，但企业亦应当承担相应的补偿责任。这则案例在公布之时引起广泛关注，缘起于企业多认为因政府原因引起的厂址迁移，员工应与其一同响应和承担，但企业在获得政府补贴的同时，却往往忽视了对员工因此遭受的不利益予以补偿。同时，本案也引出了我们对用人单位是否享有单方变更权及变更合理性审查的思考。

二、劳动合同变更的概念

劳动合同的变更，是指劳动合同在成立以后尚未履行完毕之前，当事人双方依法对合同条款进行的修改、补充等法律行为。[①]在劳动合同依法变更之后，应依据变更后的劳动合同来确定双方的权利义务。

（一）劳动合同履行过程中的正常调整不属于劳动合同变更

劳动合同的订立以特定人的身份为基础，具有人身属性，劳动者以让渡劳动力的使用权来获得劳动报酬，故劳动者对劳务的给付，不可能像买卖合同标的给付一样固定、不能任意改变。例如，劳动者的工作地点原则上为用人单位的事务所内，但也可能根据完成任务的需要从事外勤。因此，不能将工作过程中的任何变化都视为“劳动合同变更”。如果是一般工作处所之调动，楼上调楼下或生产组织之秩序简单的调整均属于继续之契约关系之当然效力。又调动之内容虽为原来契约所没有，但并不逸出“债之同一性”之范围，可以用契约解释之法理或衡量债权人指示命令权之范围作为效力判断之标准。[②]此种情形下并不能视为劳动合同变更，而是劳动合同履行过程中的正常调整。如果调动情形使法律关系变动甚大，已经无法从原契约中找到合意基础，甚至亦非原契约当事人意思所能包含者，此时之调动即非原来契约内容之实现，而系契约之变更。[③]

（二）企业临时指派工作任务不属于劳动合同变更

史尚宽先生在《劳动法原论》一书中指出，雇佣人使其受雇人从事于其所约定以外之劳动时，受雇人原则上，得拒绝劳动，但有紧急情形或职业上有特别之习惯时，不得拒绝其所能给付之劳动，此时，以与受雇人所从事之同一或类似种类及品质之劳动为限，有

---

① 关怀主编：《劳动法教程》，法律出版社 2007 年版，第 108 页。

② 黄越钦：《劳动法新论》，中国政法大学出版社 2003 年版，第 240 页。

③ 同上。

劳动义务。[1]基于业务需要，临时性、短期性地指派劳工至同一企业内或其他部门支援工作、抑或指派至企业外工作，而劳工之身份、职种未发生改变者，则系出差。出差必然涉及工作地点的变动，但因系临时性、短期性，俟出差结束，劳动工又回归原职工作，故与企业内调职仍有不同。[2]

三、劳动合同变更的类型

（一）根据是否涉及履行主体，分为合同主体的变更和合同内容的变更

劳动合同主体的变更，是指用人单位或劳动者的变更，究其实质是债权债务的概括性转移。在民法语境下，合同的权利义务均可以依当事人的意志依法进行转让或承担，尤其对于债权转让，不须债务人同意，转让通知到达债务人时，即发生转让的效力。[3]但由于劳动合同具有人身属性，因此，劳动合同的权利义务除法律有特别规定外，不发生转移。劳动合同的任何一方当事人，一般都只向对方当事人履行义务，并且，要求对方当事人履行义务的请求权一般也不得转让给第三人。劳动者有权拒绝向他人提供劳务，同时用人单位也有权拒绝他人代替劳动者提供的劳务。换言之，只有在法律允许的特殊情况下，劳动者或用人单位才应当向第三人履行义务。我国《劳动合同法》第34条规定：“用人单位发生合并或者分立等情况，原劳动合同继续有效，劳动合同由承继其权利和义务的用人单位继续履行。”根据该条规定，劳动合同订立后，用人单位发生合并、分立的，劳动合同应当由承继其权利义务的用人单位继续履行，

---

① 史尚宽:《劳动法原论》,（台湾地区）正大印书馆1956年台北重刊,第21页。

② 刘志鹏、黄程贯主编：《劳动法裁判选辑》,（台湾地区）月旦出版社股份有限公司1998年版，第306页。

③ 参见《中华人民共和国合同法》第五章的规定。

对于用人单位分立后，承继权利义务的单位不能确定的，由分立后的用人单位对劳动合同义务承担连带责任。[①]此时，主体的变更是由法律直接规定的，当事人不能以此为由拒绝履行劳动合同。当然，如果当事人经协商一致，也可以对劳动合同进行变更或解除。上述规定与我国台湾地区的规定有所不同。台湾地区规定，事业单位改组或转让时新旧雇主商定雇用留用之劳工外，其余劳工应预告终止契约，并发给资遣费。[②]所谓事业单位改组或转让，系指专业单位依公司法之规定变更其组织形态，或其所有权（所有资产、设备）因转移而消灭其原有之法人人格；或独资或合伙事业单位负责人而言，包括与其他营业合并、分立等。[③]根据上述规定，在发生用人单位合并、分立时，劳动者能否留用，其决定权在于新旧用人单位，用人单位在提前预告并给付经济补偿金的前提下可以任意解除与劳动者的合同，如此对劳动者劳动权的保护略显不足。但我国劳动法未考虑劳动者的意志，且未区分企业合并及部分转让时，劳动合同继续履行应否征得劳动者的同意，亦值得深入探讨。

劳动合同内容的变更，是指在劳动合同履行过程中，双方或单方依法对劳动合同的权利义务进行调整的法律行为。一般来说，劳动合同一经依法订立，即具有法律约束力，双方应当严格遵守履行，任何一方不得随意变更合同约定的内容。但是，市场经济和社会生活千变万化，在合同履行过程中，订立时的客观情况可能会发生变化，使合同难以全面履行，或者继续履行可能会造成当事人间权利义务

① 参见最高人民法院《关于审理劳动争议案件适用法律若干问题的解释》第10条规定。

② 参见百度文库，http://wenku.baidu.com/view/c0ef613567ec102de2bd89b6.html，访问时间：2015年5月7日。

③ 黄越钦：《劳动法新论》，中国政法大学出版社2003年版，第163页。

不平衡，这时就需要用人单位和劳动者双方对合同的部分内容进行适当调整，内容变更实为自然之事。

（二）根据劳动合同变更合意的不同，分为合意变更和单方变更

我国《劳动合同法》第35条规定的劳动合同变更，即为合意变更。同时，此条规定也意味着协商一致是劳动合同变更的一般要求。就民事合同而言，其变更须依法律直接规定或法院的裁决，除此之外，一律由当事人各方协商一致，达不成协议便不发生合同变更的法律效力。[①]劳动合同脱胎于民事合同，一方面借由倾斜立法弥补劳动关系事实上的不平等，另一方面努力保留民事合同法律上的平等性。“协商一致”的要求既是劳动合同继承民事合同平等性的表现，也是倾斜保护劳动者的立法需要。然而，我国《劳动合同法》第35条有关经协商一致可以变更劳动合同的规定，在程序上过于简单。正如美国联邦法院大法官威廉·道格拉斯所言：权利法案的大多数规定都是程序性条款，这一事实绝不是无意义的，正是程序决定了法治与恣意的人治之间的根本区别。[②]从法学的角度，完备的法律应当为当事人提供作出法律行为所需的顺序、方式及步骤。因此，我们有必要完善合意变更劳动合同的程序：1. 提出变更请求。需要变更劳动合同内容的一方应当向另一方提出变更合同的请求，说明需变更的理由及内容。2. 双方协商。接到请求后，当事人应对需要变更的合同内容在平等自愿的基础上进行协商。3. 签订书面协议。经协商，达成一致意见后，双方应对变更后的合同内容订立协议，不能达成一致的，也应及时表明态度，接到变更请求后，在合理期限内不表

① 王利明主编：《民法》，中国人民大学出版社2000年版，第377页。

② 季卫东：《法律程序的意义——对中国法治建设的另一种思考》，中国社会科学出版社1993年版，第83页。

示反对，也不表示同意的，应视为不同意变更。[①]4. 鉴证或备案。若在订立时经过鉴证或备案的合同，变更合同的协议签订后也要办理鉴证或备案手续。5. 分执劳动合同文本。变更后的书面劳动合同，应由劳动者和用人单位各执一份。

单方变更是协商一致的例外。劳动合同并非私法上之合同制度，劳动合同履行过程中公力之渗入使得劳动合同的履行不完全是双方当事人的事务，[②]也并不仅仅只有双方当事人才能变更合同的内容。在某些情形下，劳动合同变更并非完全属于双方当事人意思自治的范畴，甚至，在一定情形下法律赋予了合同一方法定的单方变更权。

（1）劳动基准法的修改可能引起劳动合同变更。如最低工资标准、工作时间制度、劳动条件等的变动，劳动合同中约定的原标准低于新的劳动基准标准的，应进行相应调整，双方可协商一致调整至新标准以上，协商不成的，按新标准履行。

（2）集体协商订立的集体合同或条款可能造成劳动合同变更。如工资谈判取得的增长工资的结果，使劳动合同中原较低的工资标准相应调整至新的较高的标准。

（3）《关于企业职工流动若干问题的通知》（劳部发［1996］）第2条规定，用人单位与掌握商业秘密的职工在劳动合同中约定保守商业秘密有关事项时，可以约定在劳动合同终止前或该职工提出解除劳动合同后的一段时间内（不超过6个月），调整其工作岗位，变更劳动合同中的相关内容。

---

① 参见《最高人民法院关于贯彻执行〈中华人民共和国民法通则〉若干问题的意见（试行）》第66条的规定。不作为的默示只有在法律有规定或者当事人双方有约定的情况下，才可以视为意思表示。

② 郑尚元：《劳动合同法的制度与理念》，中国政法大学出版社2008年版，第211页。

（4）《劳动合同法》第 40 条规定，下列情形下，用人单位有权调整劳动者的工作岗位：①劳动者患病或者非因工负伤，医疗期满后，不能从事原工作的，用人单位可另行安排工作岗位；②劳动者不能胜任工作的，用人单位有权调整其工作岗位；③劳动合同订立时所依据的客观情况发生重大变化，致使劳动合同无法履行的，用人单位可与劳动者就变更劳动合同进行协商，协商不成的，用人单位可以预告解除。

用人单位在法定情形下享有单方变更劳动合同的权利，固无问题，问题在于劳动关系有继续性，在劳动合同有效存续期间，基于企业的经营需要，调职在所难免，然而我国的劳动法并没有关于用人单位是否享有调职权的规定。一方面《劳动合同法》第 35 条规定用人单位变更劳动合同须与劳动者协商一致，并采书面形式。另一方面，劳动关系的从属性也要求劳动者应当服从用人单位的安排和指示。对于调职均须与劳动者协商一致，否则不能实施的原则是否能够适用于各种不同类型的调职案例，甚或，有无必要在法理上建立处理调职问题之法理，以填补劳动法未明文规范调职之缺憾，则为司法实践所亟需解决的问题。

四、用人单位单方变更劳动合同权利存在与否的判定

对于调职的法律性质，目前主要有概括合意说、劳动契约说、特约说和调职命令权否认说四种。[①]概括合意说认为，劳动者在缔结劳动合同时，已将劳动力的使用权概括地委之于用人单位，用人单位在行使调岗命令时，只要以单方的意思表示即可生效，但用人单位调岗权利的行使仍受权利不得滥用的限制。劳动契约说认为，用

① 关于调职法律性质学说之介绍，参见刘志鹏：“论企业内调职——桃园地方法院‘八十四年度’重劳诉字第一号判决评释”，载刘志鹏、黄程贯主编：《劳动法裁判选辑》，（台湾地区）月旦出版社股份有限公司 1998 年版，第 164—168 页。

人单位对劳动者的调动安排如果是劳动合同约定范围内的，劳动者必须服从，如果超越劳动合同的约定范围，则调动为变更劳动合同的要约，须经劳动者同意；但即使调动命令是劳动合同约定范围之内的，也仍须受权利不得滥用的限制。特约说认为，工作内容和工作地点为劳动合同的要素，劳资双方必须达成一致意见并且具体约定，用人单位不得单方变更，每次调整都应当征得劳动者同意，但若在劳动合同中有劳动者将工作地点和工作内容调整权委之于用人单位的特别约定，用人单位也能行使调岗的权利。调职命令权否认说否定用人单位调岗、调职的权利，任何调整都必须与劳动者达成明示或默示的合意。

对于我国劳动法在调职的法律性质上究竟采何种学说，目前尚无定论。从现行法律规定来看，《劳动合同法》第35条的规定及第17条关于工作内容、地点、劳动报酬为劳动合同的必备条款的规定似乎完全否定了用人单位单方调职的权利，但法律亦赋予了用人单位在法定情形下得单方调整劳动者的工作岗位的权利，可见，我国的劳动立法者对调职的法律性质并不采调职命令权否认说。另一方面，劳动合同为继续性合同，劳动者与用人单位之间的关系实则处于不断变化之中，调职亦已成为现代企业用工管理制度上重要的手段之一，就劳动者而言，通过调整岗位也能多方面学习职业技能，提升自身的综合能力及竞争力，同时，调职还具有避免解除劳动合同的机能。因此，从保护劳动者合法权益及平衡双方利益的角度出发，应当对用人单位的调职权利进行合理限制，而不是完全限制。

再考量我国的劳动力市场，中小企业林立，劳动者流动率偏高，完全没有长期雇佣的习惯。日本企业普遍采纳概括合意说的观点缘起于其长期雇佣的习惯。典型的长期雇佣模式是：劳动者在毕业后即进入公司，享有安全稳定的雇佣，直到达到法定退休年龄，劳动者接受系统的企业内部教育和在职培训，在定期变更岗位的计划下，从事各种工作。年功，即劳动者在公司的服务年限是决定其工资和晋升的重要因素。[①]因此，劳资双方在订立劳动合同之初很少就职种、工作内容、工作地点为具体的约定，劳动者在受雇之时也多认可企业可以根据具体的情形对其工作进行调整。但我国企业以中小型为主，用人有限，除大型国有企业外，通常并无长期培养员工的计划，员工也大多没有长期受雇于同一企业的想法，法律又明文规定工作内容、工作地点以及劳动报酬是劳动合同的必备条款，所以欲仿效日本赋予众企业相当概括、广泛的调职权，通过调职来培养员工、缓冲解雇，在客观上并不合适。

实践中，用人单位为了实现根据生产经营需要自由调整员工工作岗位及薪酬标准的目的，往往会在劳动合同中将劳动者的工作性质或岗位订得很宽泛，或者干脆来个概括授权约定，即约定“用人单位有权根据生产经营变化及劳动者的工作情况调整其工作岗位，劳动者必须服从单位的安排”，这样的约定是否有效，争议较大。持否定论的观点认为，从《劳动合同法》的规定来说，如果允许用人单位在劳动合同中约定可以随意进行调职，则法律的规定将成为可有可无的内容，这将对劳动者权益的保护不利。但是完全限制用人单位根据经营情况自主调整用工的权利，则实际上也并不符合市场经济的运行规律及劳动者自身发展的需要。在调职之如此多面性格之下，如能让劳工得以借着特约，以自主的合意介入与其劳动生涯息息相关之调职命令，应是较理想之理论构成。[②]如果劳动合同中没

① 关于日本长期雇佣习惯的介绍，参见荒木尚志：《日本劳动法》，李坤刚、牛志奎译，北京大学出版社 2010 年版，第 15 页。

② 邱峻彦：“调职法理之探讨”，载刘志鹏、黄程贯主编：《劳动法裁判选辑》，（台湾地区）月旦出版社股份有限公司 1998 年版，第 35 页。

有劳动者将工作场所与工作内容之变更或决定之权限委由用人单位行使的明确特约时，用人单位便不存在调职之可能性，即使是微小的职务调整甚或是有利于劳动者的调整，都须获得劳动者明示或默示的同意。如果劳动合同中有劳动者将工作场所与工作内容之变更或决定之权限委由用人单位行使的明确特约，用人单位始得行使对劳动者合理调职的权限。因此，用人单位与劳动者在劳动合同中对工作内容和岗位的概括授权约定并不应当然认定为无效，该条款可以视为劳动者将工作场所与工作内容之变更或决定之权限委由用人单位行使的明确特约，但用人单位根据特约行使调职权时应受到权利不得滥用的严格限制。

劳资双方在缔结劳动合同时，若已明示同意雇主的调职权，固不成问题，然若劳动合同未予明订而仅于集体合同、规章制度中规定时，可否解释成劳动者有调职之合意？我国的《劳动合同法》第4条仅赋予了劳动者在用人单位制定、修改、决定有关直接涉及劳动者切身利益的规章制度时的参与讨论权，而对规章制度的具体内容并没有决定权，换言之，用人单位只有在制定、修改、决定有关直接涉及劳动者切身利益的规章制度时与职工代表或全体职工进行讨论的义务，而无须与之共同决定规章制度的具体内容。因此，在我国现行劳动法律环境下，劳动规章的制定仍是用人单位的单方法律行为，是企业对劳动者行使管理权的一种方式，规章制度的内容不能当然地认定为劳动者与用人单位的合意。用人单位依法制定的规章制度可视为劳动合同的附件，不能变更或替代劳动合同中双方依法明确约定的内容。它只是对劳动合同没有约定或约定不具体、法律法规规定不明确的内容起补充作用，并且这种补充以有利于劳动者为原则。问题在于规章制度中关于用人单位调职权的规定，究竟对劳动者为有利还是不利？本问题涉及规章制度的法律性质及劳动法律对劳动者保护程度的重大争议，或将见仁见智，惟笔者较赞同刘志鹏先生在《论企业内调职》一文中的观点："劳资双方有无明示、默示调职合意系一法律问题，至于如何防范雇主不法、滥用调职命令权，则系另一法律问题，前者可从宽解释，以符合企业之用人现实，后者则可视个案情形从严解释，达保护劳工之目的。"从宽审查劳资双方调职之合意，合理化用人单位行使调职权之依据，在用人单位用工自主权与劳动者保护之间寻找适当的平衡点，更为符合我国劳动市场及经济发展的现实。

集体合同较之于规章制度，更能体现劳动者的意志。集体合同因一方为劳动者团体或联盟，与单个劳动者订立劳动合同相比，本就更具有与用人单位抗衡的能力。集体合同经劳资双方充分协商，且经劳动保障行政部门审查①，故对本单位的全体员工具有约束力②。若集体协议中有约定用人单位基于经营需要可以行使调职权的，即应解释为劳资双方已达成雇主享有调职命令权的合意。

五、劳动合同单方变更的合理性审查

认定用人单位行使调职权的合理性可从以下几个方面判断：

（一）立法的限制

用人单位不得违反法律基准性规定，安排劳动者从事法律禁止其从事的工作。如用人单位调职的命令系安排未成年工从事矿山井下、有毒有害、国家规定的第四级体力劳动强度的劳动③；安排女职工从事矿山井下、国家规定的第四级体力劳动强度的劳动和其他禁忌从事的劳动；安排女职工在经期从事高处、低温、冷水作业和国家规定的第三级体力劳动强度的劳动；安排女职工在怀孕期间从事

① 参见劳动和社会保障部《集体合同规定》第33条、第34条。

② 参见劳动和社会保障部《集体合同规定》第6条。

③ 参见《未成年人特殊保护规定》（劳部发［1994］498号）第3条、第4条。

国家规定的第三级体力劳动强度的劳动和孕期禁忌从事的劳动等[①]，均属无效的调职命令。

（二）权利不得滥用的限制

1. 用人单位所作调职决定须具有经营上之必要性。一般来说，为使劳动力配置适当、增进经营效率、提升工作意愿、培养劳动能力的调职具有业务经营的必要性，大致包括以下情形：其一，从经济大环境考虑，如出现金融危机或出现天灾、疫情等，用人单位因经营萎缩、产业结构调整而导致的岗位、人事调整等。其二，用人单位从自身发展考虑，因合并、分立、业务增减、整体迁移，而裁增部门、岗位或改变工作地点等。其三，依照规章制度中劳动者轮岗的规定使劳动者适才适所并提高职场活性的调职。因经营需要而进行人事调整的必要性，应由用人单位负举证责任。如业务经营毫无调职的必要，则调职欠缺合理性，存在权利滥用之嫌。用人单位亦不得以经营必要为借口对劳动者调职，以掩饰其打击、报复、逼迫劳动者辞职之目的。

2. 用人单位所作调职决定不应使劳动者尊严或技能受损。岗位与劳动者的能力相结合，这应当是企业变动劳动者岗位的首选因素，因为将本不适合的岗位交给一个业务陌生的职工，不符合企业追求利益最大化和效率化的本质要求，也是对劳动力资源的一种浪费。不少雇主在调动劳动者时，未能考虑到劳动者在行业及职业生涯规划之适应、在行职业中资历之累积，以及尊严之维护，只以能否胜任新职为唯一判断标准，甚为不妥。劳动契约有高度人格信赖关系，雇主对劳动者又有保护照顾义务，如果因为调动使劳动者过去的技能、常识突然被否定，行业中之尊严亦受损失，则此项调动即已违

① 参见《女职工禁忌劳动范围的规定》（劳安字［1990］2 号）第 3—7 条。

反雇主保护照顾义务。[①]

3. 用人单位所作调职决定不应影响劳动者家庭生活和社会生活利益。（1）待遇因素。待遇的高低关系到劳动者生活水平的高低，因此用人单位在调整劳动者岗位时，如果需要降低报酬或者减少福利待遇，须具有合理的理由，比如劳动者个人的要求、劳动者发生工伤事故不能适应岗位需要、劳动者经长期考核不能胜任岗位需要等客观情况。（2）区域因素。用人单位调整岗位应考虑劳动者的家庭状况，是否有老年人需要赡养照顾，是否有家庭成员需要照看，上班路途变远是否导致休息时间减少、交通成本增加等。如果对劳动者个人与家庭状况的因素不予考虑，或者对因变更给劳动者带来的不利益不予补偿，则有不合理之嫌。

六、本案判决之再评析

归纳本案之特征有以下几点：1. 系属企业整体搬迁案例，其搬迁的原因在于政府的命令。2. 劳动者因工作地点所受的不利益包括每天上下班时间延长、晕车、无法就近照顾家庭。3. 用人单位所采取的减轻工作地点变更不利益的手段为提供交通费。分析判旨的主要脉络，乃直接适用《劳动合同法》第 40 条的规定，其中值得探讨之理论包括以下几个层次：

首先，用人单位单方变更劳动合同之依据问题。本案判决显然认为政府命令之原因导致企业整体搬迁，系属客观情形，致使劳动者不能在原厂址上班，从而导致原劳动合同不能继续履行，企业享有法定的单方变更劳动合同的权利。问题在于，如非政府命令，而是企业基于自身经营的考虑或是原租赁厂房到期需另租赁房屋的原因而致使搬迁，有无 40 条适用之余地？考察立法部门对“客观情形”

① 黄越钦：《劳动法新论》，中国政法大学出版社 2003 年版，第 240 页。

的解释为："既包括用人单位的原因，也有劳动者自身的原因，前者可能是由于经营上的原因发生困难，亏损或业务紧缩；也可能因为市场条件、国际竞争、技术革新等造成工作条件的改变而导致使用劳动者数量下降。后者则是由于原本胜任的工作在用人单位采取自动化或新生产技术后不能胜任，或者是因为身体原因不能胜任。"[①]故从立法原意来看，对"客观情形"的解释是比较宽泛的，但宽泛的解释容易造成40条适用的泛滥，故立法部门亦称"本项规定是情势变更原则在劳动合同中的体现"[②]。因此，对于"客观情形"应当限于劳动合同双方当事人不可预见的客观原因，如企业因租赁期满而作出迁移厂址的决定，则应无40条适用之余地。

其次，企业变更员工工作地点合理性审查的问题。其一，企业迁厂之必要性审查。本案因系政府命令迁厂，故判决未对其迁厂之必要性进行审查。如若企业基于自身原因迁厂，如何研判其必要性？企业综合自身及整体经济环境选择迁移厂址，应属其经营自由，选择之后果亦应由其自行承担。司法审查系法律审查，不能替代经营决策的专业判断，故司法所能审查迁厂的必要性只要形式上具备即可，而不必"不自量力"地审查企业迁厂决策的合理性。其二，员工所受不利益是否得到了补偿。本案中，周某本住原厂附近，可以就近照顾孩子和家庭，然迁厂后，路途时间增加、无法就近照顾家庭，故工作地点的变更确实给员工造成了不利益。惟本案判决似完全没有评判该不利益是否为可容忍范围之内。查从原厂所在地虞山镇至新厂所在地沙家浜镇，路途近三十余里，如乘坐交通大巴则增加往返通勤时间近三小时，而企业所提供减轻不利益的手段仅为提供交

① 全国人民代表大会常务委员会法制工作委员会编，信春鹰、阚珂主编：《中华人民共和国劳动合同法释义（第2版）》，法律出版社2013年版，第141页。

② 同上书，第143页。

通费，未见对多耗费的通勤时间予以增加交通津贴等补偿。故判决认为员工可以拒绝去新厂上班的结论应得到肯定。

最终，用人单位单方变更劳动合同是否导致无效的法律后果。调职、变更工作地点如果违反合理性，该变更行为应被认定为无效。如劳动者要求继续履行劳动合同，用人单位应当安排劳动者回原岗位或协商同意在另一新岗位上班；如因此造成劳动者辞职的，则应当视为“推定解雇”，用人单位应当依据《劳动合同法》第 47 条第（一）项之规定，支付经济补偿金；如果用人单位以劳动者旷工为由解除劳动合同的，当属违法解除，应按照《劳动合同法》第 87 条规定承担支付双倍经济补偿金的法律责任。但本案属于《劳动合同法》第 40 条所规定的情形，在企业有法定单方变更权的情形下，则难有变更无效的判定，在双方不能就变更达成一致意见的情形下，用人单位得解除劳动合同，但应依据《劳动合同法》第 47 条第（三）项的规定支付经济补偿金。

（撰稿人：王芬）

12. 并购发生后公司解散的劳动合同处理

——徐某诉上海源笙软件科技有限公司继续履行劳动合同案

案件索引：上海市徐汇区人民法院（2013）徐民五（民）初字第503号，2013年10月10日判决；上海市第一中级人民法院（2013）沪一中民三（民）终字第1935号，2014年1月23日判决。

基本案情

徐某于2010年11月8日进入上海源笙软件科技有限公司（以下简称源笙公司）从事软件研发工作，双方签订有期限为2010年11月8日至2013年11月7日的劳动合同。

源笙公司是外商独资企业，“VCHINAPARTNERSINC.”是其唯一股东，该公司注册在英属维京群岛，股东是注册在中国台湾地区的“思源科技股份有限公司”；“思源科技股份有限公司”被注册在爱尔兰的公司“SYNOPSYS”收购。

2012年11月1日，源笙公司要求与徐某协商解除劳动合同，并支付经济补偿金等各项费用107772元，后双方未协商成功。2012年12月21日，源笙公司解除与徐某的劳动合同。

源笙公司于2012年11月30日出具的关于解除劳动合同的通知

载明："……现因公司被美国新思科技总部并购，劳动合同订立时所依据的客观情况发生重大变化，致使劳动合同无法进行履行。2012年11月1日，公司就上述情况依法向您进行了说明，表示愿意对您进行补偿，并请您于该日起不再至公司上班……但您拒绝与公司协商并签订《解除劳动合同协议书》。此后，在2012年11月1日至2012年11月30日期间，公司继续尽最大努力与您进行协商，但未果。请您于2012年11月30日前对是否接受公司与您协商的方案作出决定。若您在2012年11月30日前接受此方案，请书面告知公司，并完成书面解除劳动合同的程序，公司将于2012年12月31日之前，一次性将上述款项发放至您的个人账户上。若您未在2012年11月30日前接受此方案，则公司与您签订的《劳动合同》于2012年11月30日解除，公司将按法定的标准对您进行补偿。请您于2012年12月25日前将您的私人物品全部打包带走……"徐某实际工作至2012年11月30日，工资结算至当日。

2013年2月25日，徐某向上海市徐汇区劳动人事争议仲裁委员会申请仲裁，要求裁令源笙公司自2012年12月1日起恢复双方劳动关系，按照20736元的标准支付其2012年12月1日至裁决之日的工资。

徐某表示，其知道源笙公司不再经营，但系吸收合并；"思源科技股份有限公司"与美国"SYNOPSYS"是全球性的并购，包括下属所有子公司实际都被"SYNOPSYS"并购了，故源笙公司与"新思公司"合并了。源笙公司原来的员工大部分去了"新思公司"，是源笙公司帮助这些员工拿到在"新思公司"的劳动合同要约后，源笙公司才与这些员工解除劳动关系的。而自己与"新思公司"有过劳动争议。

源笙公司表示其是外商独资企业，独立法人，经股东决定提前解散，已经进入解散清算程序，双方已不具备恢复劳动关系的可能，经营场所也已不存在，所有员工都已解约。源笙公司的其他员工都离职了，都解除了劳动关系，一部分人不知去向，还有一部分人解除关系后收到了“新思公司”的劳动合同要约，与“新思公司”建立了劳动关系；“新思公司”是 SYNOPSYS 下属公司的一个子公司，有一定的股权关系，但并非全资公司。

2012 年 10 月，源笙公司股东因股东发展方向调整，业务形态改变而决定解散公司，进行清算。源笙公司于 2013 年 4 月 21 日及 7 月 4 日在文汇报上刊登了清算公告。

2013 年 6 月 26 日，源笙公司向上海市商务委员会提交提前终止的申请。同日，上海市工商行政管理局出具备案通知书，同意源笙公司关于清算组成员的备案。同年 7 月 5 日，上海市商务委员会作出沪商外资批（2013）2525 号批复，同意源笙公司提前解散。

判决与理由

上海市徐汇区人民法院、上海市第一中级人民法院经一审、二审审理后均认为：

首先，《中华人民共和国劳动合同法》（以下简称《劳动合同法》）第 44 条规定，用人单位决定提前解散的，劳动合同终止。现源笙公司股东决定提前解散源笙公司，并得到了上海市商务委员会的批准，现也已进入清算程序，徐某在仲裁期间亦认可源笙公司已不再经营，故源笙公司结束与徐某的劳动关系并无不当。即人民法院认为用人单位作为独立法人，其自身发生的法律事实属于公司提前解散，因此双方的劳动合同依法终止。

其次，徐某主张源笙公司与新思公司合并，源笙公司则否认此事实，并明确仅是其股东的股东思源科技股份有限公司被SYNOPSYS收购。因徐某提供的证据尚不足以证明其主张，且依据现有证据源笙公司系提前解散而非被合并，故本院对徐某的上述主张不予采信，其要求与源笙公司恢复劳动关系并支付工资缺乏依据，本院不予支持。

据此，人民法院认为虽然源笙公司的股东的股东在境外发生了合并，但这一交易不必然引起源笙公司与新思公司的合并。

故一、二审判决均未支持徐某的诉请及主张，判决驳回了徐某要求恢复劳动关系并继续履行的请求。

评　析

本案的争议焦点在于源笙公司的解除或终止劳动合同的行为是否符合《劳动合同法》的规定。分析这一焦点，我们需要首先厘清其中两个相互联系的问题。

一、劳动法上的公司解散

劳动法上对公司解散并无明确的规定，所提及的仅仅是发生公司解散时对劳动关系的处理要求。无论是《中华人民共和国劳动法》（以下简称《劳动法》）还是《劳动合同法》都采用了对公司解散时劳动关系处理的简单规则：用人单位决定提前解散的，劳动合同终止。但是这一规定在实践中显得太过简单，缺乏操作性。

其中尤其需要进一步明确两方面操作性的问题：首先是如何确定解散的法律事实；其次是劳动合同终止如何实施。

（一）如何确定解散的法律事实

由于劳动法并无对用人单位解散法律事实的具体规定，因此只能参考公司法的相关规定作出判断，但是事实上用人单位的类型远远不止公司一种形态，还包括非公司的企业和事业单位、社会团体等。

根据《中华人民共和国公司法》（以下简称《公司法》）的规定，公司可以因自愿解散或者被强制解散。第181条规定，公司因下列原因解散：（一）公司章程规定的营业期限届满或者公司章程规定的其他解散事由出现；（二）股东会或者股东大会决议解散；（三）因公司合并或者分立需要解散；（四）依法被吊销营业执照、责令关闭或者被撤销；（五）人民法院依照本法第183条的规定予以解散。

同时根据第184条的规定，公司因本法第181条第（一）项、第（二）项、第（四）项、第（五）项规定而解散的，应当在解散事由出现之日起15日内成立清算组，开始清算。

上述规定确定了公司解散的原因和基本程序，法律也对清算的内容进行了一些具体规定，但是并没有对公司解散原因所依据的法律事实的构成进行规定，因此在司法实践中引起了一定的争议。

譬如当公司章程规定的营业期限届满或者公司章程规定的其他解散事由出现而导致公司解散，是否需要公司股东会作出一个决议来确定营业期限届满并且不再存续，还是当章程规定的营业期限届满就当即发生公司解散的事实？法律对此并未具体细化。

再譬如当公司股东会或者股东大会决议解散，股东会或者股东大会的决议是否立即生效，还是需要向有关部门申请审批或者报备后方可生效？

根据《商务部办公厅关于依法做好外商投资企业解散和清算工作的指导意见》（商法字［2008］31号，以下简称《解散和清算工作的指导意见》）规定，外商投资企业根据《中华人民共和国中外合资经营企业法实施条例》（以下简称《中外合资经营企业法实施条例》）第90条第1款第（一）、（二）、（五）、（六）项，《中华人民共和国中外合作经营企业法实施细则》（以下简称《中外合作经营企业法实施细则》）第 48 条第 1 款第（二）、（四）、（五）项，或《中华人民共和国外资企业法实施细则》第 72 条第 1 款第（二）、（三）、（六）项的规定终止的，须向审批机关报送提前解散申请书、企业权力机构（董事会、股东会或股东大会，下同）关于提前解散企业的决议以及企业的批准证书和营业执照。中外合资、合作企业投资者按照《中外合资经营企业法实施条例》第 90 条第 1 款第（三）项或《中外合作经营企业法实施细则》第 48 条第 1 款第（三）项的规定单方提出解散申请的，应当向审批机关报送提前解散申请书，并提供有管辖权的人民法院或仲裁机构作出的生效判决或裁决，判决或裁决中应明确判定或裁定存在上述两项中所规定的情形。审批机关收到解散申请书和相关材料后，于 10 个工作日内作出批准企业解散的批件，并在全国外商投资企业审批管理系统中增加批准企业解散的信息。企业应在批准解散之日起 15 日内成立清算组，依法开始清算。

根据上述规定，外商投资企业（包括中外合资、中外合作企业）应当在获得审批机关批准后启动清算程序。因此，如果审批机关不批准，那么清算程序无法按期启动，则外商投资企业的解散决议也无法生效执行。

而从欧美各国的有关立法规定来看，无论公司是自愿解散还是强制解散，都有明确的起始日。通常，公司的自愿解散始于股东会通过解散决议之日；而公司的强制解散，则依法院下达的强制解散令或解散判决书所确定的日期为准。①

虽然立法尚不明确，在理论上也有很多解释和纷争，但是在实

① 张璎："我国公司解散与清算法律制度的不足及完善"，载《法学》2001 年第 2 期。

务上，司法部门比较倾向于以明确的法律文件来确定公司解散的事实。如果以自愿解散和强制解散来区分，自愿解散的法律文件往往是公司股东会或者股东大会的决议；而强制解散的法律文件或者是行政机关的具体行政决定，或者是司法机构的司法裁决。

虽然这些法律文件在公司法上仅仅是引发公司解散的一个法定程序，而非公司解散的结果，但是在劳动法的司法实践中，已经构成了一个劳动法上的公司解散事实。

（二）劳动合同终止如何实施

通常而言的劳动合同终止，是指劳动合同约定的期限届满，这一期限预先约定于双方订立的劳动合同中，用人单位与劳动者双方都有足够的预期判断；但是用人单位解散而导致的劳动合同终止却有所不同，劳动者并不能预期判断用人单位的解散行为，无法预判用人单位何时解散以及因何而解散。因此，当用人单位决定并作出解散公司的行为，双方的劳动合同如何终止，是在用人单位作出解散决议时终止，还是基于用人单位的通知而终止，是实践中当事人需要面对的具体问题。

有观点认为，作为公司劳动者的身份，是以公司的存续为前提的，如果公司已经不存在了，何来“公司劳动者”这一身份？劳动关系的存续，是以用人单位和劳动者双方主体资格的合法存续为前提的，公司在破产解散后，其作为用人单位的主体资格已经消失，劳动关系自然无法存续；清算组非原公司法人资格的延续，自身也不具备建立劳动关系的主体资格，其与劳动者之间也不能成立劳动关系。[①]

但是，在学界，通常认为公司解散导致公司清算的开始，公司清算是为了消灭公司的法人资格，但清算期间公司的法人资格依然

---

① 向春华：“公司解散后能否存续劳动关系”，载《中国社会保障》2014年第3期。

存在，只有在完成清算并注销登记后，公司法人资格才最终消灭。[①]由此看来，在公司决议解散后，劳动合同并不必然自然终止，因为公司的法人资格及劳动法上的用人单位主体资格依然存续，直至公司完成清算时为止。

因此，从实践来看，因用人单位解散而终止劳动合同时，用人单位应当作出一定的行为，或者以书面通知的方式告知劳动者其单方终止行为，或者通过与劳动者协商确定劳动合同终止。

二、公司并购在劳动法上的后果

本案双方争执的一个焦点在于母公司的并购是否产生子公司被吸收合并的法律后果。同样，由于劳动法对公司并购并无明确的规定，在实务中存在两方面的问题需要具体澄清。

首先，在公司法上，需要厘清公司并购所产生的法律后果。我国对公司并购的立法并不多，主要体现在相关部门规章中。1989 年 2 月 19 日国家体改委、国家计委、财政部、国家国有资产管理局印发《关于企业兼并的暂行办法》（体改经［1989］38 号，以下简称《兼并暂行办法》），其中对企业兼并情形作了规定。该《兼并暂行办法》所称企业兼并，是指一个企业购买其他企业的产权，使其他企业失去法人资格或改变法人实体的一种行为。企业兼并主要有以下几种形式：1. 承担债务式，即在资产与债务等价的情况下，兼并方以承担被兼并方债务为条件接收其资产。2. 购买式，即兼并方出资购买被兼并方企业的资产。3. 吸收股份式，即被兼并企业的所有者将被兼并企业的净资产作为股金投入兼并方，成为兼并方企业的一个股东。4. 控股式，即一个企业通过购买其他企业的股权，达到控股，实现兼并。因此可见，

① 张璎："我国公司解散与清算法律制度的不足及完善"，载《法学》2001 年第 2 期。

公司并购并不必然导致被并购方法人资格的失去，还有可能仅仅是法人实体的改变，这种改变主要是在股权和控制权上的。

母公司发生并购是如此，并购中的子公司更不能确定必然会被消灭法人主体资格。因为母公司发生并购后，对子公司而言只是产生了股东的变化，法理上并不影响子公司作为独立法人的权利能力和行为能力。

其次，对于兼并中的劳动关系处理，在《兼并暂行办法》中也作出了相应的规定：在目前社会保险制度还不健全的条件下，被兼并方企业的职工，包括固定工、合同工和离、退休职工，原则上由兼并方企业接收，在确定资产转让价格时要考虑这一因素。同时，要积极创造条件，推进社会保险制度的配套改革，逐步过渡到由社会吸收、消化。被兼并方企业职工的所有制身份可以暂时不变。

由于《兼并暂行办法》出台较早，这一规定的法律环境目前已经发生了较大的变化。一方面，离退休员工在我国已经基本实现养老社会化，因此不再属于兼并需要安置的劳动者对象；另一方面，由于我国劳动法制的不断完善，原有固定工、合同工的区别已经不存在，劳动者都是依法应当与用人单位签订劳动合同的。因此兼并需要安置的劳动者对象是与企业签订劳动合同的劳动者。

2007 年颁布的《劳动合同法》第 34 条规定，用人单位发生合并或者分立等情况，原劳动合同继续有效，劳动合同由承继其权利和义务的用人单位继续履行。

对于并购后劳动者的安置，法律的表述并不是十分详细和具体，但是通过对并购类型和安置原则的演绎，我们还是可以总结出一些操作规则的。并购后，被并购主体的法人资格可能发生消灭或者变化，需要加以区分对待。

首先，如果被并购主体法人资格存续，只是其股东和控制权发生变化，那么根据《劳动合同法》第33条规定，用人单位变更名称、法定代表人、主要负责人或者投资人等事项，不影响劳动合同的履行。

而如果被并购主体法人资格消灭，那么就会产生一个显著的员工安置问题。《劳动合同法》关于劳动合同承继的规定与《兼并暂行办法》的规定虽然立法背景不同，时过境迁，但是在逻辑上仍然存在一致性。就兼并时劳动关系的处理，劳动合同的承继履行是基本原则；但是劳动合同承继后，兼并企业并非不能根据经营的需要进行经营调整和减员增效，因此产生对员工劳动合同履行的影响，兼并方需要承担劳动合同的用人单位主体责任，依法进行变更、终止或者解除劳动合同，并支付相应的赔偿。

所以，综上所述，在并购发生、被并购主体被消灭的情况下，被并购主体员工的劳动合同应由并购方继续履行；在继续履行的过程中，发生变更或者终止、解除劳动合同的，则由并购方依法承担劳动合同用人单位主体的法律责任。

三、对本案判决的评析

在本案中，我们可以看到两个基本法律事实，其一是源笙公司的海外母公司作为被收购方发生并购，导致源笙公司的股东权属以及实际控制人发生变化。但是这一变化并不影响源笙公司与徐某所签订劳动合同的继续履行，根据《劳动合同法》的规定，双方的劳动合同应当继续履行。但是，由于并购发生在海外，并且直接的资产或者股权变化发生在源笙公司的母公司的母公司，对源笙公司而言只是一个间接的影响，因此在本案审理中，法官显然并没有对这一法律事实进行重点调查和严格的审查。

第二个法律事实是源笙公司在并购发生后的一段时间内被股东决议解散。这一解散的事实与源笙公司母公司的并购有一定联系，但并非是直接的因果关系，所以决议解散是源笙公司在并购发生、新股东入主后依法作出的决定，而这一决定对员工具有重大的影响。因此在本案中，法官着重对这一事实进行了详细的调查和审查。

此外，法官在处理这一案件时还有一个基本的逻辑，就是仅仅围绕着劳动合同的用人单位主体即源笙公司发生的法律行为及法律事实，以此作为判定劳动合同是否依法终止的基础。因为源笙公司作为一个独立法人，是独立的用人单位，其与徐某签订的劳动合同约束合同双方当事人，而源笙公司母公司及其所发生的变化只是劳动合同主体以外的因素。

基于对这两方面法律事实及劳动合同主体相对性的逻辑判断，法院的判决认为源笙公司在其母公司并购发生后的解散行为符合法律规定，因此源笙公司有权利依法终止与徐某的劳动合同。

而在对源笙公司终止劳动合同行为的审查上，人民法院并未严格拘泥于源笙公司行为的形式是通知解除，而是从基本的法律事实出发，认定其行为属于依法终止劳动合同。从实际效果看，源笙公司先协商解除，然后通知解除并支付高于法律规定标准的补偿金，这样的行为也有利于保护劳动者；并且在法律并未明确规定如何实施终止行为的情况下，这样的操作也更为人性化，有利于避免纠纷和矛盾。因此，判决支持源笙公司的上述终止行为也符合法律的价值判断。

综上所述，结合本案判决所体现出来的司法实践精神，我们可以看到中国劳动争议司法实践中对公司并购所采取的务实态度。无论并购的形式以及法律后果如何，法官还是会基于劳动关系的主体所发生的法律事实和所作出的行为来判定其合法性。因此，企业合并分立，劳动合同应当承继履行；并购后企业解散重组，劳动合同可以依法变更、终止或者解除。

（撰稿人：陆胤、李盛楠）

劳动合同的解除与终止

13. 用人单位对违背诚信义务劳动者的解除权

——唐某诉上海冠龙阀门机械有限公司劳动合同纠纷案

案件索引：上海市嘉定区人民法院（2010）嘉民四（民）初字第418号，2011年3月21日判决；上海市第二中级人民法院（2011）二中民三（民）终字第535号，2011年7月25日判决。

基本案情

唐某于2002年应聘进入上海冠龙阀门机械有限公司（以下简称冠龙公司）工作。根据招聘要求，唐某入职时提交了其毕业于西安工业学院材料工程系的学历证明，并与公司签订了劳动合同。此后双方每年续签一份期限为一年的劳动合同。2007年12月，唐某签署《任职承诺书》一份，承诺："……本人以往提供给公司的个人材料均是真实有效的，如有作假，愿意无条件被解除合同……"2010年7月，冠龙公司以唐某存在学历造假的欺诈行为为由，与唐某解除劳动关系。唐某不服，要求冠龙公司支付其违法解除劳动合同赔偿金。仲裁委员会裁决冠龙公司支付唐某违法解除劳动合同赔偿金。冠龙公司不服裁决，提起诉讼。冠龙公司认为，唐某入职时即存在伪造学历的欺诈行为，该公司《员工手册》规定："员工有下列任一严重违反公司规章制度情况的，公司将予以解雇，且不给予任何经济补偿：……（2）以欺骗手段虚报专业资格或其他各项履历……”该公司与其解除合同合法，无须支付违法解除劳动合同赔偿金。一审法院判决支持了唐某的诉请，认为对唐某入职时的学历，用人单位未尽审查义务，而2008年8月办事处负责人马某已经知道唐某学历造假，应视为冠龙公司已经知道，故唐某欺诈之说不成立。冠龙公司不服，上诉认为，唐某原负责人马某2008年12月1日因工作调离，马某已提供书面证言证明未上报唐某学历造假之事，且在2009年4月，唐某在公司要求填写的履历表中仍填写了虚假学历，其欺骗公司的行为存在主观故意，公司未尽审查义务也不是免除唐某欺诈行为后果的理由；且唐某在工作过程中还存在与客户单位签订阴阳合同的营私舞弊行为。该公司鉴于唐某的严重不诚信行为与其解除劳动合同合法，无须承担违法解除劳动合同的双倍赔偿金。二审法院审理后，撤销了原审判决，改判公司无须支付唐某违法解除劳动合同的双倍赔偿金。

判决与理由

上海市第二中级人民法院经二审审理后认为：

首先，唐某在入职时提供虚假学历并作虚假陈述，使冠龙公司陷入了错误认识，从而与其签订劳动合同，唐某的上述行为显然已经构成了欺诈。而冠龙公司提供的调令和原办事处负责人马某的证词显示，冠龙公司与唐某续签劳动合同之前，马某确实已调任他处。且2009年唐某填写的人事资料卡“教育程度”一栏仍填写了伪造的学历，冠龙公司对唐某学历造假一事并不知情。综合双方当事人举证情况分析，唐某对其入职时提供虚假学历一事一直采取隐瞒的态度，其亦无证据证明其提供虚假学历之行为已为冠龙公司知悉并已获得了谅解。故唐某的上述行为已经构成欺诈，冠龙公司与其解除劳动合同有法律依据。

其次，冠龙公司《员工手册》第 34 条规定，员工以欺骗手段虚报专业资格或其他各项履历，公司将予以解雇，且不给予任何经济补偿。唐某对该《员工手册》并无异议，其提供虚假学历之行为亦系冠龙公司规章制度严令禁止的。冠龙公司依据企业的规章制度与唐某解除劳动合同，系其依法行使管理权的体现，亦无不可。

再次，作为员工在职期间应忠诚于企业，谨守自己的承诺。2007 年 12 月底，唐某在冠龙公司要求其对自己与劳动合同履行相关的资料作如实陈述的情况下，继续向公司隐瞒其伪造学历的事实，并作出如有作假同意解除劳动合同的承诺。其对该承诺的法律后果是清楚的，由此造成的法律后果其亦应当承担。

对于冠龙公司提出唐某与客户签订阴阳合同严重违规，二审法院认为，冠龙公司未能提供足够依据，对冠龙公司该解雇理由未予采纳。

综上，二审法院认为，唐某存在背信行为，冠龙公司按照法律规定、规章制度及其本人承诺与唐某解除劳动合同于法不悖，遂改判对唐某要求冠龙公司支付违法解除劳动合同赔偿金的请求不予支持。

评　析

诚实信用原则不仅是民法的基本原则，更是中国人奉行的交友之道、治国之道，也是普遍适用于生活各个领域的指导准则。孔子言：“人而无信，不知其可也”；朱熹说：“信犹五行之土。”但由于这些观念只停留在道德教化层面，诚信往往被当作自律守则而不是法律义务。在当前社会转型时期，经济、生活和社会制度都在发生重大变化，人口流动性日益增强，由于利益的驱使，道德教化不足以阻止机会主义者乘虚而入，导致社会诚信缺失，在日常生活中劳动者学历造假、履历造假甚至身份造假的情况时有发生。对于劳动者一方的这种行为，社会公众往往基于其处于弱势地位，倾向于宽容和理解。但这种所谓的宽容却使得社会的人才使用管理秩序发生混乱，伤害了学历这种社会评价标准的公平性和正当性，破坏了社会的公平公正原则。因此，在劳动法领域倡导诚实守信，引导正确的价值取向尤为重要。本案中用人单位系以劳动者存在学历造假、虚假陈述、营私舞弊等不诚信的行为为由解除双方间的劳动合同。在对该解雇行为的合法性进行判断前有必要对劳动者基于诚信原则应承担哪些忠实义务、通过规章制度对劳动者忠诚义务进行规制的限制以及违背忠诚义务的法律后果进行深入探讨，而本案的处理无疑是一次有益的探索。

一、劳动者基于诚信原则应承担的忠实义务

诚实信用，英文表述为 Good Faith，直译为“善意”，德文表述为 Frueund Glaubne（意为忠诚和相信）。而我们所谓的诚实信用，就是指民事主体应当诚实不欺、恪守信用，本着诚实守信的理念，以善意的方式行使权利、履行义务。诚实信用原则是现代法律体系的一项非常重要的基本原则，也为世界各国法律所普遍确认。在劳动关系中，劳动者的忠实义务无疑与此原则要求相吻合。对于劳动者的忠实义务，理论上有各种陈述，各国劳动法亦有涉及。德国劳动法认为，劳动者的忠实义务分为服从义务、守密义务和勤勉义务。劳动者在劳动过程中应当接受雇主的统一指挥和监督，不得泄露雇主之商业秘密，以谨慎的态度对待劳动，如爱护生产材料和设备等。

英国普通法则认为，雇员不得从事有害于雇主利益的活动，雇员对雇主负有忠实的义务、服从指令的义务、雇佣期间对雇主财产抱有合理关爱的义务、与雇主保持相互信任的义务和合作义务，并确认这些义务构成劳动合同的默示条款，劳动者如有违反就可以被合法解雇。日本劳动法更是明确，劳动者存在个人经历的虚假陈述、拒绝服从雇主指令、与雇主同业竞争、擅用职权谋取个人利益都属于违反忠诚义务的行为，雇主可以以归因于雇员的原因而直接行使解雇权。从上述国家的规定不难看出，劳动者的忠诚义务已为世界各国劳动立法普遍认可。著名学者史尚宽先生认为，在我国，劳动者的忠实义务包括服从义务、秘密义务以及增进义务，服从义务意指劳动的方法、地点、时间，除法令、团体协约、服务规则有规定或有特约外，服从雇佣人指挥监督的义务；秘密义务并不必须依法律规定或特约，劳动契约本质上亦有此义务；增进义务是受雇人在给付劳动过程中应尽的注意义务。①

从我国《劳动合同法》的相关规定不难看出，劳动者的忠实义务贯穿于劳动者入职和在职的整个期间。如《劳动合同法》第 8 条关于“用人单位招用劳动者时，应当如实告知劳动者工作内容、工作条件、工作地点、职业危害、安全生产状况、劳动报酬，以及劳动者要求了解的其他情况；用人单位有权了解劳动者与劳动合同直接相关的基本情况，劳动者应当如实说明”的规定。又如《劳动合同法》第 39 条第 3 款关于劳动者严重失职，营私舞弊，给用人单位造成重大损害的，用人单位可以行使即时解除权的规定。该条款隐含着劳动者负有诚信履约的义务以及严重违背诚信将导致合同解除之法律后果的含义。此外，《劳动合同法》第 39 条第 5 款关于劳动

① 史尚宽:《劳动法原论》，（台湾地区）正大印书馆 1978 年版，第 24—25 页。

者以欺诈胁迫手段或乘人之危，使对方在违背真实意思表示的情况下订立或变更劳动合同，致使劳动合同无效的，用人单位可以行使即时解除权的规定，则涉及了签订、变更劳动合同时违反诚信原则的法律后果。此外，还有《劳动合同法实施条例》第46条关于劳动合同续签中，用人单位履行了诚实磋商义务，劳动者予以拒绝，可以免除用人单位支付经济补偿义务的规定。这些法律条文都是诚信原则在我国劳动法律法规中的具体体现。

本案中，用人单位冠龙公司解除与唐某之间劳动合同的主要理由是唐某违背了如实告知学历的诚信义务以及存在订立阴阳合同舞弊等违反忠实义务的行为。在对冠龙公司解雇行为的合法性进行判断前，有必要了解什么是劳动者的如实告知义务。

二、劳动者入职时的如实告知义务

（一）劳动者如实告知合同履行相关事项的法定义务

劳动关系是需要劳动合同双方在劳动合同履行过程中互相协作，在遇到问题时相互理解、帮助解决才能在既定期限内存续和顺利实现的社会关系。这种社会关系的顺利实现依赖于双方一定程度的了解、信任。在建立劳动关系前尽必要的告知与注意义务，促使合同得以善意地成立，并得以全面履行，从而最终实现双方当事人对合同预期的目的。因此，履行如实告知义务是确保双方知情权、保障劳动合同切实履行的一项重要措施，也是民法上的诚信原则在劳动合同领域的延伸和体现。

德国劳动法对于劳资双方在雇佣的初期阶段，认为雇主和雇员之间的准备关系就像每一个先合同信任关系一样，在双方之间会产生带有劳动法特点的特定义务。雇员必须在没有要求的情况下，在未来劳动关系中，对劳动合同中与劳动给付义务履行相关联的、有实质意义的所有情况，有进行真实陈述的义务。如应聘舞蹈演员的女性求职者有义务告知其是否已怀孕，或应聘卡车司机的求职者应告知其是否处于吊销驾照期间或是否已很长时间没有从事该项工作。

我国法律对劳动者的如实告知义务也有涉及，《劳动合同法》第8条明确规定："用人单位招用劳动者时，应当如实告知劳动者工作内容、工作条件、工作地点、职业危害、安全生产状况、劳动报酬，以及劳动者要求了解的其他情况；用人单位有权了解劳动者与劳动合同直接相关的基本情况，劳动者应当如实说明。"《劳动法》第18条规定，采取欺诈、威胁等手段订立的劳动合同无效。上述条款包括了用人单位及劳动者各自负有的如实告知义务。用人单位如实告知义务的规定重在平衡双方信息掌握程度的不对等，而劳动者如实告知的义务则主要出于保障用人单位对劳动力的合理使用及合同目的顺利实现的考虑。

（二）用人单位规章制度对劳动者如实告知要求的约束力

如大家所了解的，我国劳动法规定，劳动者严重违反规章制度，用人单位可以据此解除劳动合同，司法实践中常见用人单位在规章制度中规定劳动者必须向用人单位如实陈述。对于虚假陈述的劳动者，用人单位可以行使合同解除权。规章制度对劳动者如实告知义务的规定是否有约束力，一直是司法实践中的难点。规章制度，又称雇佣规则、从业规则，是用人单位组织劳动过程、进行劳动管理的规则和制度的总和。①从劳动成果的实现过程来看，不同企业对劳动过程管理的要求不同，需要结合自己企业的特点对劳动过程中应当遵守的基本规则进行明确，尤其是可能导致合同解雇的最严重的惩戒权的行使。这些年来，随着劳动立法的完善，对劳动合同当

① 信春鹰主编：《中华人民共和国劳动合同法解读》，中国法制出版社2007年版，第14页。

事人间权利义务的调整已逐步形成了宏观上由国家强制性法规调整，中观上由企业规章制度规范，微观上由劳动合同约束的格局。这样的格局对劳动秩序的维持和劳动目的的达成是有益的。因此，从规章制度的定位及作用看，对法律法规规定模糊的行为通过规章制度加以明确，使之成为劳动者的行为规范，从而促使劳动合同得以全面履行是一种有效的做法。所以企业为了对员工进行更有效的日常管理，将立法不明确的对劳动者忠诚、勤勉义务的要求纳入企业规章制度，显然是符合法律精神的。日常生活中这种情况在许多企业都存在，也为大家所普遍接受。

（三）用人单位对劳动者如实告知要求的限制

任何一种权利的行使都要受法律规定的限制，企业如滥用自主管理权，过分扩大企业规章制度对劳动者忠实义务的要求，会侵害劳动者合法权益。从各国立法上可以看出，对于雇员存在相关事项的如实告知义务各国均持肯定态度。但这里的告知内容并不是无限制的。例如，法国劳动法对招聘自由设置最大的限制就是平等原则，即禁止招聘中的歧视行为。同时出于对个人私生活的保护，企业招聘中收集信息也规定要遵守两项原则（法律卷第1221–6条），一是“目的性原则”，即收集的信息资料等不论形式如何，只能用来评价应聘人员此时应聘岗位的工作能力；二是“适当原则”，即这些信息必须和应聘工作岗位有着直接的、必然的联系。[①]同时，它还规定了禁止收集民族、社会出身、政治观点、宗教信仰、工会入会情况、应聘人员的身体健康状况、妇女是否怀孕等具体个人信息。德国劳动法认为，在雇佣初期，雇主与雇员之间的准备关系就像一个先合同信任关系，在双方间产生带有劳动法特点的特定义务。雇员必须在没

① 郑爱青：《法国劳动法概要》，光明日报出版社2012年版，第13页。

有要求的情况下，在未来劳动关系中，对劳动合同中与劳动给付义务的履行相关联的有实质意义的所有情况进行真实的陈述公开。对于劳动关系虽然没有实质意义的一些事实，但获知这些事实对雇主存在合法利益，求职者也应当主动告之。至于宗教信仰、党派属性，雇主原则上不允许提问。除非其应聘的是教会的职位或是在政治党派中担任领导职位，雇主对此发问就属于合法。如在招收出纳员岗位时对财务犯罪前科的提问，由于客观上存在着正当的实质性理由和必要性，这种提问便认为是合法的。[①]而《日本劳动标准法》则规定，雇员对个人经历的虚假陈述则属于“归因于雇员的原因”，属于解雇合法的合理原因。

我国《劳动合同法》对于劳动者告知义务的范围，仅原则性规定为“用人单位有权了解劳动者与劳动合同直接相关的基本情况，劳动者应当如实说明”，那企业的规章制度该如何把握劳动者告知义务的范围呢？这里笔者以为采纳德国劳动法的观点更为科学，即企业规章制度可以将与劳动给付义务的履行相关联的有实质意义的所有情况纳入劳动者的如实告知义务范畴。与劳动合同履行有实质意义的情况，通常可以包括劳动者个人身份信息资料、能一定程度反映劳动者工作能力、技术熟练程度的工作履历、原单位的推荐信函、特殊岗位必须具备的资格证书或身体健康资料等。如工厂招用电工就需要其持有电工上岗资格证；饭店招用厨师需要应聘者持有个人卫生许可证；一些有毒有害的特殊岗位的招工，需要告知是否存在该岗位禁忌的疾病等。在现实生活中，不乏借如实告知之名行就业歧视之实的情况，如有的企业要求劳动者告知婚育情况等隐私。对此，笔者认为，我国劳动法有明确规定，即在录用职工时，除国家规定

---

① 〔德〕W. 杜茨：《劳动法》，张国文译，法律出版社 2005 年版，第 158 页。

的不适合妇女的工种或者岗位外，不得以性别为由拒绝录用妇女或者提高对妇女的录用标准。婚姻、生育状况通常与劳动合同的履行没有必然的关系，属于个人隐私，不应作为劳动者必须告知的内容。对用人单位以劳动者在签订劳动合同时对婚育状况作不实陈述为由主张合同无效并据此解除劳动合同的，一旦认定解雇合法，则无疑助长了用人单位规避法律、借诚信为名，行就业歧视之实的行为。因此，双方当事人合同谈判能力严重不对等的状况下，将弱势一方出于就业的压力被迫对与劳动合同履行并无直接关联的事项所作不实陈述作为确定合同无效的依据，与劳动立法目的相悖，显然不可取。目前司法实践中对用人单位将此列入规章制度并以此行使劳动合同解除权也多持否定态度。

此外，对于用人单位存在合法利益的个人信息，用人单位亦可以要求劳动者如实陈述。例如劳动者的联系地址，系企业在履行相关通知义务时需要知晓的事项，信息错误，可能给企业带来一定损失（如未及时退工损失、未提前通知解除的代通金等）。又如家庭信息、连续工龄信息，这些信息涉及企业应给予劳动者的法定待遇，包括探亲假、年休假等的享受，信息错误可能导致给用人单位带来不必要损失（如应休未休年休假的二倍补偿等）。此类信息与劳动合同目的的达成并不具有必然的联系，并非与劳动合同履行相关联的实质意义的事项。用人单位针对劳动者上述事项的虚假陈述而行使合同解除权，对劳动者亦过于苛刻，与劳动合同法立法目的相悖，亦不利于劳动用工秩序的稳定。故用人单位将此类虚假陈述作为解雇理由纳入规章制度不妥，但此并不意味着对此类不诚信行为的放任，对因此造成的企业利益损失，劳动者应承担相应的过错责任。

前述案例中涉及的是劳动者提供虚假学历并作虚假陈述的问题。学历及教育背景是否是与劳动给付义务的履行相关联的有实质意义的必须如实告知的事项呢？能否将此作为劳动者如实告知义务的内容纳入规章制度？对此亦一直存在不同的观点。持否定态度的人认为“学历不能代表能力，文凭不能代表水平”，认为就学历的虚假陈述对劳动合同的履行不产生影响，用人单位不能以此为由行使解雇权。这也是本案当事人唐某的一个主要理由。而持肯定观点的则认为由于我国的社会征信体系尚未健全，不论是用人单位还是劳动者，均难以通过权威、合法的渠道，准确、快捷、低成本地获取对方的相关信息并据此作出选择判断，而要准确核查相关信息往往需要花费大量的时间、精力和财力，调查结果也往往具有滞后性特征。对劳动者的整体判断主要还是基于其提供的或描述的有关其学历、技能、工作经历等情况。学历虽然不能完全代替能力，但一定程度上能反映出劳动者的教育背景，是对其是否能胜任岗位需要的判断依据之一，其属于对劳动合同履行有实质意义的情况。而笔者认为后者的观点更有利于促进公平公正法制环境的建立。学历与履历通常是用人单位甄别和选择劳动者，判断合同目的能否达成的重要指标，是双方合意的基础条件之一，无疑属于劳动者如实告知义务的重要告知事项。诚信系做人之根本，而延伸到劳动用工领域，亦是如此。

学历造假是现在社会的乱象之一，当前，在劳动用工领域，对劳动者缔约过程中违背诚信的行为多停留在道德批判的层面，而用法律手段对其进行惩戒的寥寥。而对用人单位行使解雇权合法性的严格审查，也使得一些企业不得不采取背景调查、签署承诺书等手段来应对，不仅大大增加了用工成本，亦导致用人单位与劳动者在合同履行过程中互信、合作的基础荡然无存。同时，学历造假现象使社会的人才使用管理秩序发生混乱，伤害了学历这种社会评价标准的公平性和正当性，对于笃守诚信的其他应聘者而言也是一种严重的不公。社会关系的稳定和持续发展，有赖于信息的真实传播和人际交往的诚实守信，提倡真才实学的真学历，是对知识的一种尊重，是对社会急功近利现象的一种鞭挞，也是维护社会诚信的一种必要手段。而当一种失信行为未受到惩罚反而获利时，就会对社会价值取向造成冲击，会破坏了社会的公平公正。冠龙公司在规章制度中明确，对于学历造假的员工，用人单位行使劳动合同解除权是符合法律精神的。其据此与有悖诚信的员工解除劳动合同亦于法有据。更何况，本案中当事人更是出具了书面承诺，对于背信行为的法律后果其能够预见。其对于自己的欺骗行为应当兑现承诺，承担相应的法律后果。本案仲裁及一审未考虑劳动者造假的故意及刻意隐瞒的事实，仅从保护劳动者就业权角度出发，判令用人单位承担违法解除劳动合同的赔偿责任显然有欠考虑。

三、劳动者在劳动合同履行过程中的其他诚信义务

本案中，冠龙公司行使解雇权的理由之二是唐某存在开具阴阳合同等营私舞弊行为。该解雇权的行使即涉及劳动者在职期间应当承担的其他诚信义务及背信行为的法律后果。作为用人单位的一员，劳动者在劳动合同履行期间提供的劳动是一种“为他人利益的薪金劳动”。正是由于劳动法律关系的这种特征，决定了劳动者的忠诚义务是其作为劳动合同一方当事人的基本义务。它要求劳动者在劳动中对雇主的财产诚实使用，不得对雇主的利益造成损害。在普通法系国家，忠诚事主就是一项暗示义务，这种暗示性的义务属于常识性的法理。忠诚于雇主乃天经地义，为其义不容辞之责。[①]劳动者在职期间的其他诚信义务主要包括以下两种：（一）谨守职责，不得损害用人单位利益。《劳动合同法》对劳动者在职期间严重违背忠诚义

① 郑尚元：《劳动合同法的制度与理念》，中国政法大学出版社 2008 年版，第 154 页。

务进行规制主要是第39条的规定，即劳动者严重失职，营私舞弊，给用人单位造成严重损害的，用人单位可以即时解除劳动合同。营私舞弊一词，出自清朝吴趼人所著《二十年目睹之怪现状》，意为因图谋私利而玩弄欺骗手段做犯法的事。其中，营为谋求，舞为玩弄，弊指坏事。《劳动法》及《劳动合同法》将营私舞弊，给用人单位造成严重损害作为用人单位可以即时解除劳动合同的法定情形之一，体现了法律对此种悖信行为的否定态度及对用人单位合法利益的平等保护。笔者以为，对于劳动者的如此背信行为进行惩处，需从以下几方面综合考量：1. 存在违反忠诚义务的欺骗行为。该行为可以是作为，也可以是不作为。例如该报批的不报批，该审核的不审核，该比价的不比价，目的都是让自己或自己帮助的一方获得利益。2. 以谋求个人利益为前提。经常有当事人抗辩称自己的获利没有超过正常范围，对企业未造成损害，故不能以营私舞弊论。这实是一种错误的认识。对于企业而言，通过交易使利益最大化是其经营的根本目的。企业内部的员工对于企业方的交易信息显然有更多的了解，其利用职权自己参与交易无疑剥夺了企业通过竞价者之间的竞争获得更高利润的机会。对于其他竞争者而言也是不公平的。这种无损企业利益的抗辩显然是不成立的。著名学者黄越钦在论及劳动者忠诚义务的时候曾提出“即凡对雇主可能产生损害之一切行为均不得作为，例如不得唆使其他同事违反义务怠工，此外，凡足以影响雇主营业名誉、信用之事实，亦不应张扬，但有更高利益应受保护者不在此限，其他诸如不得为背信行为以获得利益，更属当然……”。①就其观点而言，对“给用人单位造成严重损害”应当从宽理解，可以不限定在损害结果已发生，而损害的内容应不仅仅限于经济损失，

① 黄越钦：《劳动法新论》，中国政法大学出版社2003年版，第175页。

还应当包括企业信誉、信用、竞争优势等各方面的损害。（二）保守商业秘密及在职期间承担不竞争义务。（因本案不涉及此问题，故本文中不再展开。）

前述案例中，对于唐某存在营私舞弊行为的事实，冠龙公司虽提供了一份客户单位的书面证明，但唐某予以否认，冠龙公司也未能进一步举证，故法院对其该项理由未予采纳也是顺理成章的。但这不影响冠龙公司以学历造假为由与唐某解除合同。

（撰稿人：乔蓓华、水波）

14. 不能胜任工作的解雇

——中兴通讯（杭州）有限责任公司诉王鹏劳动合同纠纷案①

案件索引：浙江省杭州市滨江区人民法院（2011）杭滨民初字第885号民事判决书，2011年12月6日判决。

基本案情

2005年7月，被告王鹏进入原告中兴通讯（杭州）有限责任公司（以下简称通讯公司）工作，劳动合同约定王鹏从事销售工作，基本工资每月3840元，通讯公司通过网上公示的方式将劳动规章制度告知王鹏。通讯公司《员工绩效管理办法》规定：员工半年、年度绩效考核分为S、A、C1、C2四个等级，分别代表优秀、良好、价值观不符、业绩待改进；S、A、C（C1、C2）等级的比例分别为20%、70%、10%；不能胜任工作原则上考核为C2。王鹏原在通讯公司渠道管理部的分销科从事销售工作，2009年1月之后，因渠道管理部的分销科解散等原因，王鹏转岗至华东区从事销售工

① 案件来源：最高人民法院网，http://www.chinacourt.org/article/detail/2013/11/id/1150422.shtml，2013年11月26日发布，访问时间：2014年12月1日。

作。2008 年下半年、2009 年上半年及 2010 年下半年，王鹏的考核结果均为 C2。通讯公司认为，王鹏不能胜任工作，经转岗后，仍不能胜任工作，故在支付了部分经济补偿金的情况下解除了劳动合同。2011 年 7 月 27 日，王鹏提起劳动仲裁。同年 10 月 8 日，劳动仲裁委裁决：通讯公司支付王鹏违法解除劳动合同的赔偿金余额 36596.28 元。通讯公司不服仲裁裁决，于同年 11 月 1 日诉至浙江省杭州市滨江区人民法院，请求判令不予支付王鹏违法解除劳动合同赔偿金差额。王鹏辩称：考核为 C2 与不能胜任工作之间不具有关联性，通讯公司没有提供其不能胜任工作的直接证据；转岗是因为分销科解散，并非因为不能胜任工作；通讯公司属违法解除劳动合同，请求法院维持仲裁裁决。

判决与理由

浙江省杭州市滨江区人民法院于 2011 年 12 月 6 日作出（2011）杭滨民初字第 885 号民事判决：原告通讯公司于本判决生效之日起十五日内一次性支付被告王鹏违法解除劳动合同的赔偿金余额 36596.28 元。宣判后，双方均未上诉，判决已发生法律效力。法院裁判认为：为了保护劳动者的合法权益，构建和发展和谐稳定的劳动关系，《劳动法》《劳动合同法》对用人单位单方解除劳动合同的条件进行了明确限定。原告通讯公司以被告王鹏不胜任工作，经转岗后仍不胜任工作为由，解除劳动合同，对此应负举证责任。根据《员工绩效管理办法》的规定，“C（C1、C2）考核等级的比例为 10%”，虽然王鹏曾经考核结果为 C2，但是 C2 等级并不完全等同于“不能胜任工作”，通讯公司仅凭该限定考核等级比例的考核结果，不能证明劳动者不能胜任工作，不符合据此单方解除劳动合同的法定条件。虽然2009年1月王鹏从分销科转岗，但是转岗前后均从事销售工作，并存在分销科解散导致王鹏转岗这一根本原因，故不能证明王鹏系因不能胜任工作而转岗。因此，通讯公司主张王鹏不胜任工作，经转岗后仍然不胜任工作的依据不足，存在违法解除劳动合同的情形，应当依法向王鹏支付经济补偿标准二倍的赔偿金，故判令通讯公司于判决生效之日起十五日内一次性支付王鹏违法解除劳动合同的赔偿金余额人民币36596.28元。

评　析

一、本案判决的意义及其讼争焦点

基于下述两方面的原因，本案判决颇具标杆意义，被最高人民法院列为具有判决先例性质的指导案例。其一，劳动者因不胜任工作而被解雇，既是我国实务中最为常见的解雇情形之一，也是《劳动合同法》第40条规定的预告解雇中最具代表性的解雇事由。所以，通过本判决“对于实务中严格、准确地把握解雇的法律规定，保护劳动者合法权益，具有普遍指导意义”[①]。其二，本案判决涉及我国人力资源管理规范化、法治化的重大变革。我国的人力资源管理随着市场经济体制的逐步确立而得以兴盛，发展时间尚短，借鉴发达国家人力资源管理的先进经验尤为常见，深受美国影响。但是，美国劳动关系的最大特征为自由雇用（employment at will），其法制与我

---

① 最高人民法院案例指导工作办公室：“‘中兴通讯（杭州）有限公司诉王鹏劳动合同纠纷案’的理解与参照”，载《人民司法》2014年第6期。

国有非常大的差异（我国劳动法制更像欧陆各国），因此本案涉及的末位淘汰制度从美国引入到我国后便一直存在争议。进而言之，本案关系到我国人力资源管理与劳动法制之间的调适这一颇值得研究的议题。可以预期的是，一方面，从计划经济走来的我国劳动法制将不断进行市场化取向的完善，必须不断回应人力资源管理的正当需求；另一方面，人力资源管理的本土化、规范化、法治化也无疑是其发展趋势。

本案双方当事人讼争的焦点是通讯公司是否构成非法解雇，而在我国，解雇必须具备法律规定的解雇情形，这涉及《劳动合同法》第39、40、48条之适用。具体言之：第一，什么是不能胜任工作？绩效考核中居于末位等次是否就是不能胜任工作？第二，即使用人单位在劳动规章制度中明确写入了末位淘汰，是否能据此解雇？第三，对不能胜任工作者如何进行培训或者调整工作岗位方能达到法律上的要求？第四，如果劳动者不能胜任工作，经过培训或者调整工作岗位，仍不能胜任工作的，用人单位未提前三十日以书面形式通知劳动者本人（以下简称预告）或者额外支付劳动者一个月工资（以下简称代通知金）而径直解雇是否属于非法解雇？亦即，预告解雇具备第40条规定的解雇事由，但不符合解雇程序，是否属于非法解雇？

二、不胜任工作的判定

劳动者是否胜任工作，既可能指劳动者的“学识、品行、能力、身心状况等客观上不能完成工作”，也可能指劳动者“主观上怠忽所担任之工作，致不能完成，或违反忠诚履行劳务给付之义务等情形”，因而在学说上有客观说与主观说之争：客观说坚持胜任工作与否的判断应着眼于客观不能，而主观说则认为还包括主观上能而不为。[①]

---

① 黄程贯：《劳动法》，（台湾地区）新学林出版股份有限公司2009年版，第A–179页。

而这涉及适用不胜任工作解雇（《劳动合同法》第40条第2项）与适用严重违反规章制度、严重失职（《劳动合同法》第39条第2、3项）之区别。

权威解释无助于平息主客观说之争。原劳动部1994年《关于〈劳动法〉若干条文的说明》第26条将不能胜任工作解释为："是指不能按要求完成劳动合同中约定的任务或者同工种，同岗位人员的工作量。用人单位不得故意提高定额标准，使劳动者无法完成。"这是我国较为权威的解释，因为《劳动合同法》第40条与《劳动法》第26条如出一辙，且这一解释亦为《劳动合同法》立法者所采纳，[①]我国劳动法教科书一般均沿用此解释，但是，从该解释中根本无法确定立法系采纳哪一学说。

文义解释的无能为力。从文义解释而言，胜任，《新华字典》释义为："能担任，能承受"，《汉语大辞典》释义为："能力足以担任""有能力担当某项任务或工作，而且能很好地完成"。因此从文义上实难断定客观说与主观说何者为正确。"对于因设备故障、原料质量、停水停电等客观因素造成的劳动者不能完成工作任务，不能视为劳动者'不能胜任工作'"[②]，自为文义解释之应然之意。

从历史解释而言，也无法厘清不胜任工作之本意。1980年国务院《中外合资经营企业劳动管理规定》第4条规定："合营企业对于因生产、技术条件发生变化而多余的职工，经培训不能胜任要求，也不宜改调其他工种的职工，可以解雇……"1986年国务院《国营企业实行劳动合同制暂行规定》、1989年原劳动部《私营企业劳动

① 信春鹰主编：《中华人民共和国劳动合同法释义》，法律出版社2007年版，第142—143页。本书为全国人民代表大会常务委员会法制工作委员会编写，一定程度上可视为对立法理由的说明。

② 郭捷：《劳动法学》，中国政法大学出版社2007年版，第156页。

管理暂行规定》均未将不胜任工作作为解雇事由，1994 年原劳动部、原对外贸易经济合作部《外商投资企业劳动管理规定》第 12 条又增加了不胜任工作的解雇事由，该条规定："有下列情形之一的，企业在征求工会意见后，可以解除劳动合同，但应提前 30 日以书面形式通知职工本人：……（二）职工经过培训、调整工作岗位，仍不能胜任工作的。"纵观上述规定，《中外合资经营企业劳动管理规定》第 4 条明显持客观说立场，其规定与主张客观说的黄越钦教授的观点惊人地相似，黄教授主张：因为"市场条件、国际竞争、技术革新等"原因导致"劳工本来并非不能胜任，而是在事业采行自动化或新生产技术才使得劳工面对新技术而显得不能胜任"①。遗憾的是，虽《中外合资经营企业劳动管理规定》第 4 条可作为客观说的有力支撑，但其未能一以贯之，且该规定颁行之时正值改革开放初期，我国社会主义市场经济体制远未确立，悍然强调《劳动法》《劳动合同法》有关规定均自此沿袭而来，未免太过牵强。

从体系解释而言，《劳动合同法》第 39 条规定的即时解雇之事由，劳动者均具可归责性，正因如此，学界也将其称为过错性解雇，依本条规定，解雇在法律上既未要求预告，也不要求支付经济补偿金。而《劳动合同法》第 40 条规定的预告解雇之事由，一般认为劳动者均无可归责性，所以本条也被学者称为无过错性解雇，法律上要求解雇时既应预告，也需支付经济补偿金。从学理发展而言，传统民法认为雇佣合同一方当事人在发生重大事由导致合同履行不可期待时，有权解除雇佣合同。《劳动合同法》第 39 条所规定的即时解雇事由即是此种"重大事由"的具体体现（当然要求更为严格）。民法认为，不定期雇佣合同仅经预告即可解除而不问解雇原因为何，

---

① 黄越钦：《劳动法新论》，中国政法大学出版社 2003 年版，第 157 页。

以使当事人给付义务的范围在时间上得以明确，当事人能够脱离继续性债务关系的拘束，但为防止用人单位持其强势地位而恣意妄为，该无因解雇在我国劳动法中被有因解雇所取代，劳动合同的预告解雇需要具备《劳动合同法》第40条所规定的事由。因此，从体系上，二者规范着不同的事实，有着不同的法律效果，基于第39条和第40条的不同制度设计，应将不胜任工作限于客观不能、不可归责劳动者的语境之中。[①]

本案中，虽然通讯公司《员工绩效管理办法》规定“不能胜任工作原则上考核为C2”，但是，该劳动规章制度同时要求绩效考核在结果上必须有10%的劳动者为C（C1、C2）级，这就与劳动者学识、品行、能力、身心状况等客观上能否完成工作完全不同，考核为末位也就不能等同于不能胜任工作。滨江区人民法院判决所持理由值得赞同。

三、劳动规章制度规定了末位淘汰时的解雇

如果用人单位在劳动规章制度中明确规定了末位淘汰，并科以解雇的后果，则可否解雇劳动者？有学者认为：“若劳动契约之特性，特别强调劳工提供劳务之主观态度，或是特别强调劳雇间之信赖关系，以致当劳工未尽其主观上之能力时，将使其所提供之劳务严重丧失意义，而无法期待一合理之雇主继续该契约者，则应许雇主以劳工不胜任为由、加以解雇。”[②]在此情形下，则会涉及不能胜任工作与严重违反劳动规章制度的转化。虽然《劳动合同法》第39条规定了劳动者严重违反用人单位的规章制度的，用人单位可即时解雇。

---

① 参见：黄程贯：《劳动法》，（台湾地区）新学林出版股份有限公司2009年版，第A-179页；林更盛：“作为解雇事由之‘劳工确不能胜任工作’”，载林更盛：《劳动法案例研究（一）》，（台湾地区）翰芦图书出版有限公司2002年版，第217页以下。

② 林更盛：“作为解雇事由之‘劳工确不能胜任工作’”，载林更盛：《劳动法案例研究（一）》，（台湾地区）翰芦图书出版有限公司2002年版，第217页以下。

但是，法律对于劳动规章制度作了要求。根据 2001 年最高人民法院《关于审理劳动争议案件适用法律若干问题的解释（一）》第 19 条的规定，劳动规章制度需要达到三方面要求才发生效力：一是民主程序制定，二是内容合法，三是公示或告知劳动者。这些要求在《劳动合同法》第 4 条中被进一步确定。本案中，王鹏为通讯公司的一般销售人员，并不存在特别强调工作主观态度或信赖关系之情形，因此即便通讯公司在劳动规章制度中明确末位淘汰，也不合法，不得据此解除劳动合同。

四、不胜任工作者的培训或调岗

根据《劳动合同法》第 40 条第（二）项的规定，即使劳动者不胜任工作仍不得被解雇，“用人单位须完成三次举证方可解除，即要举证证明劳动者不能胜任，调岗或培训，经过调岗或培训后依旧不能胜任。”①如此规定的直接目的在于，“劳工不能胜任工作者，雇主须加以培训（本意在提升劳工之职业、技术能力）或调整工作岗位（本意系考虑劳工之能力或许只是不能胜任雇主所指派之新职）……”②其中之原理在于，“在实施不能胜任解雇之前，《劳动合同法》要求用人单位对劳动者工作岗位的调整实际上是一种法定的解雇回避努力义务，其目的在于通过调职来维系劳动者的就业安定。”③质言之，如此规定方符合解雇最后手段性原则之要求。解雇最后手段性原则，强调“解雇应是雇主终极、无法回避、不得已的手段……故就其内容言，实不外为广义的比例原则（Verhältnismäβigkeitsprinzip

① 董保华：“劳动法律与人力资源管理的和谐共存”，载《浙江大学学报》（人文社会科学版）2008 年第 4 期。

② 刘志鹏：“论劳工确不能胜任工作”，载“台湾劳动法学会”编：《劳动法裁判选辑》（二），（台湾地区）元照出版有限公司 1998 年版，第 268 页。

③ 李国庆：“解雇权限制研究”，华东政法大学博士论文，2010 年 5 月，第 81 页。

i.w.S）/或称为过度禁止原则（Übermaβverbot）底下的必要性（Erfordlichkeit）原则。”[①]至于比例原则的思想起源，“源于正义的请求，它在保护与平等的意义上对个人利益与公共利益仔细进行斟酌，以得到较为合理的结果”，最早可追溯至古雅典执政官梭伦，“他将正义作为目的，将限度作为社会秩序的界线”，亚里士多德也阐述过类似思想，“他认为不公平是违背比例相称的可能性之间的中部，因为成比例就是中部，公平就是比例相称”，“正义思想在功能与内涵上已覆盖了比例原则”，所以比例原则的思想渊源、价值归属即为正义思想。[②]

基于解雇最后手段性原则的考量，倘若对不胜任工作的劳动者已无适当的培训或者已无其他适当工作岗位可供调整，我们不能僵硬运用本条规定认为此时仍不得解雇；同样，用人单位随意的培训或调岗也不符合本原则的要求，所进行的培训，一定是与劳动者从事的工作岗位相适应的职业技能培训，无论时间还是程度；所调整的工作岗位，一定是劳动者知识技能、身体状况等更适宜从事的岗位。而调整工作岗位涉及劳动合同的变更，虽然《劳动合同法》第35条确立了变更劳动合同必须协商一致的原则，但学界通说认为《劳动合同法》第40条第（一）（二）两项规定的情形例外。一是因为从法律条文本身规定的“安排”“调整”用语可知，是由用人单位来单方变更劳动合同；二是因为学界认为在满足“必要性”和“合理性”时可单方变更劳动合同。劳动者不能胜任工作时，其必要性已然具备，而合理性则必然要求调整后的工作岗位更加适宜不能胜任工作的劳动者。

---

① 林更盛：“解雇之最后手段性”，载林更盛：《劳动法案例研究》（一），（台湾地区）翰芦图书出版有限公司2002年版，第261页。

② 范剑虹：“德国法中的比例原则的内涵、渊源、适用与借鉴”，载《浙江大学学报》（人文社会科学版）2000年第5期。

本案中虽然存在王鹏转岗之事实，但转岗前后均从事销售工作，不符合法律要求。当然，法院查明王鹏转岗的根本原因是通讯公司分销科解散，而非不能胜任工作，则该转岗并非《劳动合同法》第40条所要求的“调整工作岗位”，故解雇违反本条规定。

五、仅未预告或未支付代通知金的法律后果

非法解雇规定于《劳动合同法》第48条：“用人单位违反本法规定解除或者终止劳动合同，劳动者要求继续履行劳动合同的，用人单位应当继续履行；劳动者不要求继续履行劳动合同或者劳动合同已经不能继续履行的，用人单位应当依照本法第87条规定支付赔偿金。”从本条规定可知，我国非法解雇的法律效果是解雇无效，而不是解雇有效仅产生被非法解雇者的损害赔偿请求权，否则“继续履行”之规定就丧失其逻辑前提；解雇无效后，继续履行优先，当继续履行不能时则转换为第87条规定的经济补偿金两倍的赔偿金。对不胜任工作者径行解雇，抑或对其的培训或调岗不符合法律要求，固然属于非法解雇。但是，预告解雇具备第40条规定的解雇事由，但不符合解雇程序，是否属于非法解雇？

有学者将所有违反法定程序的解雇行为认定为非法解雇，因为：“《劳动合同法》对于解雇程序有着明确的设定，‘解雇有效说’明显缺乏足够的现实法支撑，‘补正有效说’虽然易于操作，事前通知与事后补正本身的差异也并不大，但此内容的实施却是以解雇程序法律价值的牺牲作为代价的，而‘解雇无效说’体现了对劳动者的从严保护，也坚持了法律程序的重要性，从另一层面来说，‘解雇无效说’更符合解雇法制的精神，其所坚持的非法解雇既包括实体性非法解雇也包括程序性违法的观点，是一种通行的做法。”[①]有关解雇预

① 李国庆：“论违法解雇的法律救济”，载《中国人力资源开发》2011年第10期。

告期等解雇程序的法律规制对实现解雇纠纷的事前防止以及谋求纷争的圆满解决具有重要的作用，未经该程序的，应产生对用人单位解除劳动合同或裁减人员决定的阻却力，其决定应属无效，同时用人单位应当为其违反法律规定的行为承担相应的责任。[①]立法者似乎也持相同立场："所谓违反本法的规定，是指违反劳动合同法第36条、第39条、第40条、第41条、第42条、第44条、第45条等规定。具体情形包括不符合法定条件用人单位单方解除的、解除时没有履行法定义务的、不符合法定条件用人单位终止的等。"[②]但这一观点非常值得商榷。

违反解雇事由还是解雇程序，不能作为非法解雇认定的关键因素。从《劳动合同法》第40条的规定中，我们可明确看出此意。当用人单位具有第40条规定的解雇事由，而违反解雇程序——预告或者支付代通知金，如果将之视为非法解雇，让用人单位承担继续履行或双倍经济补偿的赔偿金，这明显有失公平。毕竟用人单位不具有解雇事由而解雇，性质恶劣得多，却与未支付代通知金的法律责任完全相同。因此，在后者情形下让用人单位补发代通知金并赔偿劳动者因此而遭受的损失更为合理（该损失一般情况下应当较少甚至不存在）。其原因在于，解雇系用人单位单方行使解除合同的形成权的结果，当用人单位具有第40条规定的解雇事由时，其解雇权即以合法成立，如其违反第40条规定的解雇程序，属于权利行使存在瑕疵，可通过补发代通知金并赔偿因此而致的损失而得以弥补。解雇事由与预告期有着不同的规范目的，前者为解雇权本身之限制，

---

① 肖进成："重构用人单位违法解除劳动合同法律责任的思考"，载《西部法学评论》2013年第1期。

② 信春鹰主编：《中华人民共和国劳动合同法释义》，法律出版社2007年版，第184页。

关涉解雇权之有无的问题；而后者为解雇权行使时的要求，以缓和对劳动者经济生活的冲击，“惟预告期间的设计，在使当事人——特别是劳工——有机会因应解雇所生之新的情事，尤其是使劳方有寻找新就业机会。”①“至于劳方虽因预告期间而心理上有所缓冲，然此当只为一反射利益，不应过度强调，不然有致模糊预告期间之目的之虞。”“雇主应预告而未预告之解雇，虽与预告制度之目的未尽相合，但为考虑到雇主有尽速调整其生产技术、组织、因应市场竞争之需要，便宜地允许其解雇仍生立即终止之效力。”且另一方面，劳动者原于预告期间所能获得之利益已通过代通知金而得以补偿，则该规范目的已经实现。②简言之，违反预告期之规定，仅产生解雇权行使之瑕疵，可经代通知金的支付而治愈。

六、“末位淘汰制”的中国化

“末位淘汰制”所奉行的末位淘汰规则源自美国通用电气公司（GE）前CEO杰克·韦尔奇，也被称为活力曲线或10%淘汰率法则，“是企业为满足竞争的需要，通过科学的评价手段，对员工进行合理排序，并在一定的范围内，实行奖优罚劣，对排名在后面的员工，以一定的比例予以调岗、降职、降薪或下岗、辞退的行为。其目的是促进在岗者激发工作潜力，为企业获得竞争力。”③就末位淘汰制而言，其有利于激发竞争意识和企业活力，强化劳动者工作责任感，提高劳动质量和效率等，但也存在凭借某次某项考核而粗暴否定劳动者长期表现，恶化同事间关系，人力流动成本高等弊端。

---

① 林更盛：“资遣解雇”，载“台湾劳动法学会”编：《劳动基准法释义——施行二十年之回顾与展望》，（台湾地区）新学林出版股份有限公司2005年版，第257页。

② 林更盛：“劳动基准法第十六条第三项之研究”，载《中原财经法学》1996年第2期。

③ 智库百科：http://wiki.mbalib.com/wiki/末位淘汰法则，访问时间：2014年12月6日。

就法律视角而言，源自美国的末位淘汰制并不一定符合我国劳动法制环境。美国自由雇佣为其特色，“雇主可以因为正当理由、不因为任何理由或者甚至因为道德上不正当的理由而自由解雇其劳动者，不必为此种不正义而感到内疚。”[①]而我国《劳动合同法》却对解雇作出了种种限制，既有第39、40、41条规定的解雇事由及解雇程序的要求，也有第42条解雇阻却事由的规定。因此，由于劳动法制背景差别太大，在美国畅行无阻的末位淘汰制并非全然能够照搬于我国。在人力资源管理的规范化、法治化的趋势下，即使要借助“末位淘汰制”，也必须中国化，使之与我国法制背景相吻合。本案承办法官曾建议：“用人单位应设定科学合理的考核指标体系。‘末位’总是存在的，用人单位必须正确界定‘末位’的内涵，将‘不能胜任工作而处于末位’和‘能胜任工作却处于末位’区分开来。……如果劳动者仅是业绩居于‘末位’而并非不胜任工作，则用人单位仅能根据‘末位淘汰制’，对劳动者进行降级、降职、降薪、待岗培训等形式的处理，而不能单方解除劳动合同。”并进一步建议采用“标准线淘汰制”，即：“指用人单位按照事先制定的淘汰标准，对业绩处于标准线以下的成员进行淘汰的方法。”[②]这一见解也得到了最高人民法院的认同。[③]

（撰稿人：熊晖）

---

① Lawrence Blades: Employment at Will vs. Individual Freedom: On Limiting the Abusive Exercise of Employer Power, *Columbia Law Review*,vol.67.1967.p.145.

② 金炜：“‘末位淘汰制’不能作为单方解除劳动合同的条件”，参见：http://www.hzcourt.cn/fxyj/20140717/014034166.html，访问时间：2014年12月3日。

③ 参见最高人民法院案例指导工作办公室：“‘中兴通讯（杭州）有限公司诉王鹏劳动合同纠纷案’的理解与参照”，载《人民司法》2014年第6期。

15. 劳动者预告解除的提前通知期的期限

——冯俊文诉上海某咨询公司预告解除劳动合同案

案件索引：上海市劳动争议仲裁委员会沪劳仲（2008）办字第6714号，2009年1月20日裁决；原上海市卢湾区人民法院（2009）卢民一（民）初字第407号，2009年5月8日判决；上海市第一中级人民法院（2009）沪一中民一（民）终字第2862号，2009年8月31日判决。

基本案情

冯俊文于2008年3月24日与基汇管理咨询（上海）有限公司（以下简称咨询公司）签订聘用协议，约定：合同期限自2008年5月5日起算，有效期两年，冯俊文担任沈阳项目负责人，试用期工资每月45000元，试用期届满每月工资50000元；协议同时约定：任何一方可通过提前两个月发出书面通知的形式终止聘用关系，或要求代替工资的付款；如你或公司发出通知终止聘用关系，公司可就全部或剩余部分的剩余通知期要求你。

2008年8月29日，冯俊文向咨询公司递交辞呈，载明：我在此正式提交我的辞呈，辞去资产经理一职，并通知我的最后工作日是2008年10月28日。2008年9月3日，咨询公司向冯俊文发出通知：你的最后工作日为2008年9月3日，之后无需继续履行雇佣义务……你9月份工资按1—3日计算，为7311元……

冯俊文不服咨询公司发出的通知，遂于2008年10月20日向上海市劳动争议仲裁委员会申请仲裁，要求咨询公司支付解除劳动合同代通金10.6万元及解除劳动合同补偿金4338.38元。

冯俊文认为其申请辞职是附期限的，在该期限未成就时，双方劳动关系并未解除，双方的合同应继续履行，在此期间，咨询公司于2008年9月3日发出的《通知》才是真正解除了双方的劳动关系，其实质上剥夺了劳动者继续工作和继续取得劳动报酬的权利。故要求公司支付解除劳动合同代通金10.6万元及解除劳动合同补偿金4338.38元。

咨询公司则认为，双方合同约定解除劳动合同通知期，是要求提出解除劳动合同一方必须履行的义务，相对方则是行使权利方。2008年8月29日冯俊文提出辞职，通知期的义务在冯俊文，冯俊文与公司之间的解除劳动合同系由冯俊文提出，公司在2008年9月3日发出的函件是对冯俊文提出解除劳动合同的答复，公司免除了冯俊文的通知义务，是企业放弃行使权利的表现，在免除冯俊文两个月的通知期后，双方终结了劳动合同。2008年9月3日双方也已完成交接工作，故公司不需要支付通知期工资，也无需支付解除劳动合同经济补偿金。

判决与理由

上海市劳动争议仲裁委员会经审理后认为，冯俊文与咨询公司在劳动合同中约定任何一方解除劳动关系应当提前2个月书面通知对方或支付2个月的工资作为补偿，当8月29日冯俊文书面通知咨询公司辞职时，冯俊文应当履行合同约定的通知期义务，相对的，冯俊文履行的通知期义务对于咨询公司来说是合同赋予其应享有的权利，咨询公司于9月3日通知冯俊文于当日离职，是一种免除冯俊文通知期义务的行为，冯俊文将此种行为理解为咨询公司单方面解除劳动合同，缺乏依据，本会难以认同。故冯俊文要求咨询公司支付通知期工资及解除劳动合同经济补偿金的请求，本会难以支持。上海市劳动争议仲裁委员会于2009年1月20日作出裁决，对冯俊文的请求不予支持。

冯俊文对此不服，遂起诉至原上海市卢湾区人民法院。

卢湾区人民法院经审理后认为，劳动法规定劳动者或用人单位在一定情形下可以解除劳动合同，但必须提前三十天通知对方。此规定旨在给予接受解约一方一定的准备期。冯俊文系咨询公司的项目负责人，担任着公司的要职，因此，双方约定的通知期高于法定常规的通知期，此举是双方真实意思表示，不违背相关法律规定，故劳动合同中的任何一方都应照约履行。通知期，是要求提出解约的一方必须履行的法定义务。冯俊文作为劳动者提出了解约，自然应当履行2个月通知期的义务；在冯俊文履行通知期义务期间，冯俊文依然付出劳动的，咨询公司应当支付冯俊文付出劳动的对价——支付冯俊文工资，该支付行为并不是针对冯俊文提出解约、咨询公司必须履行的义务，而是针对冯俊文付出劳动、咨询公司应该履行给付对价的义务。至于是否要求提出解约的劳动者继续履行通知期的义务（是否要求劳动者继续工作），则是用人单位的权利。享有民事权利的一方，可以放弃自己的权利。因此，咨询公司的放弃权利，没有任何条件限制。在咨询公司放弃冯俊文继续履行剩余通知期义务的权利时，双方的劳动合同即行解除。提出解除聘用协议的是冯俊文本人，咨询公司仅是针对冯俊文提出的解约而告知冯俊文不必履行通知期，该“告知”并非咨询公司提出解约，而冯俊文在提出辞职后仍主张双方的合同还有两个月的履行期，显然缺乏依据。因此，冯俊文要求咨询公司支付代通金、解约补偿金之请求，本院不予支持。

卢湾区人民法院于2009年5月8日作出判决，驳回冯俊文要求咨询公司支付代通金、解除劳动合同经济补偿金的诉讼请求。

冯俊文不服一审判决遂向上海市第一中级人民法院提起上诉。

上海市第一中级人民法院审理后认为，根据双方当事人在《聘用协议》中的约定，“提前两个月发出书面通知”是对解除劳动关系通知发出时间点的要求。在劳动者辞职的情况下，对于辞职通知发出后的期限内劳动者能否获得劳动报酬，应根据其是否付出劳动来确定。本案中，冯俊文在提出辞职后，于2008年9月3日完成交接工作，之后并未付出劳动，故被上诉人无须支付其劳动报酬。本案系冯俊文主动辞职，不符合法律规定的由用人单位支付代通金及经济补偿金的要件。原审法院的判决，并无不当。冯俊文的上诉请求，本院不予支持。2009年8月31日，上海市第一中级人民法院作出终审判决，驳回上诉，维持原判。

评　析

劳动者预告解除，是指在劳动合同依法订立以后，尚未全部履行以前，由劳动者一方依法提前消灭劳动合同的法律效力、单方解除劳动合同约定的双方权利义务关系的行为。预告解除，是劳动者享有的一项法定权利。劳动者预告解除制度在我国的现行法律规定主要体现在以下条文中，《劳动法》第31条规定：“劳动者解除劳动合同，应当提前三十日以书面形式通知用人单位。”《劳动合同法》第37条规定：“劳动者提前三十日以书面形式通知用人单位，可以解除劳动合同。”司法实践中由于劳动者预告解除而产生的劳动争议颇为常见，一般将劳动者预告解除劳动合同的权利称为劳动者的预告辞职权。由于劳动者在劳动关系中的弱者地位，法律规定预告解除的目的在于平衡用人单位和劳动者之间的利益。首先，预告解除可以维护劳动自主的权利。由于劳资双方掌握资源的悬殊，劳动者与用人单位地位无法实现真正平等，劳动者相对于用人单位而言处于弱势地位。从保护劳动者权益出发，对于劳动者单方解除劳动合同，我国一直持较为开放的态度，法律赋予了劳动者单方解除劳动合同的权利，不管是主观还是客观原因，只要劳动者不愿在用人单位继续工作，即可行使预告解除的权利。预告解除“有利于劳动者根据自身的能力、特长、志趣爱好来选择适合自己的职业，充分发挥劳动者的自身潜能，从而有利于实现劳动力资源的合理配置”[①]。其次，预告解除也可以防止因劳动者解除劳动合同后出现用人单位劳动岗位人员的缺失，影响用人单位正常的生产经营等活动。设置提前通知期，可以让用人单位在提前通知期内及时采取补救措施、安排其他人员接替提出解除劳动合同的劳动者的工作，并合理地调整生产和工作任务，保持离职员工所在岗位的稳定性和持续性。在本案中，双方约定“任何一方可通过提前两个月发出书面通知的形式终止聘用关系，或要求代替工资的付款”。此处约定的用人单位解除劳动合同，只需要提前两个月通知，在此不做讨论。这里只讨论用人单位与劳动者之间是否可以约定劳动者单方解除劳动合同超过三十日的

---

① 信春鹰、阚珂：《中华人民共和国劳动合同法释义》，法律出版社2013年版，第129页。

提前通知期，如果双方进行了超过三十日的约定，那么其法律效力应当如何认定？

关于劳动者的预告解除，《劳动合同法》第37条与《劳动法》第31条的规定在表达方式上稍有不同。《劳动合同法》规定，劳动者提前三十日以书面形式通知用人单位，可以解除劳动合同，在表达方式上更侧重于赋予劳动者权利。而《劳动法》规定劳动者解除劳动合同，应当提前三十日以书面形式通知用人单位，在表达方式上更侧重于强调要求劳动者履行提前通知的义务。因此，关于劳动者的预告解除，应当结合《劳动法》和《劳动合同法》的规定进行理解，劳动者提前三十日通知用人单位解除劳动合同，既是劳动者的权利，也是劳动者的义务，权利主要是指可以单方消灭劳动合同效力的权利以及继续履行劳动合同至通知期届满的权利，而义务则是指提前通知的程序性义务以及继续履行劳动合同的义务。

对于提前通知期的期限问题，理论界讨论较多，多数学者认为，“要解决劳动法硬性规定劳动者行使一般解除权、单方解除劳动合同仅三十日预告、通知时间不够的难题，应通过立法，针对不同的人才和岗位的不同情况来考虑延长或缩短单方解除的预告期限。如对于高级人才单方解除劳动合同至少应提前三个月或者半年时间以书面形式向用人单位预告通知，以使用人单位有充足的时间来寻找替代人选，避免因保护劳动者行使一般解除权而损害用人单位的利益；对于普通劳动者来讲，笼统规定三十日预告通知期又显得太长，不便于普通劳动者及时更换新的工作岗位，可以考虑将预告通知时间缩短至十日或者十五日即可。”[①]但理论界的讨论仅仅涉及提前通知期设置的合理性及立法建议上，并未明确对实务中这种约定的效力

① 王洛忠：《人力资源管理法律基础》，北京师范大学出版社2012年版，第113页。

做何种判断。

那么在实务操作中，用人单位与劳动者之间是否可以约定三十日以外的提前通知期，如果进行了约定，那么其法律效力应当如何认定？对此，在实践中形成了三种不同的观点。

第一种观点是“约定无效论”，这种观点认为，劳资双方约定超过三十日的提前通知期是无效的。《劳动合同法》第37条规定：“劳动者提前三十日以书面形式通知用人单位，可以解除劳动合同。”该条的文意理解是，劳动者只需要提前三十日通知用人单位就可以解除劳动合同，因此，这里三十日的提前通知期是法定的，用人单位与劳动者不能约定长于法定标准的提前通知期，即使双方作了三十日以外的约定，也应当认为无效，任何一方均无须遵守。该观点主要基于以下几点理由：（1）《劳动合同法》规定劳动者行使单方解除权时需提前三十日通知，这一提前通知期已经充分考虑了用人单位维持劳动关系必要的平衡性和避免用人造成不必要的影响和损害的因素，否则就可像试用期解除一样提前三日通知即可。约定超过三十日的提前通知期实际上是将劳动者三十日解除劳动合同的权利变成了一种义务。“《劳动合同法》关于劳动者提前三十日以书面形式通知用人单位即可解除劳动合同的规定，属于强制性规范，在一般情况下，用人单位与劳动者无需在劳动合同中约定解除劳动合同的预告期，即使约定也是无效的。”[①]（2）劳动合同约定的预告通知期超过三十日，属于加重了劳动者的义务，排除了劳动者的权利。根据《劳动合同法》第26条规定，“用人单位免除自己的法定责任、排除劳动者权利的”劳动合同，属于无效劳动合同，故该约定无效。“用

---

① 王永起：《劳动争议类案裁判规则与法律适用》，人民法院出版社2011年版，第282页。

人单位不能与劳动者约定劳动者解除劳动合同的预告期超过三十天，否则就变相限制了劳动者的辞职权利，使《劳动法》和《劳动合同法》关于三十天预告期的规定变得毫无意义。”①（3）若约定的预告期多于三十日（如两个月或两年等），可能变异为变相取消劳动者预告解除权，不应认可该约定的效力。应当禁止事先约定多于三十日的预告期。②（4）劳动者在签约时处于弱势地位，没有谈判权。虽然当事人双方有约定，但劳动法与其他民事法律不一样，不仅仅要考虑双方的合意，同时要考量双方的强弱对比，加重劳动者义务的条款不应当认为有效，否则用人单位的权利则会被滥用，进而损害劳动者权利。

第二种观点是“约定有效论”，这种观点认为，劳资双方约定超过三十日的提前通知期有效。“三十日”只是劳动者个人辞职解除劳动合同的一个常规的提前通知期，劳动法律并未禁止劳资双方在“三十日”之外进行约定，因此，应当允许双方对提前通知期的标准进行约定。为保护弱势劳动者，法律强制性地赋予了劳动者对劳动合同予以单方、无理由解除的权利，但为维持劳动关系必要的平衡性和避免权利滥用或给劳动合同相对方造成不必要的影响，法律也规定劳动者行使单方解除权时须提前三十日通知用人单位。既然劳动者提前三十日可以解除劳动合同，那么提前超过三十日当然也可以解除劳动合同。因此该三十日是预告期的下限。超过一个月通知的约定应属有效。既然是权利，劳动者当然可以处分。提前三十日系法定期限的下限，因此该约定亦不违反强制性规定，应属有效。虽然该约定确实是略微加重了劳动者的义务，但加重该义务是由于

① 梁硕南：《劳动合同甲方乙方》，中国法制出版社 2009 年版，第 178 页。

② 余波、孟高飞：“劳动者预告解除权行使的审查”，载《人民司法》2013 年第 17 期。

通过谈判、劳动者让渡了部分权利（通过谈判劳动者可能在工资、奖金等其他方面获取了更多的利益），是劳动者自主自愿的行为，其履行该义务，符合诚信原则。与民事合同的解除权相比较，劳动者已享有了非常宽泛的单方解除劳动合同的权利。现双方通过约定自愿适当限制该权利，应允许。①

第三种观点是“合理判断论”，该观点认为，双方约定的超过三十日的预告解除的提前通知期是否有效，可由劳动人事争议仲裁委员会和法院根据劳动者的岗位、工作性质、劳动合同期限、实际履行等具体情况来依据合理性原则进行确定。

对于上述三种观点，笔者更倾向于“约定有效论”，约定超过三十日的提前通知期，应当认定有效。②

首先，《劳动法》第31条规定：“劳动者解除劳动合同，应当提前三十日以书面形式通知用人单位。”《劳动合同法》第37条规定：“劳动者提前三十日以书面形式通知用人单位，可以解除劳动合同。”上述两条规定并未禁止对预告解除提前通知期的期限作出限定，在法律法规未对提前通知期的期限作明确限定的情形下，双方约定超过三十日的提前通知期不应被禁止。上述规定应当理解为三十日是预告解除提前通知的下限，也即至少应当提前三十日通知用人单位。既然提前三十日通知是预告通知的下限，那么具体的提前通知期的期限则可由劳资双方自行约定。《劳动合同法》第17条第2款规定：“劳动合同除前款规定的必备条款外，用人单位与劳动者可以约定试用期、培训、保守秘密、补充保险和福利待遇等其他问题。”笔者认为，

① 蔡建辉：“劳动合同中提前两个月通知的约定有效”，载《人民法院报》2013年6月6日。

② 上海市第一中级人民法院（2012）沪一中民三（民）终字第781号判决也是这种观点。

这里的“等”字，应该理解为等外，也即只要不违反法律强制性规定和社会公共利益，约定条款的效力都不能被否定。

其次，劳动者单方预告解除劳动合同是行使权利，自愿增加比预告通知期下限更长的合理通知时间，属于让渡部分权利，这种让渡部分权利的行为不应予以否定。在实践中，对于一些劳动者，往往用人单位会与劳动者约定长于法定标准的提前通知期，这类劳动者往往在市场上有较强的竞争力，用人单位招到相当的继任者往往需要花费比招录一般劳动者更多的时间和周期，也就是说用人单位与劳动者约定超过三十天的提前通知期有着现实的需要。最高人民法院《关于印发〈关于当前形势下做好劳动争议纠纷案件审判工作的指导意见〉的通知》（法发［2009］41 号）第 7 条规定：“妥善处理因解除劳动合同和追索经济补偿引发的纠纷。在审理解除劳动合同纠纷案件时，既要保障劳动者的就业权和辞职权，又要尊重用人单位的用工自主权。”因此，司法机关不宜对双方自行协商的提前通知期标准做否定判断。

再次，我国劳动法律赋予了劳动者可以单方面、无理由的预告解除劳动合同的权利，这与用人单位单方面解除劳动合同需要法定理由完全相反，体现了劳动者离职的自由选择权，赋予了劳动者用脚投票的权利。相对于用人单位需要较为严苛的法定解除理由而言，劳动者只要遵守双方约定的提前通知时间即可，这既符合平等自愿原则，也符合诚信原则，因此，认定无效，反而会破坏双方合意且不利于劳动合同双方当事人合法权益的保护。

最后，对于“合理判断论”，如果由劳动人事争议仲裁委员会和法院根据具体个案进行判断，赋予有关机构相应的自由裁量权限，虽可在部分个案中一定程度上实现实质公平，但却大大增加了仲裁、诉讼结果的不确定性，而且不同的仲裁委员会或者法院甚至不同的仲裁员或法官也会就同样的案件作不同的判定，使得当事人无法合理预见裁判的结果，这与司法解决所追求的目标背道而驰。因此，笔者认为，合理判断论虽然也有一定的合理性，但不具可操作性。

因此，在本案中，冯俊文与咨询公司双方在劳动合同中约定的劳动者解除劳动合同应当提前两个月通知用人单位，应当认定为有效。

（撰稿人：唐付强）

16. 禁止员工乘坐非法营运车辆上下班规章制度的效力认定

——张建明诉京隆科技（苏州）有限公司违法解除经济补偿金纠纷案

案件索引：苏州工业园区劳动争议仲裁委员会苏园劳仲案字（2009）第139号，2009年7月27日裁决；苏州工业园区人民法院（2009）园民一初字第1821号，2009年11月19日判决；苏州市中级人民法院（2010）苏中民终字第0591号，2010年3月25日判决。

基本案情

原告张建明于2007年11月5日进入被告京隆科技（苏州）有限公司（以下简称科技公司）工作，于2007年12月26日与科技公司签订劳动合同，期限自2007年12月26日起至2010年12月6日止，约定张建明从事设备维护工程师工作，月工资为2542元。经双方确认，张建明离职前十二个月月平均工资为2600元。

科技公司以防止员工乘坐非法营运车辆上下班发生潜在交通事故形成工伤为由，于2008年9月8日召开职工代表大会，通过员工上下班“严禁乘坐非法营运车辆，违者予以开除处分”的决议（以下简称《严禁规章》），并向员工进行了公示。

2009年4月13日张建明休息。上午10点左右，张建明乘坐牌照为苏X的非营运车辆前往科技公司宿舍区，被科技公司宿舍区警卫人员发现，警卫人员随即根据相关规定进行记录并通报主管人员，科技公司在核实相关事实后于2009年4月20日以张建明乘坐非法营运车辆严重违纪为由解除与张建明的劳动合同，并通知张建明办理相应离职手续。原告张建明认为，科技公司解除劳动合同的行为无事实依据和法律依据，属违法解除劳动合同，要求被告科技公司承担违法解除劳动合同支付双倍经济补偿金的责任，共计人民币7800元。

判决与理由

一、苏州工业园区劳动争议仲裁委员会的裁决和理由

苏州工业园区劳动争议仲裁委员会审理后认为：

科技公司的《严禁规章》在内容上没有违反法律和行政法规的禁止性规定，在制定程序上履行了《中华人民共和国劳动合同法》（以下简称《劳动合同法》）第4条规定的民主程序，且已经向全体员工进行了公示，该规章制度合法有效。相关证据显示，张建明于2009年4月13日上午10点左右乘坐牌照为苏X的非营运车辆前往科技公司宿舍区的事实是客观存在的。张建明的行为违反了科技公司的规章制度。根据《劳动合同法》第39条第（二）项的规定，劳动者严重违反用人单位规章制度的，用人单位可以解除劳动合同。由此认为，科技公司没有构成违法解除。为此，于2009年7月27日作出裁决，驳回张建明的全部仲裁请求。

二、一审法院的判决和理由

原告张建明不服劳动争议仲裁委员会的裁决，依法向法院提

起诉讼，要求判决被告支付经济赔偿金 7800 元；并由被告承担本案诉讼费用。本案一审争议焦点集中于被告与原告解除劳动关系所依据的公司制定的《严禁规章》是否合法成立。一审法院审理后认为：

用人单位的规章制度是用人单位制定的组织劳动过程和进行劳动管理的规则和制度，也称为企业内部劳动规则。规章制度既要符合法律、法规的规定，也要合理。科技公司有权通过制定规章制度进行正常生产经营活动的管理，但劳动者在劳动过程以及劳动管理范畴以外的行为，用人单位适宜进行倡导性规定，对遵守规定的员工可给予奖励，但不宜进行禁止性规定，更不能对违反此规定的员工进行惩罚。科技公司以乘坐非法营运车辆存在潜在工伤危险为由，规定员工不允许乘坐黑车，违者开除，该规定已超出企业内部劳动规则范畴，且乘坐非法营运车辆行为应由行政机关依据法律或法规进行规范，由用人单位依据规章制度进行处理不合理、不适当。一审法院同时认为，工伤认定系行政行为，工伤赔偿责任是用人单位应承担的法定责任，科技公司通过规章制度的设置来排除工伤责任，不符合法律规定，因此亦属无效规定。故科技公司不得依据该规定对员工进行处理，该公司因张建明乘坐非法营运车辆而解除劳动合同系违法解除，损害了劳动者的合法权益，应当按《劳动合同法》第 48 条、第 87 条之规定，向张建明支付赔偿金。张建明要求科技公司支付赔偿金 7800 元，未超过法律规定的赔偿金范围，法院予以支持。据此，一审法院于 2009 年 11 月 19 日作出判决，判定科技公司应于本判决生效之日起十日内支付张建明赔偿金 7800 元。

三、二审法院的判决和理由

被告科技公司不服一审法院的判决，向二审法院提起上诉。科技公司认为，公司制定这样的规章制度并未超出劳动过程及劳动管理范畴，据此对员工张建明进行处理并无不当；并非利用《严禁规章》来排除工伤责任。张建明乘坐非法营运车辆至公司宿舍区的事实成立，公司作出的决定合法合理、有根有据。公司未违反《劳动合同法》规定，故无需支付赔偿金，请求二审法院驳回原告的诉讼请求。被上诉人张建明答辩称：一审判决认定事实清楚，适用法律正确；张建明乘坐黑车是在休息时间，并非上班时间。因此请求维持一审判决，驳回上诉。

二审查明事实与一审查明事实相一致。二审争议焦点在于科技公司依据《严禁规章》解除与张建明的劳动关系是否合法。二审法院经审理后认为：

用人单位规章制度是指用人单位依法制定的、仅在本企业内部实施的、关于如何组织劳动过程和进行劳动管理的规则和制度，是用人单位和劳动者在劳动过程中的行为准则，也称为企业内部劳动规则。其内容主要包括了劳动合同管理、工资管理、社会保险、福利待遇、工时休假、职工奖惩以及其他劳动管理等。规章制度作为用人单位加强内部劳动管理，稳定、协调劳动关系，保证正常劳动生产秩序的一种管理工具，在日常的劳动秩序中确实发挥着重要作用。但是，规章制度既要符合法律、法规的规定，也要合情合理，不能无限放大乃至超越劳动过程和劳动管理的范畴。本案中，员工张建明乘坐黑车行为发生之日正值其休息之日，劳动者有权利支配自己的行为，公司不能以生产经营期间的规章制度来约束员工休息期间的行为。如果劳动者确有违法之处，也应由国家行政机关等相关机构进行处罚，而不是单位。因此，科技公司因张建明乘坐非法营运车辆而解除劳动合同系违法解除，损害了劳动者的合法权益，应当按《劳动合同法》第 87 条之规定，向张建明支付赔偿金。为此，二审法院认为上诉人科技公司的上诉理由不能成立，原审判决并无不当，应予维持。依照《中华人民共和国民事诉讼法》（2007年）第153条第1款第（一）项之规定，于2010年3月25日作出判决：驳回上诉，维持原判。

评 析

本案的事实非常清晰，原告张建明和被告科技公司对案件事实没有争议，审理该纠纷的劳动争议仲裁委员会和法院对科技公司《严禁规章》制定程序的合法性均予以认可。而劳动争议仲裁委员会和法院之所以作出了截然不同的判定，关键在于法院认为规章制度要成为法院审理劳动争议的适用依据，除了要合法外，还要合情合理，而《严禁规章》属于用人单位超越合理权限对劳动者设定的义务，不具有合理性，因而不具有法律效力。由此可见，审理本案件的关键在于对用人单位规章制度合理性的效力判定。

一、用人单位规章制度及其效力的含义

（一）用人单位规章制度的概念及特性

用人单位规章制度又称为劳动规则、劳动规章或工作规则。虽然我国劳动法律就用人单位制定规章制度作了明确的规范，但无论是《中华人民共和国劳动法》（以下简称《劳动法》）还是《劳动合同法》，均未对劳动规则的含义作出界定，现有的都为学术阐释。董保华教授认为："用人单位规章制度是用人单位为组织劳动过程、进行劳动管理，依法制定和实施的规则和制度的总称。"[①]黄越钦教授在

① 董保华：《劳动合同法的争鸣和思考》，上海人民出版社2011年版，第287页。

转引国际劳工组织关于工作规则的定义时解释道："工作规则（Arbeitsordnung,reglementdatelier,rules of employment）又称就业规则，根据1959年国际劳工组织（ILO）特别委员会报告书对之所下定义为：'供企业之全体从业人员或大部分从业人员适用，专对或主要对就业中之从业人员行动有关的各种规则。'"[①]还有学者从劳动规则功能的视角予以界定。在现代劳动关系中，因企业之规模渐趋庞大而受雇人数超过一定比例者，雇主为提高生产管理之效率，节省成本有效从事市场竞争，通常定有共同适用之规则，使受雇人一体遵循，此即工作规则。[②]"雇佣多数劳工的雇主，为了提升人事经营之效率，有必要统一设定工资、工作时间等劳动条件，同时也须明文规定劳工应遵守之服务纪律。此种劳工共同遵守之规范，即为工作规则。"[③]尽管学者从不同的视角对劳动规则的含义作了不同的界定，要统一表述很困难。因为它们所体现的正是构成劳动规则特性的一部分。具体归纳如下：

1. 劳动规章是由用人单位制定的行为规范

用人单位拥有制定劳动规章之权力，是由现代劳动方式和用人单位在劳动过程中的地位决定的。社会化大生产的有序性要求全体劳动者行使劳动权利和履行劳动义务要有章可循、按章办事。而用人单位作为生产经营的组织者和管理者，要合理有效地经营管理企业，必须对全体劳动者普遍适用的享受劳动权利和履行劳动义务的指示予以整理、统一而设。因此，尽管我国劳动法规定用人单位在

① 黄越钦：《劳动法新论》，中国政法大学出版社2003年版，第136页。

② 黄程贯：《劳动法》，（台湾地区）新学林出版股份有限公司2012年版，第A486页。

③ "台湾劳动法学会"编：《"劳动基准法"释义——施行二十年之回顾与展望》，（台湾地区）新学林出版股份有限公司2005年版，第335页。

制定涉及劳动者切身利益的规章制度时，要履行相应的民主程序，与工会平等协商确定，但这并不影响用人单位是劳动规章制定者的地位。正如有学者指出的那样，“用人单位作为生产经营的组织者和管理者，拥有对劳动者劳动力的支配权，制定规章制度是用人单位管理权利的一部分。”①

2. 劳动规章是用人单位全体从业人员普遍遵守的行为规则

劳动规章的内容具有普适性，是企业全体从业人员一体遵守的行为规则。那么，用人单位就哪些内容可以或者应该制定规章制度，各国的社会实践不完全相同。②在集体协商制度较为发达的国家，劳动基准等由集体合同约定，劳动规章制度的内容几乎只关注企业纪律、工作作业秩序。③而在我国，规章制度的内容在经历了从1982年《企业奖惩条例》（国发［1982］59号）规定的以职工奖惩为核心的劳动纪律，到1994年《劳动法》和2007年《劳动合同法》规定的为保障劳动者享有劳动权利和履行劳动义务各种规则的全面拓展后，实际上已经成为涵盖用人单位制定的所有与劳动有关的各种规则和制度的代名词。具体内容包括劳动报酬、工作时间、休息休假、劳动安全卫生、保险福利、职工培训、劳动纪律以及劳动定额管理等。

3. 劳动规章是用人单位内部公开性的行为规则

既然劳动规章是企业全体劳动者一体遵守的行为规则，在客观

① 董保华：《劳动合同立法的争鸣与思考》，上海人民出版社2011年版，第389页。

② 〔日〕西村健一郎等：《劳动法讲义之三：劳动保护法》，有裴阁1983年版，第210页。

③ 刘志鹏：《劳动法理论与判决研究》，（台湾地区）元照出版有限公司2000年版，第261页。

上要求劳动规章具有公开性，确保劳动者知晓劳动规章的内容，不能要求劳动者遵守一个自己不知晓的规章制度。同时劳动规章属于用人单位内部制度，仅在其内部具有约束力，在用人单位外部不具有约束力。

（二）用人单位规章制度效力的含义

“效力”在法学理论上一般理解为“法律约束力”。有效劳动规章指具有法律约束力的劳动规章。据此，有效用人单位规章制度的效力可以从三个方面进行理解：一是对用人单位的约束力。作为规章制度的制定者，未履行法律规定的程序，不得随意变更或者撤销已经生效的规章制度。二是对劳动者的约束力。劳动者作为劳动义务的给付方，应该遵守和执行用人单位依法制定的规章制度，即用人单位拥有向劳动者提出遵守劳动规章、按照“指示”履行劳动义务的请求权。三是有效的劳动规章可以成为劳动争议仲裁机构和人民法院审理劳动争议适用的依据，如果劳动者没有遵守有效的劳动规章，法律将会让其承担不利的法律后果。相反，无效劳动规章意味着劳动规章没有法律约束力，不存在劳动者必须遵守或者用人单位有权请求劳动者按指示履行这回事。从法律角度观察，无效劳动规章意味着法律不支持用人单位要求劳动者遵守规章制度的请求。毫无疑问，用人单位按照无效规章制度的解聘不仅得不到法律的支持，而且还可能因构成违法解聘而承担赔偿责任。

那么，作为劳动合同一方当事人的用人单位单方制定的规章制度为什么对合同相对方的劳动者具有约束力？即规章制度对劳动者具有约束力的依据是什么？这个问题自规章制度诞生的那天起，就一直被人们关注并引起争议。学者试图以规章制度的性质为视角创设其效力来源的理论进路。但由于国内外学者对规章制度的性质众说纷纭，至今没有形成通识。[①]现要想在经营权说、契约说、集体合意说、法规范说、根据二分说等学说之间作出肯定的选择，是很困难的，因为它们所表达的都是处于无法缩小的对立和无法消除的矛盾状态之中的规章制度所具有的各种部分。各国在立法实践和司法实务上，也没有明确主张采用哪一学说者，而是学者通过对相关判例的分析将它归纳到某一学说中。[②]但无论何种学说都无法否认的是，在社会化大生产有序性的客观要求下，指引劳动者行使劳动权利和履行劳动义务是用人单位规章制度在现实经济中存在的内在理由。“现代企业运行如果没有相应的工作规则，其指挥劳动就呈无序劳动，必陷混乱。”[③]即劳动者遵守用人单位制定的规章制度，换言之，用人单位规章制度对劳动者具有约束力是现代企业社会化大生产的客观需要。法律规定劳动者应该遵守用人单位规章制度是对社会化大生产和经济发展内在需求的回应。我国《劳动法》第 4 条规定：“用人单位应当依法建立和完善规章制度，保障劳动者享有劳动权利和履行劳动义务。”《劳动合同法》第 4 条第 1 款也作了相同的规定。

---

① 日本劳动法学界从战前到战后争论不休，各家理论丰富并陈，共有“四派十三家”之多，是日本劳动法学界最重要的争论点之一。参见刘志鹏：《论工作规则之法律性质及其不利益变更之效力》，（台湾地区）元照出版有限公司 2000 年版，第 263 页。台湾地区学者杨通轩将有关学说归纳为契约说、法规范说、集体合意说、根据二分说和定型化契约说。参见杨通轩：“工作规则法律性质之探讨”，载《劳动法裁判选辑》（三），（台湾地区）元照出版有限公司 2000 年版，第 82 页。我国大陆学者对规章制度性质的研究颇受台湾地区学界的影响，其观点基本与台湾地区相仿。当然，也有学者在上述观点的基础上独自演绎了“劳动力支配权转移说”。参见董保华：《劳动合同立法的争鸣与思考》，上海人民出版社 2011 年版，第 410 页。

② 杨通轩：“工作规则法律性质之探讨”，载《劳动法裁判选辑》（三），（台湾地区）元照出版有限公司 2000 年版，第 82 页。

③ 郑尚元：《劳动合同法的制度与理念》，中国政法大学出版社 2008 年版，第 348 页。

同时《劳动法》第3条在明确劳动者的劳动权利和劳动义务时规定：“……劳动者应当完成劳动任务，提高职业技能，执行劳动安全卫生规程，遵守劳动纪律和职业道德。”劳动者遵守用人单位依法制定的规章制度是遵守劳动纪律的重要表现。我国《劳动法》和《劳动合同法》进一步规定，劳动者严重违反劳动纪律或用人单位规章制度的，用人单位可以直接解除与其订立的劳动合同。

二、用人单位规章制度的“合理性”对其效力的影响

我国《劳动合同法》第4条在明确用人单位应当依法建立和完善劳动规章制度，保障劳动者享有劳动权利、履行劳动义务的同时，规定：“用人单位在制定、修改或者决定有关劳动报酬、工作时间、休息休假、劳动安全卫生、保险福利、职工培训、劳动纪律以及劳动定额管理等直接涉及劳动者切身利益的规章制度或者重大事项时，应当经职工代表大会或者全体职工讨论，提出方案和意见，与工会或者职工代表平等协商确定。在规章制度和重大事项决定实施过程中，工会或者职工认为不适当的，有权向用人单位提出，通过协商予以修改完善。用人单位应当将直接涉及劳动者切身利益的规章制度和重大事项决定公示，或者告知劳动者。”据此，我国学界多数论文或者著作一般从内容合法性、制定程序的民主性以及制定后的公示或者告知劳动者三个方面考量用人单位规章制度的有效性。即只要规章制度的内容没有违反法律的禁止性规定，且履行了法定的民主程序并公示或者告知劳动者，即具有法律约束力。从本案审理的结果上看，审理本案的劳动争议仲裁委员会也持该观点。那么，一个履行了法定民主程序、内容没有明显违反法律行政法规规定且进行了公示，但内容仍然不具有合理性的规章制度的效力是否应该受到一定的限制呢？答案是肯定的。理由如下：

（一）用人单位的经济人属性决定，其存在着通过不合理的规章制度达到趋利避害、可能损害劳动者利益的内在驱动

既然用人单位单方制定的规章制度对劳动者具有约束力，那么，从企业经济人属性上考察，就可能存在用人单位利用拥有规章制度制定权的优势地位，在其制定的规章制度中排除劳动者的权利达到减轻或者免除自己义务的目的，最终损害了劳动者的合法权益。即在利益驱动下，用人单位存在着滥用规章制度制定权的现实动因和可能。

（二）法律规定的民主程序不能完全杜绝不合理规章制度的产生

法律规定用人单位制定规章制度应该履行民主程序，应当是指在制定规章制度时吸收各个相关利益群体参加的一种必要过程，其目标是“集思广益”，尽可能促使规章制度的内容最大限度地满足合法合理的要求，避免用人单位“单决”可能出现的肆意，保证规章制度内容的合理性或者适当性。①故有观点认为，规章制度只要履行了法定的民主程序，就认为具有了合理性，法院不应该再对用人单位规章制度的合理性进行审查，否则会扰乱企业的生产经营秩序。②但事实上法律设定的这一“民主程序”不可能完全杜绝不合理规章制度的产生，“这是因为，一方面，赋予民主程序制约用人单位制定或者修改规章制度的核心功能，本身就含着道德风险。按照《劳动合同法》第 4 条的规定，作为民主程序中的劳动者一方，其最终代表或者是企业工会，或者是临时推选的职工代表。实践表明，在当今的法治环境下，这两者都很容易被用人单位操纵，导致所谓的民

① 董保华：“规章制度未经民主程序不应作‘自始无效’处理”，载《中国审判》2012 年第 8 期；沈同仙：“试论程序瑕疵用人单位规章制度的效力判定”，载《政治与法律》2012 年第 12 期；郭文龙，“企业规章制度应当合法”，载《中国劳动》2005 年第 7 期。

② 陈伟忠：“法院对用人单位规章制度合理性审查合法吗”，载《中国劳动》2012 年第 8 期。

主程序实际上也就是走一个形式，最终依然会出现诸多损害劳动者切身利益的内容。”①

三、针对本案件的具体评析

本案中由被告科技公司作出的《严禁规章》，履行了职工代表大会讨论和公示等法律规定的程序，如果该规章制度内容不违法且合理，那么该规章制度就具有法律效力。按照我国劳动法的相关规定，被告科技公司的单方解除行为构成合法解除，当然也无须承担违法解除的法律责任，原告张建明的请求不能得到支持；但如果该规章制度因为违法或者不合理而无效，那么被告科技公司依据无效的规章制度作出的解聘就构成违法解除。根据我国《劳动合同法》第48条和第87条规定，原告张建明主张的请求被告科技公司支付人民币7800元的赔偿金应该得到支持。那么本案中的《严禁规章》是否具有合理性呢？答案是否定的。理由如下：

（一）《严禁规章》超越了用人单位可以制定规章制度的权力边界

透过我国《劳动法》第4条和《劳动合同法》第4条的规定不难得出，用人单位规章制度的目标是保障劳动者享有劳动权利和履行劳动义务。“所以，只有当用人单位规章制度的制定和运作与该制度目标的落实存有客观合理的关联性，该规章制度才具有正当性。这对于一些能否作为用人单位规章制度内容而发生的争议裁判具有重要意义。”②本案中的《严禁规章》与保障劳动者劳动义务的履行或者劳动权利的享有没有内在关联性，是用人单位单方意志不该涉及的区域。“规章制度的本质是一种管理工具。作为管理工具，它是由用人单位单方制定的（法律对用人单位的这样一种权利给予什么样

---

① 郭文龙：“用人单位规章制度的效力应如何确定”，载《中国劳动》2012年第12期。

② 沈同仙：《劳动法学》，北京大学出版社2009年版，第118页。

的限制则是另外一个话题，并且也不因此而改变规章制度的本质），它主要体现的是用人单位的意志，服务于用人单位的单方利益。因此，规章制度的边界，不能超出用人单位单方意志所能达到的界限。换言之，用人单位单方意志所能达到的界限，就是规章制度的边界。"①显然，《严禁规章》因超越了用人单位可以制定规章制度的权力边界而不具有正当性和合理性。

（二）《严禁规章》通过限制劳动者的权利达到排除用人单位应该承担的法定义务的目的

从案件事实中看出，科技公司之所以制定这一与保障劳动者履行劳动义务或者享受劳动权利没有内在关联性的《严禁规章》，其目的是为了排除或者减轻公司因员工乘坐非法营运车辆上下班可能造成交通事故而应该承担的法定的工伤赔偿责任。乘坐或者使用何种交通工具上下班与员工劳动义务的履行没有关联，即员工享有自由选择上下班交通工具的权利，科技公司通过《禁止规章》强行为员工就上下班的交通工具作出指定性或者排除性的选择，从而达到排除或者减轻自己法定义务的目的，不适当地加重了劳动者的义务，侵犯了劳动者的权利。

综上所述，用人单位规章制度的"合理性"应该成为其具有法律效力的考量因素，法院或者劳动争议仲裁机构在确定规章制度能否成为审理劳动争议适用依据时，不仅要考量其合法性，也应考量其合理性，一个明显不合理的用人单位规章制度，其效力应该受到一定的限制。本案的审理，为审查用人单位规章制度权力边界的合理性提供了例证。

（撰稿人：沈同仙）

---

① 郭文龙："规章制度不能成为变更劳动合同约定的依据"，载《中国劳动》2005年第8期。

17. 违法解除劳动合同劳动者损害赔偿的认定

——潘江楠诉协鑫太阳能系统集成（苏州）有限公司解除劳动合同纠纷案

案件索引：苏州工业园区人民法院（2013）园民初字第0155号，2013年3月19日判决。

基本案情

潘江楠原系中电广西防城港电力有限公司（以下简称中电公司）职工，自2006年9月19日起在中电公司工作，双方曾订立自2009年3月19日起至2014年3月18日止的五年期劳动合同，潘江楠担任商务主管。

协鑫太阳能系统集成（苏州）有限公司（以下简称协鑫公司）为了招聘潘江楠进入协鑫公司工作，自2012年6月起与潘江楠进行沟通。2012年6月21日，协鑫公司人力资源部经理陈建秋通过电子邮件将协鑫公司录用通知书发给潘江楠。录用通知书载明：“潘江楠已经通过协鑫公司的面试，要求潘江楠于2012年7月20日前携带原单位解除劳动合同证明等相关资料到协鑫公司人力资源部报到，联系人为协鑫公司人力资源部经理陈建秋，潘江楠职位为供应链管理中心采购经理，月收入为税前15120元，其中标准工资为税前12096元、绩效工资为3024元。”录用通知书落款处有协鑫公司综合管理部总经理兼人力资源总监张小平的签名。潘江楠于2012年6月25日明确同意成为协鑫公司的职工，将抓紧时间与中电公司办理解除劳动合同的手续。同时潘江楠告知陈建秋，按照劳动合同法的规定，劳动者提出解除劳动合同需要提前30天通知用人单位，他今天就通知中电公司解除劳动合同，也需要工作到7月24日。陈建秋要求潘江楠争取早日报到。2012年7月9日和7月23日，陈建秋与潘江楠再次就报到手续通过电子邮件进行沟通，陈建秋告知潘江楠报到时间为2012年7月26日。

潘江楠于2012年6月25日通知中电公司解除劳动合同，中电公司于2012年7月25日出具解除劳动合同证明。

2012年7月27日，协鑫公司与潘江楠签订了劳动合同，双方约定潘江楠担任供应链管理中心采购经理，同日，双方还签订了知识产权保护及竞业限制协议。其后，潘江楠签订了为期一年的房屋租赁合同，支付了三个月租金7800元、押金2600元以及中介费910元，并购置了生活用品。

2012年8月29日，协鑫公司与潘江楠就解除劳动合同进行协商，潘江楠认为协鑫公司提出的补偿方案不合理，之后多次通过电子邮件提出异议与补偿要求。

2012年9月17日，协鑫公司向潘江楠发出解除劳动合同通知书，称协鑫公司产业战略转型和组织架构调整，潘江楠的工作岗位也在调整之列，鉴于劳动合同订立时所依据的客观情况发生重大变化，致使劳动合同无法履行，经双方多次协商，未能就变更劳动合同内容达成协议，即日起解除双方于2012年7月27日签订的劳动合同，按现行工资标准支付工资至2012年9月17日止，社会保险及公积金缴至2012年9月30日止，依法支付潘江楠一个月工资15120元作为代通知金，经济补偿金 6457.5 元。协鑫公司就解除潘江楠劳动合同向协鑫公司各部门进行了通报。2012 年 9 月 17 日潘江楠办理了工作交接手续，协鑫公司向潘江楠支付了经济补偿金 6457.5 元和代通知金 15120 元。

潘江楠对协鑫公司解除劳动合同不服，于 2012 年 9 月向劳动争议仲裁委员会申请仲裁，要求裁决：1. 协鑫公司与潘江楠所签订的劳动合同为无效合同，并赔偿潘江楠经济损失；2. 协鑫公司赔偿潘江楠 6 个月 ×1.25×2 倍工资合计 226800 元；3. 协鑫公司赔偿潘江楠 6 个月住房公积金损失 9792 元；4. 协鑫公司赔偿潘江楠 6 个月养老、医疗和失业保险经济损失，合计 24719 元；5. 协鑫公司赔偿潘江楠异地调动安置费用，合计 16303 元；6. 协鑫公司支付潘江楠 2012 年 9 月份 11 天工资，合计 7647 元；7. 协鑫公司支付潘江楠一个月工资作为代通知金，合计 15120 元；8. 协鑫公司支付潘江楠面试、报到交通费用，合计 4203 元；9. 协鑫公司支付潘江楠入职体检费，合计 132 元；10. 协鑫公司支付潘江楠过渡期酒店住宿费用，合计 1602 元；11. 协鑫公司支付潘江楠 2012 年 8 月出差交通费用，合计 320 元；12. 协鑫公司补偿潘江楠工作期间少付的工资 247 元（2012 年 7 月份 3 天少付的工资差额及 25% 的额外补偿）；13. 协鑫公司支付潘江楠未休年休假补偿 2086 元。劳动争议仲裁委员会于 2012 年 11 月 14 日裁决协鑫公司支付潘江楠面试费用、入职交通费、体检费、过渡期间酒店住宿费、出差交通费等费用 6242.8 元，对于潘江楠的其他仲裁请求不予支持。潘江楠不服，遂向法院起诉。

潘江楠向法院诉称：潘江楠在中电公司工作了六年，具有稳定的工作状态和收入。协鑫公司没能告知潘江楠实情，催促潘江楠辞职，然后与潘江楠签订了劳动合同。2012 年 9 月 17 日，协鑫公司违法解除劳动合同，因其过失造成潘江楠重大损失。潘江楠请求判决协鑫公司与潘江楠签订的劳动合同无效，并赔偿潘江楠经济损失即赔偿6个月×1.25×2倍工资226800元；6个月养老、医疗和失业保险经济损失计24719元；潘江楠应享有的一天未休年假补偿2086元；潘江楠异地调动安置费用16303元（其中包括协鑫公司招聘期间向潘江楠承诺的3000元/月的房租补贴）。

协鑫公司辩称：协鑫公司所在光伏行业在2012年经历了从高峰到低谷的剧烈变化，随着行业整体形势的急剧恶化，协鑫公司经营状况发生了重大变化，协鑫公司主观上不存在任何欺诈意图，协鑫公司解除与潘江楠的劳动合同之前，多次与潘江楠进行了沟通，耐心听取了潘江楠的意见和要求，履行了法律要求的程序，符合法律规定，请求驳回潘江楠的诉讼请求。

法院经过审理，于2013年3月19日作出判决：一、被告协鑫公司于本判决生效之日起十日内支付原告潘江楠赔偿金及赔偿款合计45580.5元；二、驳回原告潘江楠的其他诉讼请求。

一审判决作出后，双方当事人均未上诉。

判决与理由

用人单位与劳动者在签订劳动合同过程中，均负有缔约告知义务。按照《中华人民共和国劳动合同法》（以下简称《劳动合同法》）第8条之规定，用人单位应当如实告知劳动者工作内容、工作条件、工作地点、职业危害、安全生产状况、劳动报酬，以及劳动者要求了解的其他情况。从协鑫公司的录用通知书与劳动合同内容来看，均已表明发出录用意思表示以及与潘江楠建立劳动关系的相对方为协鑫公司，且包含了工作内容、工作地点、工作条件、劳动报酬等情况，故协鑫公司已履行了缔约告知义务，并未以虚假身份与潘江楠签订劳动合同，诱使潘江楠就签订劳动合同作出错误意思表示。即使协鑫公司在缔约前的磋商阶段对公司背景与前景有夸大描述，对职位发展前景与工作待遇均进行了许诺，但其已预先向潘江楠发出录用通知书，潘江楠系完全民事行为能力人，且具备硕士学历，以其学识能力应能正确理解并确认缔约相对方，其对于协鑫公司背景与行业前景能自由进行核实、了解与评判。潘江楠如对协鑫公司前景进行过高评估也是其择业需承担的风险。潘江楠与协鑫公司签订劳动合同并已实际履行，潘江楠并无充分证据证明协鑫公司以欺诈、胁迫的手段或者乘人之危，使其在违背真实意思的情况下订立劳动合同，其主张确认劳动合同无效，无事实与法律依据，不予支持。

对于劳动合同解除是否合法的问题，协鑫公司据以解除劳动合同的理由系劳动合同订立时所依据的客观情况发生重大变化，致使劳动合同无法履行。而从协鑫公司与潘江楠订立劳动合同至协鑫公司提出解除劳动合同仅一个多月时间，故对于“客观情况发生重大变化”的审查应着眼于此一个多月期限内。关于“劳动合同订立时所依据的客观情况发生重大变化”，协鑫公司提供网络新闻证明光伏行业受市场影响严重，协鑫公司运营发生严重困难。对此，虽然2012年8月底、9月初欧盟对中国光伏产品进行反倾销反补贴调查，导致中国光伏产业面临质疑，对企业利润影响比较大，由此给光伏企业带来危机与挑战亦成为客观事实，但在此之前，中国光伏产业即因欧债危机导致欧洲国家太阳能市场的萎缩、经济前景不明朗等情况，众多光伏企业在2011年年底就出现了业绩亏损。因此，在协鑫公司招聘潘江楠之前，光伏产业即存在危机，经历了美国双反调查后，欧盟双反调查也并非完全无法预见的事实。因此，光伏产业的危机并非在此一个月中突然出现，欧盟双反调查也并非不可抗力，协鑫公司未能举证证明存在其他导致劳动合同不能继续履行的客观情况发生重大变化，其对潘江楠解除劳动合同已构成违法解除，应依法向潘江楠支付赔偿金 12915 元（4305 元 ×3×0.5×2）。

关于潘江楠主张的各项损失，协鑫公司属违法解除劳动合同，潘江楠的合法权益受到侵害，根据《劳动合同法》第 87 条之规定，协鑫公司应承担支付赔偿金的义务。但因为潘江楠在协鑫公司工作时间仅一个多月，根据《劳动合同法》关于赔偿金标准的规定，协鑫公司仅需支付一个月工资作为赔偿金。而从潘江楠损失角度来看，其在中电公司工作了近六年时间，其与中电公司签订的劳动合同尚有一年多时间才到期，从中电公司主动辞职，首先导致潘江楠不能从中电公司获得以前工作年限的补偿，其次潘江楠还放弃了原先稳定的工作机会，未来工资、社会保险与住房公积金均会产生损失；而从中电公司所在地广西迁移至协鑫公司所在地苏州，潘江楠亦需要为此承担租房、生活用品购置等费用。潘江楠的损失并非赔偿金所能弥补。因此综合考虑潘江楠的自身条件、原工作年限、原劳动合同期限、原工资水平、协鑫公司许诺职位、劳动报酬、劳动合同期限、就业环境及再就业的可能性等因素，除赔偿金以外，按六个月期限与苏州市上年度职工平均工资标准的三倍金额酌情确定潘江楠的损失为 77490 元（4305 元 ×3×6）。

当事人订立劳动合同，应遵守诚实信用原则，因违背该原则给对方造成损失的，应承担相应的损害赔偿责任。如果与协鑫公司的劳动合同能正常履行，潘江楠的上述损失均应可按其预期通过三年或更长时间的劳动报酬与个人发展获得弥补。而正因为协鑫公司向潘江楠进行游说与许诺，使潘江楠对协鑫公司信誉、实力以及发展平台寄予很高期望，加大了其辞职离开原单位的砝码，促使其放弃在原单位的可期待利益，选择与协鑫公司建立新的劳动关系。人力资源管理系企业经营管理策略的一部分，协鑫公司在光伏产业已出现危机、经营存在较大风险的情况下仍然轻率地以较高报酬与较优发展前景诱惑劳动者，而此后更是仅一个多月便随意解除劳动合同，恶意明显，其将经营风险转嫁于劳动者的做法有违诚信原则，其作为占据优势地位的用人单位应就其不负责任的行为给潘江楠造成的损失承担赔偿责任。而潘江楠在择业时轻信对方许诺，轻易辞职、异地就业，显然有违必要的审慎义务，也是造成其各项损失的原因，可适当减轻协鑫公司的赔偿责任。法院酌定协鑫公司应对潘江楠的合理损失承担70%的赔偿责任，即另需赔偿54243元（77490元×70%）。

协鑫公司已向潘江楠支付的经济补偿金6457.5元与代通知金15120元应从其应付款项中予以扣除，协鑫公司还应支付45580.5元（12915元+54243元−6457.5元−15120元）。

对于潘江楠提出的关于一天未休年休假的补偿，由于不属于法院管辖范畴，潘江楠可以要求劳动行政部门处理，因此法院不予理涉。对于潘江楠在仲裁申请中提出的面试费用、入职交通费、体检费、过渡期间酒店住宿费、出差交通费等费用合计6242.8元，经仲裁裁决后，协鑫公司已经支付，双方就此已无争议，法院予以确认。对于潘江楠在仲裁申请中提出的其他主张，经仲裁裁决不予支持，双方当事人均无异议，法院亦予以确认。

评　析

一、关于劳动合同效力的认定

劳动合同与传统民事合同相比，有很多特殊性。劳动合同是劳动者和用人单位之间就劳动权利和劳动义务达成的协议，是劳动者和用人单位之间缔结劳动关系的唯一合法形式。劳动合同的生效，是指具备有效要件的劳动合同按其意思表示的内容发生了法律效力。无效劳动合同制度作为我国现行劳动合同制度之“特色”制度，自《中华人民共和国劳动法》（以下简称《劳动法》）颁布实施后得以确立。《劳动法》第 18 条规定：“下列劳动合同无效：（一）违反法律、行政法规的劳动合同；（二）采取欺诈、威胁等手段订立的劳动合同。无效的劳动合同，从订立的时候起，就没有法律约束力。确认劳动合同部分无效的，如果不影响其余部分的效力，其余部分仍然有效。劳动合同的无效，由劳动争议仲裁委员会或者人民法院确认。”《劳动合同法》在此基础上，对无效劳动合同规定进一步细化，使其内涵得到丰富，外延得到拓展。《劳动合同法》第 26 条规定：“下列劳动合同无效或者部分无效：（一）以欺诈、胁迫的手段或者乘人之危，使对方在违背真实意思的情况下订立或者变更劳动合同的；（二）用人单位免除自己的法定责任、排除劳动者权利的；（三）违反法律、行政法规强制性规定的。对劳动合同的无效或者部分无效有争议的，由劳动争议仲裁机构或者人民法院确认。”劳动合同一旦被确认无效，即意味着劳动合同从订立时起就不具有法律效力。

《劳动合同法》对意思表示瑕疵的劳动合同的效力进行了限定，以欺诈、胁迫的手段或者乘人之危，使对方在违背真实意思的情况下订立或者变更劳动合同的，认定为无效。所谓欺诈是指一方当事人故意捏造虚假情况，或者歪曲、掩盖事实真相，致使另一方当事人陷于错误认识，并基于错误认识而签订了劳动合同。[1]用人单位与劳动者在建立劳动关系之前，双方为了能对将来劳动关系的履行

① 沈同仙：《劳动法的理论与实践》，中国人事出版社 2003 年版，第 121 页。

结果得到一个较为清晰的预判，以保证实现各自利益最大化的目标，都有权利也有必要了解对方是否具备实现自己所期待的劳动合同的履行能力和条件。劳动者会就其所关心的工作内容、发展前景以及劳动报酬等事项与用人单位进行沟通。在充分了解之后，双方在协商一致的情况下即可签订劳动合同。国家为了保护处于相对弱势地位的劳动者，将用人单位的告知义务以法律规定的形式明确下来。《劳动合同法》第17条将劳动合同期限、工作内容和工作地点、工作时间和休息休假、劳动报酬、社会保险、劳动保护、劳动条件和职业危害防护等内容列为劳动合同的必备条款。劳动者在签署劳动合同之前，对于合同条款内容均已知晓，并具有选择是否签订的权利。用人单位如假借其他公司各义与劳动者磋商并订立合同可确认为违背劳动者的真实意思表示，构成欺诈，导致劳动合同无效。而对于用人单位的背景与前景的描述，并非用人单位的法定告知义务，劳动者作为完全民事行为能力人在入职前应加以甄别；用人单位对于职位发展前景与工作待遇的许诺，应以劳动合同内容为准。在没有合同依据的情况下，劳动者不能依据用人单位对于背景与前景的夸大描述或其他口头承诺主张确认劳动合同无效。

司法实践中，在确认和处理劳动合同效力问题上，应当审慎地进行利益考量，除非认定有效不利于保护劳动者的合法权益，有损于国家利益、社会公共利益或者他人利益，否则应尽可能维护劳动合同的效力，维护劳动关系的稳定。

二、关于用人单位以劳动合同订立时所依据的客观情况发生重大变化为由解除劳动合同的合法性审查

《劳动合同法》第40条规定：“有下列情形之一的，用人单位提前三十日以书面形式通知劳动者本人或者额外支付劳动者一个月工资后，可以解除劳动合同……劳动合同订立时所依据的客观情况

发生重大变化，致使劳动合同无法履行，经用人单位与劳动者协商，未能就变更劳动合同内容达成协议的。”此处“客观情况”是指因不可抗力或出现致使劳动合同全部或部分条款无法履行的其他情况，如自然条件、企业迁移、兼并重组、企业资产转移等，使原劳动合同不能履行或不必要履行的情况。发生上述情况时，为了使劳动合同能够得到继续履行，必须根据变化后的客观情况，由双方当事人对劳动合同进行变更的协商，直到达成一致意见；如果劳动者不同意变更劳动合同或者变更达不成一致，则原劳动合同所确立的劳动关系就没有存续的必要，在这种情况下，用人单位可以解除劳动合同。

这种基于客观情况发生的重大变化可视为情事变更在劳动合同中的体现，但由于劳动合同与普通民事合同存在着本质上的区别，在劳动争议审判实践中，适用情事变更原则也应当区别于普通民事纠纷的处理。首先，应该严格限制情事变更原则的适用范围。情事变更原则的滥用会损害交易主体对于正当交易的合理期待，只有在特殊情况下，用人单位面临实际履行困难的情况，若强制其按原劳动合同履行义务，企业利益会受到巨大损害，最终也会影响劳动者利益，才可引入情事变更原则，从长远发展的角度保护劳资双方利益，协调劳资矛盾。除此之外，应当尽量避免解除劳动合同。其次，在适用情事变更原则时更应强调劳动法律的特殊保护制度。对于《劳动合同法》中规定的诸如特殊人群保护、劳动合同解除后的经济补偿制度，无论何时都不应当被突破。最后，应当尽量避免解除劳动合同，只有在劳动者不同意变更劳动合同内容或者变更达不成一致的情况下方可解除劳动合同。

三、关于劳动合同期限较短情况下劳动者损失与赔偿责任的确认

《劳动合同法》关于法律责任的规定，在劳动合同无效的情况下，

第 86 条规定了过错赔偿责任；在无劳动合同的情况下，第 82 条规定了支付双倍工资；在违法解除劳动合同的情况下，第 87 条规定了支付双倍于经济补偿金的赔偿金；在劳动合同不当履行的情况下，第 83 条和第 85 条分别规定了试用期赔偿金与逾期付薪之额外赔偿金。用人单位违法解除劳动合同的赔偿标准两倍于用人单位合法预告解除劳动合同所需支付的经济补偿金，该规定对用人单位与劳动者分别有制裁与弥补作用。一般来说，针对用人单位单方解除劳动合同的违法性，劳动者可依据赔偿金规定得到权利救济，但是在某些情况下，其惩罚力度与对劳动者的赔偿力度明显不足，倘若劳动合同期限较短，补偿金计算月份相对较少，即使两倍于经济补偿金的赔偿也不能抑制用人单位违法解除劳动合同的行为，也无法弥补劳动者的利益损失。而关于解除劳动合同的损害赔偿，法律只规定劳动者违法解除劳动合同给用人单位造成损失的，应当承担赔偿责任。

本案中，劳动者基于对用人单位允诺的信赖改变了自身的处境，放弃了在原单位的可期待利益，与用人单位缔结劳动合同，其损失本可以通过劳动合同约定期限内或更长时间内的劳动报酬与个人发展获得弥补，用人单位在劳动者恪尽职责的情况下较短时间内违法解除劳动合同，劳动者的损失明显超过了赔偿金所能弥补的范围。关于赔偿金尚不能弥补劳动者的利益损失时，是否可以援引民法上的损害补偿原则，是一个有争议的话题。实践中，较少有法院会审查劳动者的实际损失与信赖利益并予以支持，但本案法官从救济劳动者的角度，在劳动者损失大于劳动法所能赔偿的范围时，在劳动法外又适用了民法的相关原则。根据《中华人民共和国合同法》第 113 条之规定，当事人一方不履行合同义务或者履行合同义务不符合约定，给对方造成损失的，损失赔偿额应当相当于因违约所造成的损失，包括合同履行后可以获得的利益，但不得超过违反合同一方订立合同时预见到或者应当预见到的因违反合同可能造成的损失。当一方违约时，守约方应获得实际损失与可得利益损失的赔偿。本案法官认为劳动者签订劳动合同时未尽审慎义务，适当减轻用人单位的赔偿责任，由用人单位承担 70% 的责任，但总体来说，本案对于劳动者权益的保护是比较充分的。

（撰稿人：刘洪群）

非标准劳动关系纠纷

18. 非全日制用工的认定

——保洁工诉上海中邮时代电讯科技有限公司非全日制用工纠纷案

案件索引：上海市静安区人民法院（2010）静民一（民）初字第3811号；上海市第二中级人民法院（2011）沪二中民三（民）终字第755号，2011年6月21日判决。

基本案情

本案劳动者孙某2008年5月9日至上海中邮时代电讯科技有限公司（以下简称时代公司）工作，负责室内保洁。每日工作2小时，一周工作5天，工资按小时结算。2008年7月起，劳动者又至上海中邮华腾通信技术有限公司（以下简称华腾公司）从事相同的工作，工作时间为每日3小时。劳动者的工资自2010年1月起为每小时12元。

2010年8月5日，时代公司辞退孙某。2010年8月31日，孙某向上海市静安区劳动争议仲裁委员会申请仲裁。该仲裁委员会于2010年12月3日作出静劳仲（2010）办字第997号裁决书，裁决对孙某的所有请求事项皆不予支持。孙某不服，诉至上海市静安区人民法院，要求时代公司：（1）支付2008年8月1日至2010年

8 月 5 日未签订劳动合同的双倍工资 30300 元；（2）支付违法解除劳动合同经济补偿金 2500 元和赔偿金 5000 元；（3）支付 2008 年至 2010 年的高温费 2400 元；（4）支付 2008 年至 2009 年年终奖金 2000 元及年终双薪 5000 元；（5）支付法定节假日工资 1740 元；（6）支付年休假折薪 720 元；（7）补缴 2008 年 7 月至 2010 年 8 月的社会保险费；（8）支付节日礼品及年夜饭折薪 3000 元。

原审庭审中，孙某增加了要求时代公司与其签订无固定期限劳动合同并继续履行的请求，撤回了要求时代公司支付违法解除劳动合同经济补偿金 2500 元和赔偿金 5000 元的请求。上海市静安区法院另查明，孙某工作期间，未被安排在法定节假日工作。

上海市静安区法院根据《中华人民共和国劳动合同法》（以下简称《劳动合同法》）第 68 条、第 69 条第 1 款、第 71 条之规定，判决：一、孙某要求上海中邮时代电讯科技有限公司支付 2008 年 8 月 1 日至 2010 年 8 月 5 日未签订劳动合同的双倍工资 30300 元的请求，不予支持；二、孙某要求上海中邮时代电讯科技有限公司与其签订无固定期限劳动合同并继续履行的请求，不予支持；三、孙某要求上海中邮时代电讯科技有限公司支付 2008 年至 2010 年的高温费 2400 元的请求，不予支持；四、孙某要求上海中邮时代电讯科技有限公司支付 2008 年至 2009 年年终奖金 2000 元及年终双薪 5000 元的请求，不予支持；五、孙某要求上海中邮时代电讯科技有限公司支付法定节假日工资 1740 元的请求，不予支持；六、孙某要求上海中邮时代电讯科技有限公司支付年休假折薪 720 元的请求，不予支持；七、孙某要求上海中邮时代电讯科技有限公司支付节日礼品及年夜饭折薪 3000 元的请求，不予支持；八、上海中邮时代电讯科技有限公司应于本判决生效之日起 10 日内补偿孙某 720 元。

劳动者不服，向上海市第二中级人民法院提起上诉。孙某上诉称:上海市静安区人民法院认定事实不清,判决不当。要求撤销原判,依法改判支持其原审时的全部诉讼请求。时代公司答辩称:时代公司同意原审上海市静安区人民法院判决,要求驳回孙某的上诉请求。上海市第二中院认为:本案争议焦点在于孙某是属于全日制用工还是非全日制用工。审理后,二审法院认为,原审法院认定事实清楚,阐述理由充分,观点正确,本院予以认同。孙某的上诉请求,不予支持。

判决与理由

本案争议焦点在于劳动者与时代公司形成的雇佣关系属于全日制用工还是非全日制用工。一审法院经审理后认为,时代公司与华腾公司系各自独立的企业法人,孙某分别在时代公司与华腾公司的注册地址工作,孙某虽诉称其不知晓华腾公司,但时代公司提供的照片显示,孙某的工作场所均有公司名称的显著标识,孙某不知道华腾公司的诉称与客观事实不符,一审法院不予采信。即使孙某系时代公司安排至华腾公司工作,按照每日工作5小时,一周工作5天的工作时间,也不符合全日制用工形式的相关规定,因此孙某关于其与时代公司已建立全日制劳动关系的主张,一审法院不予采信。从非全日制用工以小时计酬为主,劳动者在同一用人单位一般平均每日工作不超过4小时,每周工作时间累计不超过24小时的定义分析,孙某的上述工作时间基本符合非全日制用工的形式,故时代公司主张其与孙某系非全日制用工关系的主张,一审法院予以采信。因非全日制用工双方当事人可以订立口头协议,故孙某要求时代公司支付2008年8月1日至2010年8月5日未签订劳动合同双倍工资的请求,一审法院不予支持。孙某、时代公司系非全日制劳动关系，双方并不存在应当订立无固定期限劳动合同的情形，且非全日制用工双方当事人任何一方都可以随时通知对方终止用工，故孙某要求时代公司与其签订无固定期限劳动合同并继续履行的请求，无法律依据，一审法院不予支持。因时代公司未安排孙某从事户外工作，且孙某的工作场所能采取有效措施降低温度，故孙某要求时代公司支付高温费的请求，不符合相关规定，一审法院不予支持。孙某的工资系以小时计算，且时代公司未安排孙某在法定节假日工作，故孙某要求时代公司支付法定节假日工资的请求，一审法院不予支持。孙某要求时代公司支付2008年至2009年年终奖金2000元、年终双薪5000元及节日礼品、年夜饭折薪3000元的请求，未提供相关证据证明其主张事实的存在，一审法院亦不予支持。孙某要求时代公司支付未休年假折薪720元的请求，无法律依据，一审法院不予支持。一审审理中，时代公司表示愿意承担更多的社会责任，同意参考年休假待遇支付孙某总计720元的补偿，与法无悖，一审法院予以确认。孙某要求时代公司为其补缴2008年7月至2010年8月社会保险费的请求，不属于人民法院受理劳动争议案件的范围，本案中不作处理。一审庭审中，孙某撤回要求时代公司支付违法解除劳动合同经济补偿金2500元和赔偿金5000元的请求，与法无悖，一审法院予以准许。据此，一审法院根据《劳动合同法》第68条、第69条第1款、第71条之规定，作出前文所述判决。如果未按本判决指定的期间履行给付金钱义务，应当依照《中华人民共和国民事诉讼法》（以下简称《民事诉讼法》）第229条之规定，加倍支付迟延履行期间的债务利息。

二审法院认为，本案争议焦点在于孙某是属于全日制用工还是非全日制用工。《劳动合同法》第68条规定：非全日制用工，是指以小时计酬为主，劳动者在同一用人单位一般平均每日工作不超过

4小时，每周工作时间累计不超过24小时的用工形式。因此，判断是否全日制用工的主要标准就是劳动时间和计酬方式。对于本案中孙某的用工性质，二审法院具体意见如下：首先，从劳动时间来看，本案中确实存在孙某在时代公司每日工作2小时，在华腾公司每日工作3小时的事实，孙某亦认可。只是孙某认为，时代公司和华腾公司实际是一家公司，其在华腾公司的工作是由时代公司派遣，且时代公司未明确告知其是向两家公司提供劳动。二审法院认为，时代公司并无派遣资质，而两家公司的工作场所系两个不同地点，工作场所均有公司名称的明确标识，且孙某至华腾公司工作时间长达两年之久，理应知道其是在为两家不同的公司工作。孙某现提出异议，称其对于为两家不同公司提供劳动并不知情，于理不合，二审法院亦不能认可。其次，从工商登记来看，时代公司与华腾公司是两个独立的法人单位，孙某也确实是在两家公司各自的办公地点为两家公司分别提供保洁服务，故孙某的工作并非全部是时代公司的业务组成部分。同时，孙某在两家公司每日工作时间均未超过4小时，而即使累计计算每日工作5小时，每周累计工作25小时，亦不符合全日制用工形式。再次，从工资支付来看，劳务公司已出具证明证实孙某的工资是共同委托劳务公司通过银行账户转账支付，对此，孙某也无证据反驳。因此，二审法院认为，孙某主张每日工作5小时的工资全部是由时代公司一家支付，其是为时代公司一家提供劳动依据不足，二审法院不予采信。最后，从计酬方式来看，孙某自2008年5月起至时代公司工作，自2008年7月起分别在时代公司和华腾公司工作，其劳动报酬均是以小时工资为计算标准，符合非全日制用工形式，孙某本人也清楚这种计酬方式。综上，孙某与时代公司形成的是非全日制用工的劳动关系，时代公司无需承担用人单位基于标准劳动关系所应承担的相应责任，故孙某基于双方存在标准劳动关系而提出的各项诉请均无法支持。一审法院认定事实清楚，阐述理由充分，观点正确，二审法院予以认同。孙某的上诉请求，二审法院不予支持。据此，依照《民事诉讼法》（2007 年）第 153 条第 1 款第（一）项之规定，判决如下：驳回上诉，维持原判。

评　析

一、全日制劳动关系与非全日制劳动关系

随着我国就业市场的不断发展，各种非标准劳动关系不断出现，其中非全日制劳动关系出现的较早也较为普遍。对企业而言，必然存在一些辅助性岗位，其工作量较小，并不需要雇佣一个全职人员，对此企业往往采取雇佣非全日制人员，俗称“小时工”的方式，其中清洁工是较为典型的职位。而从劳动者的角度看，如果仅仅为一家企业担任非全日制工，其收入则往往难以维持生计，因此一般此类劳动者常常同时担任多家企业的同类岗位工作。

本案的争议焦点是劳动者与企业到底是“全日制劳动关系”还是“非全日制劳动关系”，这个问题从法条看似乎很清楚，全日制劳动关系实行 8 小时工作制，而非全日制劳动关系平均每日不超过 4 小时。但从实践看则时有存在模糊地带的情形，全日制劳动关系并不是每天必须工作 8 小时，而是每日工时最多不超过 8 小时，因此一个劳动者每天工作 4 小时，既可以是非全日制劳动关系，也可能是全日制劳动关系。例如高校教师，如果不坐班，每天在学校的上班时间可能少于 4 小时，甚至还有寒暑假，但高校教师无疑与学校是全日制劳动关系。而非全日制劳动关系平均每日工作时间不超过 4

小时，每周不超过24小时的规定，则意味着每天工作8小时，每周工作3天，也可以是非全日制。鉴于，全日制劳动关系与非全日制劳动关系作为典型的标准劳动关系与非标准劳动关系，两者劳动标准适用差距甚大，因此如何在司法实践中准确界定非全日制劳动关系是基础性的问题。

从法律规定看，《劳动合同法》第68条规定：非全日制用工，是指以小时计酬为主，劳动者在同一用人单位一般平均每日工作不超过4小时，每周工作时间累计不超过24小时的用工形式。从案例看，对于本案中劳动者的用工性质，法院认为：首先，从劳动时间来看，本案中确实存在劳动者在时代公司每日工作2小时，在华腾公司每日工作3小时的事实，劳动者亦认可。只是劳动者认为，时代公司和华腾公司实际是一家公司，其在华腾公司的工作是由时代公司派遣，且时代公司未明确告知其是向两家公司提供劳动。法院审理后认为，时代公司并无派遣资质，而两家公司的工作场所系两个不同地点，工作场所均有公司名称的明确标识，且劳动者至华腾公司工作时间长达两年之久，理应知道其是在为两家不同的公司工作。劳动者现提出异议，称其对于为两家不同公司提供劳动并不知情，于理不合，法院亦不认可。其次，从工商登记来看，时代公司与华腾公司是两个独立的法人单位，劳动者也确实是在两家公司各自的办公地点为两家公司分别提供保洁服务，故劳动者的工作并非全部是时代公司的业务组成部分。同时，劳动者在两家公司每日工作时间均未超过4小时，而即使累计计算每日工作5小时，每周累计工作25小时，亦不符合全日制用工形式。再次，从工资支付来看，劳务公司已出具证明证实劳动者的工资是共同委托劳务公司通过银行账户转账支付，对此，劳动者也无证据反驳。因此，法院认为，劳动者与时代公司形成的是非全日制用工的劳动关系，时代公司无需承担用人单位基于标准劳动关系所应承担的相应责任，故劳动者基于双方存在标准劳动关系而提出的各项诉请均无法支持，终审法院维持原判。

对比现有法律规定，全日制劳动关系与非全日制劳动关系的区别主要在以下方面：

1. 合同形式。全日制劳动关系必须订立书面劳动合同；非全日制劳动关系可以订立口头协议或书面合同。

2. 工作时间。全日制劳动关系除特殊工时外，每日不得超过 8 小时，每周不超过 40 小时；非全日制劳动关系一般平均每日不超过 4 小时，每周不超过 24 小时。

3. 计薪周期。全日制劳动关系一般按月结算工资，最长工资发放周期为月；非全日制劳动关系最长工资结算周期为十五天。当然，不论全日制还是非全日制劳动关系都应当以货币结算工资。

4. 最低工资。全日制劳动关系适用以月为结算周期的最低工资标准；非全日制劳动关系适用以小时为计算单位的最低工资标准。当然，在个人所得税计算方面，两者适用同样的标准。

5. 加班工资。全日制劳动关系中加班根据不同的情况分别按照 150%、200% 和 300% 计算加班工资；非全日制劳动关系加班从法律规定看，未明确有加班工资。

6. 试用期限。全日制劳动关系除以完成一定工作任务为期限的劳动合同等情形外，一般可以约定试用期；而非全日制劳动关系绝对禁止约定试用期。

7. 雇主人数。全日制劳动关系虽然没有禁止员工存在多个雇主，但由于工时较长的原因，员工大部分情况下为一个雇主工作；非全日制劳动关系，在实践中较多存在多个雇主的情形。

8. 解雇保护。全日制劳动关系享有较高的解雇保护，如无法定理由并遵守法定程序，雇主不能解雇员工；非全日制劳动关系强调用工的灵活性，雇主可以随时、无理由解雇员工。

9. 解雇补偿。全日制劳动关系的员工被终止或解除劳动关系可依法享有经济补偿金及代通知金，在违法解除时，还可能获得雇主支付的赔偿金；非全日制劳动关系解除时，雇主无法定义务支付经济补偿金。

10. 社会保险。全日制劳动关系雇主和员工有法定义务缴纳各种社会保险；对非全日制员工，目前雇主仅有缴纳工伤保险的法定义务，至于其他社会保险，双方可约定由雇主以现金方式支付给员工，员工自行缴纳。

二、非全日制劳动关系的认定标准

从上述十个方面看，似乎全日制劳动关系与非全日制劳动关系的区别很明显，那么认定非全日制劳动关系的标准到底是什么呢？

2005 年原劳动和社会保障部颁布了《关于确立劳动关系有关事项的通知》，对没有订立劳动合同的情况下，如何认定劳动关系作出了界定。一般认为，这个标准是认定全日制劳动关系的。而对于非全日制劳动关系，原劳动和社会保障部 2003 年出台的《关于非全日制用工若干问题的意见》中，也只给出了定义，即“非全日制用工是指以小时计酬、劳动者在同一用人单位平均每日工作时间不超过 5 小时累计每周工作时间不超过 30 小时的用工形式”。并未如《关于确立劳动关系有关事项的通知》中规定的那样，就认定非全日制劳动关系作出认定标准。

从本文的案例看，一审、二审法院在对非全日制用工的判定上主要考虑了以下因素：1. 以单一雇主为计时单位；2. 对每一雇主的工作时间低于法定标准；3. 劳动者的工资以小时计酬；4. 劳动者工资的结算周期不多于两周；5. 是否有书面劳动合同不作为认定标准；

6. 是否缴纳社保也不作为认定标准；7. 允许部分超出非全日制工时的法定标准。

依笔者之见，对于非全日制劳动关系的认定标准，可以考虑两个方面：

（一）主观要件

劳动关系本身仍是一种契约关系，应当考察双方建立这个契约关系的意思表示。现行劳动立法对全日制劳动关系强制订立书面劳动合同，因此双方的意思表示可以通过书面合同加以判断。而对于非全日制劳动关系不要求书面合同，允许口头约定，但不能因此忽视意识表示的重要性。在司法实践中，可以通过相关证据判断双方的真实意思。如本案中，法院查明员工在两家公司工作数年，两家公司均有明确的标识可以判断并非一家公司，且每家公司的工作时间都不超过每日 4 小时。故可以推断，员工对与两个公司分别建立非全日制劳动关系是其真实意思表示。

值得注意的是，原劳动和社会保障部《关于非全日制用工若干问题的意见》中规定，“用人单位招用劳动者从事非全日制工作，双方原则上应签订书面劳动合同。”而《劳动合同法》则规定，非全日制用工双方当事人可以订立口头协议。目前来看，非全日制用工仍然并非主流用工形式，而是一种非典型的劳动关系，其法定劳动标准也十分有限，更加需要双方通过书面合同加以约定。对此，一些不要求全日制劳动关系订立书面劳动合同的国家和地区，对于非全日制用工也建议采取书面形式。如我国台湾地区，“雇佣部分工时劳工，劳动契约宜以书面订立。”[①]《劳动合同法》显然更强调非全日制

① 我国台湾地区“雇佣部分时间工作劳工应行注意事项”第五条雇佣一：雇佣部分工时劳工，劳动契约宜以书面订立，其劳动条件及劳动契约形式，应与全日时劳工相同，并应明确告知部分工时劳工其权益。

劳动关系的灵活用工属性，但笔者以为原规定更为妥当。类似台湾地区的立法设计，本意也在于通过对非全日制用工的书面契约，更好地反映双方的意思表示，从而确认非全日制劳动关系。

（二）客观要件

当然，鉴于我国目前对非全日制劳动关系不要求订立书面劳动合同，因此也需要从一些客观要件加以判断。笔者以为，主要包括：工时、工资和其他要件。

1. 工时

非全日制用工每周工作时间应少于24小时，学者间并无争议。但非全日制用工的劳动者每周工作时间超出24小时，而不足40小时，应当认定为何种用工形式。对此学者有各自不同的观点，有学者认为每周24小时是非全日制用工的最高工时，超过即为全日制用工。“非全日制用工的最长工时限制是非全日制用工与全日制用工的界限，对于用人单位而言，其所承担的责任不是支付加班费的问题，而是可能会被认定为全日制用工的问题。”[①]但也有不少学者和实务工作者认为，考虑到非全日制用工的灵活属性，应该给予一定的弹性空间。不少学者认为在工时上即使超过每周24小时，只要没有达到40小时，一般也应认定为非全日制用工。有学者提出，“建议加入浮动上限和月份因素。如每日一般平均4小时，最多不超过6小时，每周一般平均24小时，最多不超过30小时，每月不超过104小时（365/12/7×24），既不突破劳动者月度内总的非全日制工作时间量，也适应了变化的需要，留有一定余地，会大大减少定性上的纷争。”[②]

---

① 黄昆等：“非全日制劳动关系的特殊问题”，载《中国劳动》2008年第9期。

② 孔令华：“浅谈非全日制用工的完善”，载《中国劳动》2011年第6期。

概括而言，在非全日制用工认定的工时标准上，有三种观点：其一，超过每周 24 小时即为全日制用工；其二，由于原劳动部《关于非全日制用工若干问题的意见》的规定，每周超过 30 小时的，可认定为全日制用工；其三，只要每周工作时间不超过 40 小时，即可认定为非全日制用工。

如果进行国际比较，不难发现我国非全日制用工的工时数偏低。国际劳工组织 1994 年通过的《非全日制工作公约》中并无工时的明确规定，只是规定“工时少于可比全日制工人”，《欧盟非全日制工作指令》中也采用了类似规定而未明确具体工时数。美国、日本、瑞典、澳大利亚等国规定，每星期工作时间不满 35 小时。①

综合我国以往立法、国际经验及社会实践，笔者倾向于第二种观点，劳动者一般每周工作时间在 30 小时以下的，应该认定为非全日制用工。而如果劳动者长期工作时间每周超过 30 小时，则应结合其他要件判断是否属于全日制用工。

2. 工资

劳动者的薪酬是另一个重要的劳动标准，非全日制用工以小时为结算单位，并且每两周发放一次工资。这与全日制劳动关系有较大区别，全日制用工以月为单位计算工资，并按月发放。

3. 其他要件

在具体判断是否属于非全日制劳动关系时，还应考虑劳动过程管理等要素。一般而言，企业对全日制员工的管理更为全面，因此企业对员工行为的管理程度、员工岗位的重要性如是否属于主营业务岗位等，也是应当加以考虑的因素。

---

① 金维刚：“我国非全日制就业问题研究”，载《经济研究参考》2003 年第 4 期。

三、非全日制劳动关系的劳动标准适用

我国《劳动合同法》对非全日制用工作了规定，明确非全日制劳动者可与多个雇主建立劳动关系、可以不订立书面劳动合同、不得约定试用期、没有补偿金以及工资支付的相应规定。同时，我国对于非全日制用工的劳动标准、福利待遇如何适用规定得还不够明确。大部分国家以及国际劳工组织对非全日制用工均确立了基本的原则——“同等原则”和“比例原则”。即非全日制劳动者享有与全日制劳动者同等的权利，并按照其具体与标准工时的比例享有。“比例原则”与“同等原则”并行不悖，是“同等原则”在非全日制用工中的细化和延伸。

如国际劳工组织1981年《有家庭责任的工人建议书》(第165号）规定：非全日制工人和临时工的就业条件，包括强制他们参加社会保险，在可能范围内应分别与全日制工人和常年工人的就业条件相等；在适当情况下，他们的权益可在按比例的基础上确定。在1994年《非全日工作公约》（第175号公约）和建议书（第182号建议书）中规定:（1）在组织权利、集体谈判权力和担任工人代表的权利方面，在职业安全与卫生方面，在就业和禁止职业歧视方面，保护非全日制工人得到给予可比全日制工人的同样的保护。（2）保证非全日制工人得到的基本工资，不是仅因其从事非全日制工作，而低于按同样方法计算的可比全日制工人的基本工资。（3）应对以职业活动为基础的法定社会保障体系进行修改，以使非全日制工人享受与可比全日制工人的同等条件。（4）在生育保护、终止就业、带薪年休假和公共假日以及病假方面，保证非全日制工人得到与可比全日制工人同等的条件。（5）涉及金钱的各项权利得按工时或收入比例确定。（6）应采取措施，以便于获得能满足雇主和工人双方需要的生产性和自由选择的非全日制工作，但对上述非全日制工人的保护条款应

予保证。

而英国政府于1995年修改出台的《禁止性歧视法》，引导企业将非全日制就业与全日制正规就业等同对待。2000年，英国出台了《非全日制劳工规定》，其宗旨与国际劳工组织的精神一致，即给予非全日制劳动者与全日制劳动者平等的待遇。包括：1.同等劳动报酬权；2.同等病假和产假工资；3.同等休息休假权；4.同等解雇保护及职业培训权。有学者提出，应当借鉴德国，引入禁止歧视非全日制用工的原则。①

综上，我国现有对非全日制劳动关系的规定仅有《劳动合同法》中的五条规定，而原劳动部的《关于非全日制用工若干问题的意见》尽管略微详细但制定于2003年，其中不少内容与《劳动合同法》冲突，也已不能很好地适用于非全日制用工的快速发展。因此，首先从完善制度的角度，有必要对《关于非全日制用工若干问题的意见》做出全面修订。我国可参考国际劳工组织及欧盟等国家的立法经验，主要是吸收其立法的基本精神和原则，以完善我国的非全日制用工规定。

（撰稿人：邱婕）

① 王倩："非全日制用工规定的缺陷及其完善——以麦当劳低薪事件为例"，载《法学》2007年第7期。

19. 刺破劳务派遣关系的面纱

——韦乃武诉江苏南京长途汽车客运集团有限责任公司、南京益群人力资源开发服务有限公司劳动合同效力纠纷案

案件索引：江苏省南京市鼓楼区人民法院（2013）鼓民初字第2766号，2013年4月28日判决；江苏省南京市中级人民法院（2013）宁民终字第2915号，2013年9月16日判决。

基本案情

本案一审原告（二审上诉人）韦乃武诉称，其自1996年12月被江苏南京长途汽车客运集团有限责任公司（以下简称长客公司，一审被告，二审上诉人）录用担任驾驶员，2007年《劳动合同法》颁布后，公司要求其签订空白合同，然后由南京益群人力资源开发服务有限公司（以下简称益群公司，一审第三人，二审上诉人）盖章。益群公司与原告签订的劳动合同期限为2007年10月1日至2008年9月30日，劳动合同到期后双方未续签，但益群公司为韦乃武缴纳社会保险至今。长客公司与益群公司之间签订的劳务派遣协议书中，约定合同期限自2007年7月1日至2009年6月30日，约定派遣人数共计102人。

本案用人单位长客公司系由南京长途汽车客运总公司于2005年10月改制而来，韦乃武不在当时的企业改制职工名册内。韦乃武诉称其自1996年12月到长客公司担任驾驶员，但长客公司称因企业改制，部分资料已经遗失，无法查实韦乃武到南京长途汽车客运总公司担任驾驶员的起始工作时间。2011年2月韦乃武离开长客公司的驾驶员岗位，对于离职原因，韦乃武称系因诉讼被长客公司打击报复停职所致，但长客公司称系韦乃武自行离职。2013年1月，在一审法院的协调之下，长客公司向韦乃武等19名职工支付了每人4500元的救济金，韦乃武回到长客公司继续担任客车驾驶员。

2011年7月22日，韦乃武向南京市劳动人事争议仲裁委员会提出仲裁申请，要求：1. 确认韦乃武与长客公司之间的劳动关系；2. 补签无固定期限劳动合同；3. 缴纳社会保险费；4. 和相同工种实行同工同酬、同待遇。2011年12月28日，南京市劳动人事争议仲裁委员会作出仲裁裁决，确认韦乃武与长客公司自2008年10月1日至今存在劳动关系、双方应补签书面无固定期限劳动合同，驳回韦乃武其他仲裁请求。

韦乃武因不服该裁决，向南京市鼓楼区人民法院起诉，请求判决：1. 确认韦乃武自入职之日起与长客公司之间的劳动关系；2. 双方补签无固定期限劳动合同；3. 补缴社会保险费；4. 和相同工种实行同工同酬、同待遇；5. 判令长客公司以韦乃武名义与益群公司违法签订的、以欺诈手段形成的劳动合同无效。

经审理，鼓楼区人民法院判决如下：一、韦乃武与益群公司之间签订的合同期限自2007年10月1日起至2008年9月30日止的劳动合同书无效；二、韦乃武与长客公司自1996年12月建立劳动关系；三、长客公司于判决生效之日起三十日内与韦乃武签订书面无固定期限劳动合同；四、驳回韦乃武的其他诉讼请求。

韦乃武不服判决，向南京市中级人民法院提起上诉，要求撤销原审判决第四项，依法改判：1. 长客公司自1996年起为韦乃武建立社会保险账户、补缴社会保险；2. 自双方建立劳动关系时起，与韦乃武的相同岗位实行同工同酬同待遇，保留韦乃武在劳动关系确认后，另案起诉长客公司在长期的用工中，未实行与相同工种同工同酬同待遇应负责任的权利；3. 由于案件审理过程中韦乃武被停职工作，要求法院判令长客公司停止对韦乃武进行侵害。

针对韦乃武的上诉理由，长客公司辩称：韦乃武是承包车主雇佣的驾驶员，与长客公司之间无劳动关系，韦乃武的上诉请求不能成立，请求予以驳回。韦乃武提出的要求停止侵害的诉讼请求超出了法律规定二审法院应当审理的范围，请求法院不予理涉。益群公司的答辩意见与长客公司相同。

判决与理由

一、一审判决

本案案情比较复杂，时间跨度大，而且原告的诉讼请求涉及多种法律关系，因此必须要梳理清楚双方的主要争点，并对其中关键争点进行充分论述。结合上述基本案情，双方在一审中的主要争点可以归纳为两点：

1. 韦乃武与长客公司在2007年10月之前是否存在劳动关系？

2. 韦乃武与劳务派遣益群公司于2007年10月签订的劳动合同书是否有效？

关于第一个争点，一审法院认为，劳动者与用人单位之间未签订书面劳动合同的，应以劳动者是否在用人单位工作、是否接受用人单位的管理、劳动者提供的劳动是否是用人单位业务的组成部分，以及劳动者与用人单位之间是否存在经济上的依附关系为依据，判断双方是否存在劳动关系。本案中，韦乃武在长客公司担任客车驾驶员，其所驾驶的车辆以及客车营运线路均由长客公司提供或指派，韦乃武以其驾驶劳动获得报酬。长客公司对韦乃武的工作内容和情况进行全面管理，其中，既有长途客运岗位所特有的驾驶培训、安全管理，也有对职工的一般行政激励管理，如颁发荣誉证书等。韦乃武所提供的驾驶劳动是长客公司长途客运业务的组成部分。韦乃武与长客公司之间的关系符合一般劳动关系中劳动者与用人单位的特征，双方之间建立的即为劳动关系。因为在 2007 年与益群公司签订劳务派遣劳动合同书前，韦乃武已实际入职长客公司，并根据长客公司的要求和管理提供驾驶劳动获得报酬，故一审法院依法认定自 1996 年 12 月至 2007 年 10 月韦乃武和长客公司之间存在事实劳动关系。

关于第二个争点，一审法院认为，自韦乃武入职长客公司担任客车驾驶员以来，双方的劳动关系从未中断，一直处于延续状态。根据长客公司与益群公司之间签订的劳务派遣协议书，双方约定的派遣人数高达 102 人，韦乃武仅为其中之一。长客公司的此种做法实际上是由其指定劳务派遣公司，将与其已经建立了劳动关系的劳动者“变成”劳务派遣人员，以此规避作为用人单位的法律责任和义务。长客公司指定劳务派遣公司、将原有职工“派遣”至原工作岗位、从事原工作的做法，与劳动合同法中禁止用人单位设立劳务派遣单位向本单位或者所属单位派遣劳动者的立法本意相冲突，其实质与自行设立劳务派遣单位向本单位派遣劳动者无异。益群公司虽然在与韦乃武签订劳务派遣劳动合同书后，履行为韦乃武缴纳社会保险费的义务，但缴纳社会保险费仅是认定劳动者和用人单位之间是否存在劳动关系的依据之一，不能仅以此就判断双方之间必然具有劳动关系。基于上述分析，一审法院依法认定，韦乃武与益群公司于2007年签订的劳务派遣劳动合同书无效，双方未形成劳务派遣劳动关系。

因韦乃武与益群公司之间的劳务派遣劳动合同无效，双方未形成劳务派遣劳动关系；韦乃武为长客公司提供劳动、受其管理，与长客公司之间建立劳动关系，且该劳动关系一直处于持续、延续的状态。关于2011年年初韦乃武离开驾驶员岗位的情况，一审法院认为，因双方对于韦乃武的离职原因陈述不一，作为用人单位的长客公司应对韦乃武系自行离职承担举证责任，同时结合益群公司至今仍为韦乃武缴纳社会保险的情况，一审法院依法采信韦乃武离职并非其自愿的说法。综上，法院依法认定韦乃武自其入职之日至今仍与长客公司之间存在劳动关系。

基于上述认识，一审法院作出如下判决：一、韦乃武与益群公司之间签订的合同期限自2007年10月1日起至2008年9月30日止的劳动合同书无效；二、韦乃武与长客公司自1996年12月建立劳动关系；三、长客公司于判决生效之日起三十日内与韦乃武签订书面无固定期限劳动合同；四、驳回韦乃武的其他诉讼请求。

二、二审判决

双方当事人与第三人益群公司皆不服一审判决，向南京市中级人民法院提起上诉。对于劳动关系认定问题，二审法院认为，长客公司根据内部规定，将长途客运线路承包给个体车主，以长客公司名义对外经营，因个体车主作为自然人，无长途客运经营权，无招聘驾驶员的用工主体资格，无论韦乃武由谁招聘，应认定韦乃武与长客公司之间存在劳动关系。长客公司以（自己）与改制前的企业无关，无法提供证据为由，否认韦乃武于1996年12月入职，理由不能成立。故一审认定韦乃武自1996年12月起与长客公司建立劳动关系，具有确定的法律依据。

关于劳务派遣劳动合同的效力问题，二审法院认为，韦乃武自入职长客公司起，一直在长客公司担任客车驾驶员，其工作地点和工作岗位均无变化。长客公司在未与韦乃武解除或终止劳动关系的情况下，安排益群公司与韦乃武签订劳务派遣劳动合同，且通过该项劳务派遣协议书派遣的人数众多，长客公司的上述行为，与劳动合同法中禁止用人单位设立劳务派遣单位向本单位或者所属单位派遣劳动者的立法本意相冲突，实质上就是自行设立劳务派遣单位向本单位派遣劳动者，一审法院据此认定韦乃武与益群公司签订的劳务派遣劳动合同无效，符合法律规定。

综上，二审法院判决驳回上诉，维持原判。

评　析

这个案件的意义在于明确了一个重要规则，那就是除非协商一致，用人单位不能将在职劳动者转为劳务派遣劳动者。虽然法院在判决理由部分强调是因为用人单位的做法违反了《劳动合同法》第67条关于禁止自我派遣的规定，但是这个理由至多导致用工单位与劳务派遣单位之间的劳务派遣协议无效，用来直接认定劳动合同无效却稍显牵强。笔者认为法院在判决中并没有揭示出一个更深层次的理由，那就是劳动关系应当建立在双方合意的基础之上，未经劳动者同意，用人单位不能安排劳动者与其他单位签订劳动合同。否则，法院应判决这样的“劳动合同”因为缺乏合意而归为无效。

笔者认为，劳动合同的本质乃是一种合意，即用人单位与劳动者之间关于一方给付劳动，另一方支付报酬的协议。尽管劳动立法对双方的合意内容与形式进行了一定的限制，但是从来没有从根本上否认合意在劳动关系建立过程中的基础地位。如果用人单位安排本单位劳动者与劳务派遣单位签订所谓的“劳动合同”，企图将用工主体改变为劳务派遣单位，但事实上劳动者仍然在原来的工作岗位上工作，这样的劳务派遣应当认定为虚假派遣。鉴于劳动者与劳务派遣单位之间并不存在建立劳动关系的合意，司法机关应当刺破劳务派遣的面纱，宣告劳动者与劳务派遣单位之间的“劳动合同”无效，并直接认定劳动者与“用工单位”之间存在劳动关系。

一、劳动关系与劳动合同的关系

劳动关系被认为是劳动法最主要的调整对象，而且是用人单位对劳动者承担《劳动法》上的义务和责任的前提。因此，劳动者与用人单位之间是否存在劳动关系乃是处理劳动争议案件过程中首先要查明的一个重要事实。然而，“劳动关系”在劳动法中又是一个最容易被误解的概念，对于劳动关系的认定标准，以及劳动关系与劳动合同的关系，无论在理论上还是在司法实务中都是一个难点问题。

在我国的劳动法学著作中，主流观点往往是从政治经济学的角度给“劳动关系”下定义，强调劳动关系是在劳动过程中发生的一种社会关系，目的在于实现劳动力与生产资料的结合。例如，一个比较权威的定义认为劳动关系是指“人们之间在运用劳动能力、实现劳动过程时所发生的关系，这种关系与劳动有着直接的联系，劳动是这种关系的基础，也是它的实质”[①]。类似地，也有学者认为，劳动关系是指“劳动力所有者（劳动者）与劳动力使用者（用人单位）之间，为实现劳动过程而发生的一方有偿提供劳动力由另一方用于

① 关怀：《劳动法学》，法律出版社 1996 年版，第 6 页。

同其生产资料相结合的社会关系”[1]。这种政治经济学的视角虽然能够揭示劳动关系的社会经济意义，但是对双方之间的权利义务结构却缺乏规定，因此与其说是劳动关系的一般定义，不如说是在计划经济条件下（甚至包括改革开放初期）劳动关系的定义。

传统劳动法学对劳动关系的界定主要是建立在劳动关系从属性理论的基础之上。民国时期史尚宽先生就提出，“劳动者”是指“基于契约上之义务在从属的关系所为之职业上有偿的劳动”的人。[2]按照这个定义，“劳动者”应当具备劳动契约、从属关系、职业活动和有偿劳动四个要素。在四个要素中，“从属关系”揭示出劳动者与用人单位之间的关系不是平等关系，是界定劳动者主体身份的核心要素。[3]从属关系理论是劳动法与民法的分水岭，也是区分劳动关系和民事关系的主要理论工具。传统民法将劳动者视为与雇主具有平等地位的人，然而正如日本学者星野英一教授指出的，进入现代社会以来，以契约当事人的平等、自由为前提的各种契约理论因双方当事人社会、经济方面的不平等而显现出了破绽，这种不平等最清楚地表现在雇佣契约里。[4]因此，作为对近代民法关于平等主体假设的一种纠正，从属关系理论直言不讳地指出劳动关系双方当事人是典型的不平等主体。

我国《劳动法》第 2 条规定：“在中华人民共和国境内的企业、个体经济组织（以下统称用人单位）和与之形成劳动关系的劳动者，适用本法。”但是该法并没有给“劳动关系”下一个明确的定义。回顾历史，我国制定《劳动法》主要是为了适应建立市场经济体制的

① 王全兴：《劳动法》，法律出版社 1997 年版，第 49 页。

② 史尚宽：《劳动法原论》，上海世界书局 1934 年版，第 7 页。

③ 吕琳：“论‘劳动者’主体界定之标准”，载《法商研究》2005 年第 3 期。

④〔日〕星野英一：《私法中的人》，王闯译，法制出版社 2004 年版，第 66 页。

需要，确认并且推广国有企业全员劳动合同制改革的成果，因此劳动关系的认定标准不可避免地带有体制立法的特点。虽然《劳动法》采用了抽象的“劳动者”概念，但是立法者在制定过程中所关注的“劳动者”主要是当时正处在改革攻坚阶段的国有企业职工。为了消除国企职工对劳动合同制的担心和顾虑，《劳动法》为实行劳动合同制后的“劳动者”提供了一个堪称完美的权利体系，囊括了就业权利、社会保险权利、劳动合同权利、参加工会与集体协商的权利、工资保障权利、休息休假权利、民主管理权利以及提请劳动争议处理的权利，几乎全盘复制了当时国有企业劳动关系的调整机制。这些权利体系及其所依附的劳动关系调整机制对农民工而言是一个封闭的体制，他们很难成为这个体制中的“劳动者”。由此可见，《劳动法》中的“劳动者”并不是一个泛义的概念，其立法原型主要是原体制内的国有企业职工。相应地，我国劳动立法中所指的劳动关系，在很大程度上带有国有企业劳动关系体制的色彩，至今仍然没有根本改变。因此，劳动关系的从属关系理论在实践中有一定局限性，并不能解释所有的劳动问题，需要根据社会和经济的发展以及各国的具体国情加以完善。如果不考虑中国劳动市场体制性分割的特点，只是简单地运用从属关系理论来认定劳动关系，就容易造成劳动立法与社会现实严重脱节的问题，最终影响到法律的实施效果。

1994 年颁布的《劳动法》将劳动合同和劳动关系视为一个硬币的两面，只有签订了劳动合同才能建立劳动关系。该法第 16 条规定：“劳动合同是劳动者与用人单位确立劳动关系，明确双方权利和义务的协议。建立劳动关系应当订立劳动合同。”这样的规定过分强调劳动合同对于建立劳动关系的重要性，不利于执法部门依法追究用人单位不和劳动者签订书面合同的法律责任。为了弥补此项法律漏洞，原劳动部在 1995 年发布的《劳动部关于贯彻执行〈中华人民共和国劳动法〉若干问题的意见》（劳部发［1995］304 号）第 2 条规定：“中国境内的企业、个体经济组织与劳动者之间，只要形成劳动关系，即劳动者事实上已成为企业、个体经济组织的成员，并为其提供有偿劳动，适用劳动法。”该规定引入了“事实劳动关系”的概念，允许没有劳动合同情形下认定用人单位与劳动者之间存在劳动关系，从而扩大了《劳动法》的适用范围。尽管如此，由于事实劳动关系先天带有一定的违法性，因此只能作为一种例外，而不能推导出劳动关系可以脱离劳动合同的结论。

法院很快就接受了“事实劳动关系”的概念，并且在几年后正式写入了最高院司法解释中。2001 年 3 月《最高人民法院关于审理劳动争议案件适用法律若干问题的司法解释（一）》第 1 条第（二）项规定，劳动者与用人单位之间没有订立书面劳动合同，但已形成劳动关系后发生的纠纷，人民法院应当受理。按照最高院负责起草司法解释的韩延斌法官的解释，该项规定是指“双方虽未订立书面劳动合同，但意思表示明确，有口头约定或其他现实表现的”，这意味着即使双方没有书面合同，只要能用口头或者其他形式达成合意的，仍然可以认定存在劳动关系，书面劳动合同并非劳动关系产生的唯一依据。

21 世纪初期我国建筑行业发生了严重的拖欠农民工工资和工伤待遇等社会问题，影响到社会稳定，但是在实务操作中农民工往往因为没有书面合同而难以获得司法救济。为了解决这些问题，2005 年 5 月原劳动和社会保障部发布了《关于确立劳动关系有关事项的通知》（劳社部发［2005］12 号，以下简称《通知》），运用从属性理论等方法，规定了在没有书面合同的情况下认定劳动关系的三项具体标准，包括：（一）用人单位和劳动者符合法律、法规规定的主体资格；（二）用人单位依法制定的各项劳动规章制度适用于劳动者，劳动者受用人单位的劳动管理，从事用人单位安排的有报酬的劳动；（三）劳动者提供的劳动是用人单位业务的组成部分。如果同时具备上述三项条件的，就可以认为双方之间的劳动关系成立。该《通知》为事实劳动关系提供了更为精准的认定标准，间接地也为劳动关系脱离劳动合同的束缚做好了制度上的准备工作。

2007 年颁布的《劳动合同法》在劳动合同与劳动关系分离方面迈出了决定性的最后一步。该法第 7 条规定，“用人单位自用工之日起即与劳动者建立劳动关系。”换言之，只要存在用工事实，即使双方当事人没有签订书面合同，仍然可以建立劳动关系。这样“用工标准”就取代了“合同标准”，成为认定劳动关系的基本法律依据。在某种程度上也可以认为“事实劳动关系”的概念已经取代了“劳动合同关系”的概念，最终成为法律意义上的“劳动关系”。《劳动合同法》要求用人单位应当在用工之日起一个月内与劳动者订立书面劳动合同，也就是可以先建立劳动关系，然后才签订合同。双方当事人也可以选择在“用工之日”前签订劳动合同，但是劳动关系仍然自用工之日起建立。这一规定表明劳动合同已经蜕变成了主要劳动条件的确认书（Statement of Terms and Conditions），只有证明劳动关系的效力，而不再具有建立劳动关系的效力。

从表面上来看，第 7 条似乎降低了劳动合同的重要性，但另一方面，该法对于订立书面劳动合同的要求不仅没有放松，反而更加严格了。因为《劳动合同法》第 10 条仍然要求用人单位应当与劳动者订立书面劳动合同，而且该法还史无前例地引入“向劳动者支付二倍工资”的法律责任，惩罚那些超过一个月未能与劳动者订立书面合同的用人单位。由于利益的驱动，从 2008 年该法生效至今，无数劳动者主动启动法律程序，向用人单位主张未签劳动合同的二倍工资，这使得劳动合同与劳动关系的联系反而比以往任何时候都更加紧密。

在司法实践中，由于案件数量的倍增，法院负担越来越重，迫使法院重新转向民法寻求支持。法院在很多重大问题上都依据“契约自由”、“平等协商”、“诚实信用”等民法原则，对《劳动合同法》进行重新解释，使得劳动合同在劳动关系中的重要性程度有所回升。比如对于用人单位在《劳动合同法》颁布后将职工转变为劳务派遣工的行为，很多法院在判决中以“平等自愿，协商一致”为理由，支持用人单位劳务派遣改制的效力，重新把劳动合同作为认定劳动关系归属的主要依据。

二、合意在劳动合同成立过程中的地位

合同也称“契约”，本质上乃是当事人的合意。[①]但是基于法律的规定，这种合意在当事人之间具有法律的效力。1804年的《法国民法典》最早明确规定合同是一种合意，其第1101条规定：“契约，为一人或数人对另一人或另数人承担给付某物、作或者不作某事的义务的合意。”[②]从该定义可以看出，《法国民法典》强调当事人意思表示的一致性，同时也指明合意乃是债产生的一种原因，即合同一方要对另一方承担一定的给付义务。该定义体现了《法国民法典》以“契约自由”作为其基本原则的特点。卡尔波尼埃曾指出，在法国民法上，契约自由被视为意思自治的核心，它使当事人有权摆脱法律为他们提供的一切固定模式而自由地设置其相互间的法律关系。[③]

---

① 对于“合同”与“契约”的关系，民法学界有些不同意见，但是大多数民法学者认为二者只是我国在不同历史时期的两种用法，基本含义是相同的。本文对二者也采用通说，如果没有特别说明，二者是作为同义词使用的。

② 全国人大常委会法制工作委员会民法室编：《〈中华人民共和国合同法〉与国内外有关合同规定条文对照》，法律出版社1999年版，第2页。

③ 尹田编：《法国现代合同法》，法律出版社1995年版，第14—15页。

在《德国民法典》中，并不是将合同定义为一种合意，而是将其视为一种法律行为。例如《德国民法典》第305条规定："以法律行为发生债的关系或改变债的关系的内容者，除法律另有规定外，必须有当事人双方之间的契约。"该规定严格而言并没有给合同下一个定义，但是也足以说明了合同的一些本质特征：一方面它说明了合同在性质上是一种法律行为，另一方面则说明了契约的法律后果。从外部行为而不是从内部意思表示的角度来定义合同，这样的合同就具有一定的客观性，比较容易观察和把握。这种特点说明《德国民法典》受表示主义立场的影响比较大，但是绝不能理解为《德国民法典》不重视合意，恰恰相反，德国法非常重视意思表示的真实性。《德国民法典》在制定时，也吸收了意思说的部分成分，对表示主义立场规定了一些限制。欠缺意思要素，不符合内在意思，或意思存在瑕疵，虽然不影响意思表示的成立，但是可以在某些情形影响其生效。①

英美法对于合意的理解与法国法更是大相径庭。英美法通常对合同的定义是："合同是能够直接或间接地由法律强制执行的允诺(promise)。"②与大陆法（特别是法国法）关于合同的定义作个比较可以发现，英美法强调合同首先是一种"允诺"，而大陆法则往往强调合同是一种"协议"或者"合意"，即双方当事人对权利义务关系的共同理解。比较而言，"允诺"具有单方面行为的意思，所以按照英美法，合同一般不过是合同双方交换自己的允诺而已，一方的允诺就是另一方作出允诺的对价。而按照大陆法，合同是双方对各自的权利义务所达成的一致的意思表示，双方最终的意思理解应该是

---

① 龙卫球：《民法总论》，法制出版社2001年版，第507—508页。

② 〔美〕A.L.科宾：《科宾论合同》（上册），王卫国等译，中国大百科全书出版社1997年版，第27页。

相同的，而不是相对的。下面的图示可以更清楚地表明这种区别：

A. 大陆法中的合同：双方合意

一方当事人→合意←另一方当事人

B. 英美法中的合同：交换允诺

一方当事人→允诺

允诺←另一方当事人

从这个比较我们也可以发现，英美法受判例法传统的影响，基本上是从缔约者个人的角度来观察合同现象，采用的是一种归纳的推理方法；而大陆法则更强调缔约各方的共同点，将双方视为一个整体，然后从这个整体推断某一方当事人的权利义务，因此其采用的是演绎的推理方法。当然这种区别并不是绝对的，而且也很难说孰优孰劣。然而在实践中，英美法的概念可能更实用，因为现实中确实存在着一些基于单方面意思表示而成立的合同，例如：慈善捐赠、悬赏广告等，这些合同并不需要另外一方的同意。[①]英美法将此类合同解释为一种单方的允诺，而大陆法的“合意说”对此类合同就比较难以解释。

合同的成立并不当然地产生债。按照通常的说法，尽管存在着合意或者承诺，但是合同尚不能成立，除非还存在合法之债。在罗马法中，“债”与“协议”或“合约”在理论上是分开的。合意本身并不是合同，正如英国法学家梅因指出的：一个“合约”是个人相互间同意的极端产物，它显然还不够成为一个“契约”。它最后是否会成为一个“契约”，要看法律是否把一个“债”附加上去。一个“契约”是一个“合约”（或“协议”）加上一个“债”。在这个“合约”还没

① 〔美〕A.L. 科宾：《科宾论合同》（上册），王卫国等译，中国大百科全书出版社 1997 年版，第 27 页。

有附带着“债”的时候，它称为空虚（nude or naked）合约。[①]

在古代罗马，人们对契约的形式极为重视，一切契约都以履行方式或者以授受物品为原则，以合意为例外，签订契约必须经过规定的方式才能发生法律效力，如果契约仪式的术语和动作被遗漏了任何一个细节，就会导致整个契约的无效。这种繁琐的形式不能不影响到商品交换的顺利发展，随着罗马帝国疆土的扩大，商品经济的发展推动了契约理论的进步，到了共和时代，罗马法逐步克服了缔约中的形式主义，承认了包括买卖、租赁、合伙和委任在内的合意契约的合法性。合意契约的成立并不要求有任何表达方式或者文字上的特别之处，当事人之间的合意决定着契约的成立与生效。合意契约的出现，标志着罗马法从重视形式转为重视缔约人的意志，从而使商品交换从繁琐的形式中解放出来，并且成为现代契约自由观念的历史渊源。

合同的概念本身也包含了形式和内容两个方面。美国学者科宾甚至认为，“合同”的概念可以有三种不同的理解：（1）当事人各方表示同意的一系列有效行为，或者这些行为的某一部分；（2）当事人制作的有形文件，其本身构成一种发生效力的事实，并且构成他们实施了其他表意行为的最后证据；（3）由当事人的有效行为所产生的法律关系，它们总是包含着一方的权利与他方的义务的关系。[②]按照他的观点，合同的概念实际上就包括了法律行为、有形文件和法律关系三个层次。

劳动合同作为一种特殊的合同，同样既可以指形式意义上的劳动合同，即劳动合同书，也可以指实质意义上的劳动合同，即双方

---

①〔英〕梅因：《古代法》，商务印书馆1959年版，第182页。

②〔美〕A.L.科宾：《科宾论合同》（上册），王卫国等译，中国大百科全书出版社1997年版，第8—9页。

建立、变更、解除、终止劳动关系的合意。董保华教授认为可以从两方面来理解劳动合同：一方面将劳动合同理解为劳动合同书，将其视为一种行为模式；另一方面，将劳动合同视为劳动合同行为，作为一种劳动法律事实，通过劳动合同的订立、履行、终止，以及变更、解除来促使劳动法律关系的产生、变更、消灭。他指出我国的学者以及立法部门倾向于前一种理解；而国外立法倾向于后一种理解。[①]他把劳动合同视为法律行为而非双方的合意，显然是受到了德国法模式的影响，并不完全符合我国劳动立法的实践。但是他所指我国学者以及立法部门倾向于从劳动合同书的角度来理解劳动合同，这是非常正确的，因为在过去的研究与实践中，无论是政府、法院还是学术界往往都过多地强调劳动合同的书面形式，而很少关注其合意的存在与解释，这实际上是一种形式主义的倾向，无论对于理论研究还是司法实践都是十分有害的。

我国的《合同法》沿用了大陆法系的传统，将合同视为是一种合意。《合同法》规定，“合同是平等主体的自然人、法人、其他组织之间设立、变更、终止民事权利义务关系的协议。”[②]这个定义是把合同的本质看成是一种协议，并且特别强调其特征在于能够引起民事法律关系的变化，可见《合同法》既重视双方的意思表示，也重视合同的法律后果，只不过相比而言似乎更强调后者。与其他国家不同的是，该定义是从限定合同主体的角度入手的，这在其他国家的合同定义中极为少见，这显示我国的《合同法》尚未形成一个抽象的“人”的概念，仍然带有按身份立法的特征。

我国《劳动法》沿用了《合同法》的定义模式，规定劳动合同是“劳

① 董保华：“关于劳动合同的两个问题”，载《法学》2000 年第 5 期。

② 参见《中华人民共和国合同法》第 2 条第 1 款。

动者与用人单位确立劳动关系、明确双方权利和义务的协议”[①]。该定义用最直接和最清楚的语言强调了合意对于劳动合同的重要性。《劳动法》这里的“协议”（agreement），实际上就是劳动者与用人单位确认双方权利义务内容的“合意”。按照“合意”规则的要求，该协议必须建立在当事人真实意思表示的基础之上，否则就不可能有真正的“合意”。《劳动法》还明确规定，订立和变更劳动合同应当遵循“平等自愿、协商一致”的原则。[②]也就是说，用人单位与劳动者所签订的劳动合同必须是双方平等协商之后所达成的一致的意思表示。如果一方当事人缺乏意思表示的能力，或者对合同基本条款持否定态度，都会导致合同因欠缺完整的“合意”而产生效力上的瑕疵。

《劳动合同法》虽然转为采用劳动关系与劳动合同相分离的立法模式，但是并非否定合意对于建立劳动关系的重要性。该法第 3 条要求订立劳动合同应当遵循合法、公平、平等自愿、协商一致、诚实信用的原则，所以原则上劳动合同仍然必须以合意为基础。不仅如此，该法第 8 条规定用人单位招用劳动者，应当如实告知主要合同条件和劳动者要求了解的其他情况，同时也有权向劳动者了解与劳动合同直接相关的基本信息，劳动者负有如实说明的义务。该规定为劳动双方能够在相互了解的基础上订立劳动合同提供了前提条件。特别重要的是，《劳动合同法》第 26 条规定，以欺诈、胁迫或者乘人之危，使对方在违背真实意思的情况下订立或者变更劳动合同的，劳动合同无效或者部分无效。这就从合同效力的角度确保了劳动合同建立在合意的基础之上，凡是缺乏真实合意的劳动合同都应归于无效。《劳动合同法》第 7 条和第 10 条只是将劳动关系与形

① 参见《中华人民共和国劳动合同法》第 16 条第 1 款。

② 参见《中华人民共和国劳动合同法》第 17 条第 1 款。

式意义上的书面劳动合同分离，并没有否定劳动合同的合意基础。

由此可见，合意乃是劳动合同当事人享受权利和承担义务的法律基础，没有合意就不可能产生劳动关系。当然，仅仅有合意仍是不够的，因为合意本身并不能产生债法上的约束力。双方当事人还必须实际发生“用工”的事实，这样双方之间才会产生劳动关系，并受劳动法的约束。仅仅有“用工”的事实，而没有合意的基础，容易沦为强迫劳动或者奴隶劳动，因而本质上是违反劳动自由原则的。

三、司法实践中如何探求劳务派遣背后的合意

在2007年《劳动合同法》颁布后，很多企业纷纷进行用工形式的调整，强令在职职工与第三方劳务派遣公司签订劳动合同。实际操作中，有些企业和职工签订了终止原劳动合同的协议，然后由职工与劳务派遣公司签订劳动合同；也有些企业要求职工签订变更劳动合同协议，将用人单位直接变更为劳务派遣公司；还有一些企业甚至在原劳动合同尚未到期终止或者解除的情形下，直接安排职工与劳务派遣公司签订劳动合同。上述几种劳务派遣关系中，只有第一种操作比较规范，虽然有的案件中劳动者提出自己因被欺骗或者被胁迫而签订了终止协议，但是通常都因证据原因被法院驳回。[①]

从保护合意的角度出发，如果在劳动关系存续期内，用人单位要求劳动者与劳动派遣机构签订“劳动合同”，然后该劳动者作为劳动派遣机构的员工继续在原用人单位工作，这样所签的“劳动合同”应当因缺乏合意而归为无效。应当要求用人单位提供证据，证明劳动者与劳务派遣公司的协商过程。如果用人单位无法举证的，法院应认定劳动者与原用人单位之间的劳动关系（或事实劳动关系）应

---

① 如耿春梅与北京市朝劳综人力资源有限责任公司等劳动争议二审民事判决书，北京市第二中级人民法院（2013）二中民终字第13270号。

当继续有效，并且原用人单位应当对该劳动者承担《劳动法》上的义务和责任。类似地，如果用人单位在劳动者不知情的情况下，要求劳动者在空白劳动合同书上签名，然后将用人单位一栏填为某劳务派遣单位的，该行为无效，法院应认定双方之间存在劳动关系。

北京第二中级人民法院曾经在2010年作出了一个与韦乃武案类似的判决，认定劳务派遣公司与劳动者签订的劳动合同无效。因为经法院调查，该劳务派遣公司之前与该劳动者并没有任何关系，签订劳动合同的过程，是劳务派遣公司将空白合同交给用工企业，用工企业交给员工签名后拿回劳务派遣公司加盖公章。加上用工企业之前与该劳动者签订的劳动合同尚未到期，所以法院认定劳务派遣公司与劳动者签订的劳动合同无效。办案法官认为，劳动者已经与用工企业建立了劳动关系，即使再与其他单位订立劳动合同，后一个劳动合同也不必然导致第一个劳动关系解除或者终止。该法官强调在审理有关劳务派遣的劳动争议案件时，应当注重全面把握案件的事实，切实保护劳动者的合法权益。①

遗憾的是，正如韦乃武一案所展示的那样，法院在认定劳务派遣无效的时候，没有任何判决是从意思表示瑕疵的角度来进行论述的。《劳动合同法》第26条规定了劳动合同无效的三种情形，但是并没有规定双方当事人意思表示不一致的情形。第一种情况虽然提到了违背真实意思，但是却仅限于欺诈、胁迫的手段或者乘人之危三种原因，并没有包括双方没有合意的情形。

四、结论

虚假的劳务派遣在《劳动合同法》颁布以后曾一度大行其道，

---

① 北京市第二中级人民法院（2010）二中民终字第10140号民事判决书，引自《中国法院2012年度案例13：劳动纠纷》，法制出版社2012年版，第50—52页。

这些所谓的“劳务派遣关系”实质上违背了劳动者的真实意思，他们与用工单位之间并没有真正达成合意，甚至连基本的要约和承诺的过程都没有！司法机关应当依照《劳动合同法》，否定那些缺乏合意基础的劳务派遣的合法性。

但在实践中，劳动合同形式主义对法院影响很大。在一些劳务派遣案件中，这些缺乏合意的“劳动合同”竟屡屡被司法机关赋予法律约束力，这不能不说是劳动合同形式主义对司法机关已经产生了明显的负面影响。司法机关和劳动行政部门对书面形式的偏爱，反过来又刺激了更多的用人单位采用劳务派遣等用工形式，从而规避劳动法中的义务和责任。因此只有刺破那些虚假劳务派遣的“面纱”，才能在劳动用工中真正贯彻劳动自由原则，恢复劳动合同制度的私法属性。

（撰稿人：周长征）

20. 劳务派遣用工的判定

——兰大勇诉荣丰保洁公司、万州区人民医院劳动纠纷案

案例索引：重庆市万州区人民法院(2014)万法民初字第00361号，2014年3月5日判决；重庆市第二中级人民法院（2014）渝二中法民终字第00732号，2014年6月16日判决。

基本案情

2012年5月22日，区人民医院与浩洋物业公司签订《清洁保洁外包合同》，由浩洋物业公司承包区人民医院的保洁工作，双方约定合同期限为一年，时间自2012年4月24日起至2013年4月23日。2012年5月，原告兰大勇由浩洋物业公司安排到区人民医院支持中心工作。区人民医院与浩洋物业公司约定的内容为保洁工作，但是原告兰大勇由区人民医院的工作人员安排工作，具体从事护工工作，没有从事保洁工作。由区人民医院与浩洋物业公司约定的服务到期后，浩洋物业公司继续承包保洁工作至2013年7月。

2013年7月，因区人民医院将保洁服务通过区公共资源综合交易中心公开招投标，荣丰保洁公司中标。2013年7月2日，区人民医院与荣丰保洁公司签订《清洁保洁劳务合同》，双方约定由荣丰保洁公司承包保洁工作，时间从2013年7月3日起至2014年7月2日。

原告兰大勇仍在原工作岗位工作，浩洋物业公司没有支付经济补偿。从2013年7月起，由荣丰保洁公司给原告按1500元/月的标准发放工资。2013年8月13日，因区人民医院撤销支持中心，荣丰保洁公司结清原告工资后，原告也未在荣丰保洁公司处工作。

判决与理由

重庆市万州区人民法院、重庆市第二中级人民法院经一审、二审审理后认为：

首先，劳动关系是指用人单位招用劳动者为其成员，劳动者在用人单位的管理下提供有报酬的劳动而产生的权利义务关系。浩洋物业公司与区人民医院签订外包协议后，招录原告并将原告派至区人民医院的支持中心工作，原告由浩洋物业公司发放工资，可以认定浩洋物业公司在2012年5月起与原告建立劳动关系。2013年7月荣丰保洁公司在承包区人民医院保洁服务后，原告继续在原工作岗位和工作场所工作，但原告的工资由荣丰保洁公司发放。原告在诉状中承认在荣丰保洁公司承包的工作岗位上工作，从事由荣丰保洁公司安排的有报酬的劳动，可以认定原告与荣丰保洁公司自2013年7月起建立劳动关系。

根据《劳动合同法实施条例》第10条“劳动者非因本人原因从原用人单位被安排到新用人单位工作的，劳动者在原用人单位的工作年限合并计算为新用人单位的工作年限”和最高人民法院《关于审理劳动争议案件适用法律若干问题的解释（四）》第5条“劳动者仍在原工作场所、工作岗位工作，劳动合同主体由原用人单位变更为新用人单位的，应当认定属于劳动者非因本人原因从原用人单位被安排到新用人单位工作”的规定，浩洋物业公司终止与区人民医院约定的服务后，没有向原告支付经济补偿，原告仍在原工作场所、工作岗位工作，只是用人单位主体变更为荣丰保洁公司，故原告要求将在浩洋物业公司的工龄合并计算到荣丰保洁公司的请求符合法律规定，应予以支持。

区人民医院撤销支持中心后，原告未继续在区人民医院工作，荣丰保洁公司在结清原告工资后未再支付工资，双方劳动关系可以认定自2013年8月13日解除，对此原、被告无异议。双方仅对解除原因发生分歧，按照《劳动争议调解仲裁法》第6条“发生劳动争议，当事人对自己提出的主张，有责任提供证据。与争议事项有关的证据属于用人单位掌握管理的，用人单位应当提供；用人单位不提供的，应当承担不利后果”的规定，用人单位进行用工管理，对解除原因应提供相应的证据。荣丰保洁公司主张安排原告工作，是原告不同意而自动离职，但没有提供相应的证据予以证明，故荣丰保洁公司应承担举证不利的后果。双方均未提供证据证明原告的离职原因，法院认定解除合同的原因为荣丰保洁公司提出且经双方协商一致解除，根据《劳动合同法》第46条“用人单位依照本法第三十六条规定向劳动者提出解除劳动合同并与劳动者协商一致解除劳动合同的，用人单位应当支付经济补偿”的规定，荣丰保洁公司应向原告支付经济补偿。原告于2012年5月到浩洋物业公司工作，工龄合并计算至2013年8月时，工龄一年以上又不满一年六个月，原告的月工资为1500元，按照《劳动合同法》第47条“经济补偿按劳动者在本单位工作的年限，每满一年支付一个月工资的标准向劳动者支付。六个月以上不满一年的，按一年计算；不满六个月的，向劳动者支付半个月工资”的规定，被告荣丰保洁公司应支付经济补偿2250元。

关于区人民医院是否对经济补偿承担连带责任的问题。劳务派遣是用人单位根据用工单位的要求，将劳动者派往用工单位，由用工单位指挥、监督，在用工单位的工作场所内工作的一种新型、灵活的用工方式。劳务派遣最显著的特征是劳动力的雇佣和使用分离，即用人单位用人不用工，用工单位用工不用人。本案中，区人民医院与浩洋物业公司和荣丰保洁公司是外包合同关系，具体内容是浩洋物业公司和荣丰保洁公司外包保洁服务，区人民医院支付外包费用。但实际上，原告被浩洋物业公司和荣丰保洁公司派到区人民医院后，并不是从事保洁工作，而是由区人民医院另行安排从事护工工作，由区人民医院的工作人员监督、管理和考勤。区人民医院只是借用保洁之名而实际用工，并不是按保洁服务的结果支付报酬，而是按人头来支付费用。三方的关系很明显符合用人单位用人不用工，用工单位用工不用人的劳务派遣关系的特征。因此，法院认定三方为劳务派遣法律关系。《劳动合同法》第 92 条第 2 款规定，用工单位给被派遣劳动者造成损害的，劳务派遣单位与用工单位承担连带赔偿责任。因区人民医院撤销支持中心导致原告无工作岗位，荣丰保洁公司和区人民医院也没有提供证据证明另行安排原告工作，荣丰保洁公司提出与原告协商解除劳动关系的直接原因可归责于区人民医院，荣丰保洁公司作为用人单位应支付经济补偿，区人民医院作为用工单位对此应承担连带责任。

评　析

本案争议焦点是荣丰保洁公司与区人民医院之间的关系是外包服务关系，还是劳务派遣关系。这涉及劳务派遣与劳务外包的区分问题。

2013年7月1日起实施的《劳动合同法（修正案）》以法律形式加强了对劳动派遣业的管制，人力资源和社会保障部于2014年1月26日公布的《劳务派遣暂行规定》（2014年3月1日起实施）不仅进一步明确了"临时性、辅助性和可替代性"三性，更是将用工单位使用劳务派遣用工总量控制在10%以内。为了规避《劳动合同法》的规定，许多劳务派遣单位纷纷调整业务，将原来的劳务派遣协议改为外包协议。除此之外，还有一些非派遣业公司与其他公司签订外包协议，诸如保安公司与企业签订的保安外包协议等。实践中，某些外包用工和派遣用工非常容易混淆。《劳务派遣暂行规定》第27条规定，用人单位以承揽、外包等名义，按劳务派遣用工形式使用劳动者的，按本规定处理。由此引发了问题：劳务派遣用工判定标准是什么？

一、劳务派遣用工关系本质

我国《劳动合同法》之前，"劳务派遣"往往被认为是劳务派遣单位对用工单位提供劳动服务的行为，用工单位仅和劳务派遣单位存在民事上的合同关系，与被派遣劳动者无任何关系，也就不需要承担任何责任。实际上，劳务派遣的特殊之处在于，被派遣劳动者要完成派遣工作，必须在用工单位的组织内，由用工单位分派任务和监督指挥，其工作是用工单位业务工作的组成部分，而"指挥命令"则是劳动关系"从属性"的根本标志。这也是导致人们争论"谁是被派遣劳动者雇主"的重要原因。可以说，劳务派遣中，劳务派遣单位提供的不是劳动服务行为，而是将自己的员工有偿性地在一定时期内暂时让给用工单位使用。派遣客体是"劳动者或其蕴涵的劳动力"，被派遣劳动者为用工单位提供的是"从属性劳动"，绝不是民事上的服务行为。劳务派遣的本质是传统雇主职能的分离，即"雇佣”和“使用”分别属于不同的主体。劳务派遣关系因三方主体的存在而形成“三角关系”，如下图所示：

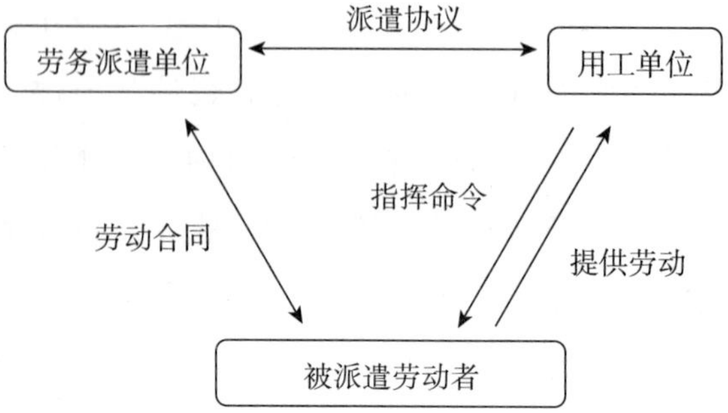

三角关系在劳动雇佣形态中已非少见，除了本文意义上的专门为派遣而雇佣劳动者的劳动派遣机构派遣劳动者之外，还有其他的一些形态，如借调合同即是如此。这些三角关系虽然涉及三方主体，在实践中也会存在一些问题，但是这些三角关系不是常态，仅是偶尔发生，且是短期的，所以容易明确雇主和分配权利义务，不会过多影响到劳动者利益。某些三角关系的形成，如本文所谓的劳务派遣关系，其劳务派遣单位产生的目的就是为用工单位提供劳动力，自己并不实际使用劳动力，劳动过程的实现与用工单位关系更为紧密。完全排除用工单位的用人义务似乎不尽合理，自然会发生雇主责任承担的争议。为了更好地理解劳务派遣，需对劳务派遣所形成的三角结构关系的法律属性进行合理性分析：

（一）劳务派遣单位与用工单位之间基于劳务派遣协议形成民事合同关系。劳务派遣协议实质上是劳动力租赁协议，即劳务派遣单位通过派遣协议将自己所雇劳动者有偿出租给用工单位使用，获取一定的利润。用工单位通过支付一定租金而获得一定的劳动力使用请求权。

（二）劳务派遣单位与被派遣劳动者之间基于劳动合同形成劳动关系。劳务派遣单位雇佣劳动者的目的不是为自己使用，而是满足用工单位的用人需求。基于劳务派遣中劳动合同的订立有为第三人提供劳动的目的，有人认为劳务派遣中劳动合同是利他合同，对于利他合同的主张又分为非真正意义的利他合同和真正意义的利他合同。①前者，用工单位身为受益第三人基本上对被派遣劳动者劳务无直接给付请求权；后者，用工单位对被派遣劳动者有独立的、原始的劳务请求权。这种争论在我国并无实际意义，我国现行立法是否有利他合同的规定尚存在疑义。②从劳务派遣单位与被派遣劳动者之间订立劳动合同的主要目的看，并非为第三人签订的合同。劳动合同仅是派遣机构和被派遣劳动者之间确立劳动关系的依据。因为劳动合同的存在，劳务派遣单位成为用人单位，享有用人单位的完整职能。劳务派遣单位派遣劳动者到用工单位为其提供劳动，正是派遣单位作为用人单位行使劳动力支配权的表现。被派遣劳动者为用工单位提供劳动亦是在履行对用人单位的劳动给付义务。所以，劳动合同不直接涉及第三人，不能认定为利他合同。

（三）用工单位基于劳务派遣协议获得对被派遣劳动者的劳务请求权，两者因事实使用行为形成用工和被用工的关系。派遣单位通过派遣协议，将劳动者派往用工单位，完成派遣任务。用工单位为实现劳动给付请求权，必然在劳动过程中对被派遣劳动者进行管理和支配。

---

① 黄程贯：“德国劳工派遣关系之法律结构”，载台湾地区《政大法学评论》1998 年第 6 期。

② 张民安：“论为第三人利益的合同”，载《中山大学学报》2004 年第 4 期；韩世远：“试论向第三人履行的合同——对我国《合同法》第 64 条的解释”，载《法律科学》2004 年第 6 期。

劳务派遣单位的雇佣与用工单位的直接使用构成了一个传统意义上完整的劳动关系，所以用工单位应履行其用工义务和用工责任。《劳动合同法》第62、63、64、92条明确规定了被派单位的用工义务和用工责任。

二、劳务派遣用工具体判断标准之确定

《劳务派遣暂行规定》规定超比例使用派遣的法律责任为“以每人五千元到一万元的标准处以罚款”的行政处罚。为规避法律，用工单位往往会选择将实质上的劳务派遣用工通过书面合同约定形式改为承揽、外包，劳务派遣用工披着承揽、外包之外衣依然是我国重要的用工方式。同时，外包关系中，业务外包方负责雇人用工，承担全部的用工风险，发包方只需要支付产品的对价即可，不再承担用工过程中的安全防护管理方面的义务，更不必承担连带责任。这种假承揽、外包方式可让真正劳务派遣用工单位完全转嫁雇主责任。虽然修订后的《劳动合同法》新增了行政审批程序并提高了派遣单位的注册资本，但皮包公司的派遣公司在我国依然会存在。为避免《劳动合同法（修正案）》立法目的之落空，《劳务派遣暂行规定》第27条确立了劳务派遣用工判断的“重实质，轻形式”基本原则。书面合同仅是劳务派遣用工的证据之一，且不是关键证据，对用工关系性质的实质判定则为关键。有必要通过对劳务派遣与劳务外包的分析和比较，梳理出一些具体的劳务派遣用工审查规则，以使得《劳务派遣暂行规定》第27条具有可操作性。

目前，仅有《江苏省劳动合同条例》（2013年修订）第36条对劳务派遣用工与外包进行了区分。该条第3款规定，“企业将其业务发包给其他单位，但承包单位的劳动者在企业的生产经营场所使用企业的设施设备、按照企业的安排提供劳动，或者以企业的名义提供劳动，以及其他名为劳务外包实为劳务派遣的，其劳动者的人数

纳入前款规定的比例计算。”依此规定，江苏省区分劳务派遣用工与业务外包的具体标准应是：（1）是否在企业的生产经营场所使用企业的设施设备；（2）是否按照企业的安排提供劳动或以企业名义提供劳动。实务中，这种判断标准存在问题。例如某些专业外包，如部分模块的软件开发外包，为了软件开发结果符合外包单位整体要求，承包单位派出专业软件开发人员去发包单位工作，使用发包单位的计算机等设备，并接受发包方的监督。派出人员依据外包合同有义务接受发包单位的指示调整和修改软件。如果据此认定此种软件外包是劳务派遣实有争议。还如，医院的保洁外包，保洁人员系保洁公司雇佣，保洁公司依据外包合同约定，将所雇保洁人员派到医院，保洁合同约定，保洁公司派出保洁员根据发包方要求提供清洁工作。这是否构成由医院安排提供劳动？值得斟酌。

有观点认为，外包是指事业单位将其部分工作交给承包公司负责执行，由承包公司指派所雇佣的劳动者处理所承包的工作。[①]也有观点认为，劳务外包，或称业务外包、服务外包、资源外包等，是指企业基于契约，将一些非核心的、辅助性的功能或业务外包给外部的专业化厂商，利用他们的专长和优势来提高企业的整体效率和竞争力。[②]从外包的概念与运作模式来看，外包与承揽较为相似。根据《合同法》的规定，承揽合同是承揽人按照定作人的要求完成工作，交付工作成果，定作人给付报酬的合同。承揽人应当以自己的设备、技术和劳力，完成主要工作，但当事人另有约定的除外。外包则是按照发包方的要求，由承包方雇佣劳动者交付工作成果，发包方对工作成果支付对价。形式上，劳务外包关系也涉及发包方、承包方

① 郑津津：“从美国劳动派遣法制看我国劳动派遣法案”，载台湾地区《中正法学集刊》2003 年第 10 期。

② 周国良：“论劳务派遣难以转成业务外包”，载《中国劳动》2012 年第 11 期。

和劳动者三个主体，但其法律属性与劳务派遣关系有根本不同，劳动关系并未进行分割，存在于承包方与所雇劳动者之间，并未形成三角关系。劳务外包关系如下：

（一）发包方与承包方基于外包合同形成民事上的契约关系。即发包方和承包方约定将发包方一定工作交付给承包方完成，由发包方支付承包方一定的报酬。承包方交付的是工作成果，发包方对符合合同约定的工作成果支付报酬。

（二）承包方与所雇劳动者基于劳动合同形成劳动关系。即承包方不仅雇佣劳动者，而且直接使用劳动者。表现为劳动者受承包方的管理与支配，接受承包方指派以承包方名义为发包方提供劳动服务。发包方不能直接管理与支配承包方劳动者。

归纳而言，劳务派遣关系是人为分割了劳动关系的结果，即劳务派遣单位雇佣但不使用、用工单位使用但不雇佣，而传统的劳动关系是“雇佣和使用关系”。劳务派遣关系中，用工单位必须对被派遣劳动者有使用权，表现为管理支配权。劳务外包中劳动关系并未分割，承包单位与劳动者之间是雇佣和使用关系，表现为承包单位管理和支配自己雇佣的劳动者完成发包方交付的工作。但实务上基于事实需要，可能无法排除承包方所雇佣的劳动者进入发包单位内，与发包单位的劳动者共同受发包方指挥命令的情形。在此状况下，劳务派遣认定存在相当困难。

由此，劳务派遣与劳务外包的核心和关键区分标准在于管理权的判断。以（2014）万法民初字第00361号判决书为例，区人民医院与二被告之间签订的是书面清洁保洁外包合同。但二被告都主张自己对原告无管理权，区人民医院对原告实质管理。法官查明，区人民医院与二被告签订的是《清洁保洁外包合同》，却将原告安排至支持中心从事护工工作，具体考勤，由此认定原告是由区人民医院安排工作和进行管理，符合劳务派遣雇佣和使用分离的特征。但假如原告仍然是从事清洁保洁工作，如何认定区人民医院对原告是否有管理权，是否构成实质上的劳务派遣，则需要更加具体的判断标准。尤其是劳务派遣单位从事劳务外包业务时的劳务派遣制甄别更需明确。具体而言，劳务派遣用工应符合以下要件：

（一）派遣公司不直接使用自己所雇的劳动者，由用工单位直接使用

判断是否符合该要件时，有下列具体认定标准：（1）用工单位在派遣协议范围内对被派遣劳动者工作事项直接指挥或管理，如直接安排被派遣劳动者的工作，被派遣劳动者接受用工单位的指令；（2）工作时间等事项由用工单位指挥或管理；（3）用工单位对在岗被派遣劳动者进行工作岗位必需的培训；（4）被派遣劳动者遵守用工单位的规章制度，如上班打卡制度等；（5）用工单位为维持企业秩序之必要依据规章制度对被派遣劳动者有惩戒权。但用工单位并非被派遣劳动者的用人单位，与其之间并无劳动合同关系存在，亦无给付被派遣劳动者工资的义务，所以对惩戒权应有所限制。对影响劳动合同本质的惩戒解雇、减薪、罚款等惩戒权应排除在用工单位惩戒权之外。我国《劳动合同法》第65条明确规定，用工单位仅有退工权而无解雇权。

（二）被派遣劳动者从事的工作是用工单位的业务组成而非派遣公司自己的业务

劳务派遣仅是纯粹的劳动力供给，不存在生产经营业务一说，这在劳务派遣单位注册的经营范围中有所体现。被派遣劳动者被派至用工单位从事用工单位的生产经营业务。其判断标准为：（1）被派遣劳动者从事生产经营业务所需要的资金由用工单位全部负担；（2）派遣单位仅单纯供给劳动力；（3）由用工单位承担生产经营风险，派遣单位仅依据派遣协议承担劳动者供给的风险和责任；（4）用工单位负担完成业务所需的机器材料等供给；（5）用工单位依自己拥有的技术、经验，依照企业计划组织被派遣劳动者完成业务。

三、针对本案的具体分析

本案中，劳动仲裁裁决书与一审法院判决书不同在于，前者依据合同约定进行了形式审查，裁定被申请人荣丰保洁公司与第三人某区人民医院是劳务外包关系，因被申请人与第三人均具备独立的法人资格，第三人不应承担连带赔偿责任；后者依据《劳务派遣暂行规定》第27条进行了实质审查。判决被告荣丰保洁公司与第三人某区人民医院是劳务派遣关系，第三人应承担连带赔偿责任。

本案一审判决对于劳务派遣关系判断的步骤和标准为：首先判定原告是由谁录用，与谁存在劳动关系。其次判定原告由谁直接管理和使用。判旨所载“区人民医院虽然与浩洋物业公司和荣丰保洁公司签订了保洁外包合同，但是却将员工派到区人民医院的后勤岗工作，由区人民医院直接管理、监督和指挥”，进而得出判决结论，“劳务派遣最主要的特征就是雇佣与使用的分离，三方的关系很明显符合用人单位用人不用工，用工单位用工不用人的劳务派遣关系的特征，因此，本院认定三方为劳务派遣法律关系。”

判旨在区人民医院直接管理用工权的判断上，主要着眼点在于“原告由区人民医院的工作人员管理、考勤，和安排外包公司的员工从事与病房有关的服务工作”，且“原告并不是从事两个保洁公司的保洁服务工作而是从事区人民医院的支持中心工作”。这与上文所述的两大标准相符合。具体而言，原告由被告荣丰保洁公司雇佣，但被告荣丰保洁公司并不直接使用原告，原告由第三人区人民医院直接使用，表现为原告由区人民医院管理、考勤，接受区人民医院的指令。同时，原告从事的工作是第三人区人民医院的业务组成，即区人民医院的支持中心工作，而非从事被告荣丰保洁公司的保洁业务。

值得注意的是，《劳务派遣暂行规定》第2条适用范围规定没有将国家机关和事业单位纳入其中。本案第三人区人民医院是事业单位，是否适用《劳务派遣暂行规定》第27条规定，有所争议。《劳务派遣暂行规定》第27条旨在有效遏制用人单位“假外包，真派遣”的现象。本案法官认为，《劳务派遣暂行规定》第2条没有将国家机关和事业单位纳入，主要是从用工比例上考虑，对于事业单位以外包之名行派遣之实的，仍然与企业一样，承担相应的责任。此解释之方法为立法目的解释法。因而本案中一审法院判决并未因为区人民医院是事业单位而不支持原告的连带赔偿责任之主张。

总体而言，本件判决以劳务派遣用工本质为理论基础，对劳务派遣用工形式的判断，已经形成了若干具体的判断标准，此为核心标准。个案审查中，以核心标准为主要依据，劳动仲裁或法官可根据案情需要来细化和补充判断标准。如劳动监察执法中，开具的税务发票和缴纳税收方式的不同亦是判断劳务派遣用工和劳务外包的标准之一。

（撰稿人：侯玲玲、徐增鹏）

撰稿人名录

董保华　华东师范大学教授
田思路　华东政法大学社会发展学院教授
沈同仙　苏州大学王健法学院教授
钱叶芳　浙江财经大学法学院教授
侯玲玲　深圳大学法学院副教授
黄秀梅　南京大学法学院副教授
周长征　南京大学法学院副教授
李凌云　华东政法大学社会发展学院副教授
熊　晖　西南政法大学经济法学院副教授
邱　婕　华东师范大学公共管理学院讲师
王　芳　江苏省高级人民法院法官、审判员
乔蓓华　上海市第二中级人民法院高级法官、审判长
邢嘉栋　南京市鼓楼区人民法院法官、民事审判第五庭庭长
韩　琰　上海市劳动人事争议仲裁院调解庭庭长
刘洪群　江苏省苏州工业园区劳动和社会保障局劳动监察处处长
周　斌　上海市人力资源和社会保障局宣教中心《上海人力资源社会保障》主编
徐增鹏　重庆市万州区人民法院法官
水　波　上海市第二中级人民法院法官助理
陆　胤　蓝白律师事务所合伙人
周开畅　汇业律师事务所合伙人
董润青　保华律师事务所合伙人
唐付强　北京金诚同达（上海）律师事务所律师
李　白　保华律师事务所律师
李盛楠　蓝白律师事务所律师
章惠琴　华东政法大学博士